FiBL 瑞士有机农业研究所（FiBL）

IFOAM ORGANICS INTERNATIONAL IFOAM国际有机联盟
（IFOAM - Organics International） 编著

 Organic and Beyond 正谷（北京）农业发展有限公司 译

2024年
世界有机农业概况与趋势预测

中国农业科学技术出版社

图书在版编目（CIP）数据

2024年世界有机农业概况与趋势预测 / 瑞士有机农业研究所（FiBL），IFOAM国际有机联盟（IFOAM-Organics International）编著；正谷（北京）农业发展有限公司译. --北京：中国农业科学技术出版社，2024.4

书名原文：The World of Organic Agriculture：Statistics and Emerging Trends 2024

ISBN 978-7-5116-6767-0

Ⅰ. ①2… Ⅱ. ①瑞… ②I… ③正… Ⅲ. ①有机农业－农业发展－概况－世界－2024②有机农业－经济发展趋势－世界－2024　Ⅳ. ①F313

中国国家版本馆CIP数据核字（2024）第074703号

责任编辑　史咏竹
责任校对　马广洋
责任印制　姜义伟　王思文

出 版 者	中国农业科学技术出版社
	北京市中关村南大街12号　邮编：100081
电　　话	（010）82105169（编辑室）　（010）82106624（发行部）
	（010）82109709（读者服务部）
网　　址	https：// castp.caas.cn
经 销 者	各地新华书店
印 刷 者	北京地大彩印有限公司
开　　本	185 mm×260 mm　1/16
印　　张	14
字　　数	281千字
版　　次	2024年4月第1版　2024年4月第1次印刷
定　　价	50.00元

◁版权所有·侵权必究▷

Impressum of the Original Version of this Publication
(The World of Organic Agriculture: Statistics and Emerging Trends 2024)

All of the statements and results contained in this book have been compiled by the authors and are to the best of their knowledge correct and have been checked by the Research Institute of Organic Agriculture FiBL and IFOAM-Organics International. However, the possibility of mistakes cannot be ruled out entirely. Therefore, the editors, authors and publishers are not subject to any obligation and make no guarantees whatsoever regarding any of the statements or results in this work; neither do they accept responsibility or liability for any possible mistakes, nor for any consequences of actions taken by readers based on statements or advice contained therein. Authors are responsible for the content of their articles. Their opinions do not necessarily express the views of FiBL or IFOAM-Organics International.

This document has been produced with the support of the Swiss State Secretariat for Economic Affairs (SECO), the Sustainability Fund of Coop Switzerland (Coop Fonds für Nachhaltigkeit) and NürnbergMesse. The views expressed herein can in no way be taken to reflect the official opinions of SECO, Coop Switzerland or NürnbergMesse.

Should corrections and updates become necessary, they will be published at www.organic-world.net.
This book is available for download at http://www.organic-world.net/yearbook/yearbook-2024.html.
Any inquiries regarding this book and its contents should be sent to Helga Willer, FiBL, Ackerstrasse 113, 5070 Frick, Switzerland, e-mail helga.willer@fibl.org.

Please quote articles from this book individually with name(s) of author(s) and title of article. The same applies to the tables: Please quote source, title of table and then the overall report. The whole report should be cited as:

Willer, Helga Jan Trávníček and Bernhard Schlatter (Eds.) (2024): The World of Organic Agriculture. Statistics and Emerging Trends 2024. Research Institute of Organic Agriculture FiBL, Frick, and IFOAM-Organics International, Bonn.

Die Deutsche Bibliothek-CIP Cataloguing-in-Publication-Data
a catalogue record for this publication is available from Die Deutsche Bibliothek
© February 2024. Research Institute of Organic Agriculture FiBL and IFOAM-Organics International.
Research Institute of Organic Agriculture FiBL, Ackerstrasse113, 5070 Frick, Switzerland,
Tel. +41 62 865 72 72, e-mail info.suisse@fibl.org, Internet www.fibl.org
IFOAM-Organics International, Charles-de-Gaulle-Str. 5, 53113 Bonn, Germany,
Tel. +49 228 926 50-10,
e-mail contact@ifoam.bio, Internet www.ifoam.bio, Trial Court Bonn, Association Register no. 8726

Cover: Kurt Riedi, FiBL, Frick, Switzerland
Layout, graphs, infographics: Bernhard Schlatter, FiBL, Switzerland, Jan Trávníček, Czech Organics, Staré Město, Czech Republic, Helga Willer, FiBL, Switzerland

Cover picture: Drought and heavy rainfall are a challenge for Naturgut Katzhof in the canton of Lucerne, Switzerland. That's why the owners of this Demeter farm with a community garden are implementing keyline design with agroforestry. Photo: Thomas Alföldi, Research Institute of Organic Agriculture FiBL, Frick, Switzerland

Printed by Druckerei Hachenburg PMS GmbH, Saynstraße 18, 57627 Hachenburg, Germany, www.druckerei-hachenburg.de/
Permalink https://orgprints.org/52272

《2024年世界有机农业概况与趋势预测》

翻译委员会

主　　　任：张向东
副　主　任：张友廷　　何小群　　赵　政　　于　淼
　　　　　　张婷婷　　徐晓丽　　李　莉　　郝　静
　　　　　　王玉斌　　乔玉辉　　许旦妮　　徐　新
　　　　　　王升忠
执行主编：黎　榛
执行副主编：石宇光　　张树玲　　赵惠娟　　吴子男
译　　　者：黎　榛　　张友廷　　阴雪彤　　李华贞
　　　　　　朱雯珺　　郑林莹　　王玉斌　　肖兴基
　　　　　　王晓彤　　鹿傲飞　　任竹凌　　赵勇钧
　　　　　　杨玉莹　　熊　慧　　苏歆阳　　刘　彪
　　　　　　尹思雨　　何嘉阳　　王若璞　　郭晓宇
顾　　　问：王大宁　　周泽江　　李国秋　　郝建强
　　　　　　王茂华　　夏兆刚　　耿云霞　　傅尚文
　　　　　　贾　岚

Foreword from FiBL and IFOAM-Organics International

We would like to thank Organic and Beyond for their efforts in translating The World of Organic Agriculture Yearbook for the 13th time. In this way the study reaches a wide audience and contributes to the promotion of organic agriculture worldwide.

China is an organic market with continued growth in area and retail sales. China is the world's third largest market for organic food and beverages and the fourth largest country in terms of organic area.

We would like to thank our partners in China, without whom we would not be able to report on the latest trends in the country: Qiao Yuhui from China Agricultural University and Zhou Zejiang, Chairman of the IFOAM Asia Advisory Board. We would also like to thank our funders: the Swiss State Secretariat for Economic Affairs (SECO), the Sustainability Fund of Coop Switzerland and NürnbergMesse, who have supported the global data collection over the past years.

Data collection is an important and ongoing concern of the Research Institute of Organic Agriculture (FiBL) and IFOAM-Organics International. The comprehensive data contained in this publication is a valuable tool for stakeholders, policy makers, authorities, industry, researchers and extension workers. The data and information compiled in this volume show the latest statistics, recent developments and global trends in organic agriculture.

The current volume is the translation of the 25th edition of "The World of Organic Agriculture", which was published in February 2024 and launched at the event of the organic trade fair BIOFACH, IFOAM-Organics International and FiBL. The event took place on 13 February 2024.

Helga Willer, Bernhard Schlatter and Jan Trávníček
FiBL, Frick, Switzerland
Ravi R. Prasad
IFOAM-Organics International

March 2024

译　文

瑞士有机农业研究所与IFOAM国际有机联盟的序言

诚挚感谢正谷（北京）农业发展有限公司在翻译世界有机农业统计年鉴工作中所做的诸多努力！2024年是该公司第十三年翻译此年鉴，他们的工作使更多人能够了解有机农业，并且为推动全球有机农业的发展作出了重要贡献。

中国的有机市场生机勃勃，有机农地面积和有机食品（含饮料）零售额持续增长。如今，中国已经成为全球第三大有机市场，其有机农业用地面积位列全球第四位。

我们非常感谢中国的合作伙伴：中国农业大学的乔玉辉教授、IFOAM亚洲咨询委员会主席周泽江先生。有了他们的帮助，我们才能在本书中把中国最新的动态呈现给大家。同时，也非常感谢我们的资助方：瑞士联邦经济事务秘书处（SECO）、瑞士COOP可持续发展基金会和纽伦堡国际博览集团（NürnbergMesse），感谢他们多年来在全球数据搜集方面的支持。

数据搜集是瑞士有机农业研究所（FiBL）和IFOAM国际有机联盟（IFOAM-Organics International）非常重要的一项工作。本书可以看成一本有价值的工具书，其所提供的数据为利益相关者、政策制定者、政府管理机构、有机行业从业者、研究人员以及专业人员的工作提供了便利。在本书中汇编了最新的统计数据和信息、近期发展情况以及全球有机农业的趋势。

《2024年世界有机农业概况与趋势预测》译自 *The World of Organic Agriculture: Statistics and Emerging Trends 2024*，即2024年2月出版的世界有机农业统计年鉴。2024年2月13日，本书在纽伦堡国际有机产品博览会上，由IFOAM国际有机联盟和瑞士有机农业研究所联合发布。

Helga Willer，Bernhard Schlatter和Jan Trávníček

FiBL瑞士有机农业研究所

Ravi R. Prasad

IFOAM国际有机联盟

2024年3月

坚定推动有机事业前进的信心

瑞士有机农业研究所（FiBL）和IFOAM国际有机联盟（IFOAM-Organics International）自2000年起，在瑞士联邦经济事务秘书处（SECO）、世界贸易中心（ITC）、瑞士COOP可持续发展基金会和德国纽伦堡展会公司（NürnbergMesse）的支持下，开始编写世界有机农业统计年鉴，至今已是第二十五年了。在2024年BIOFACH纽伦堡国际有机产品博览会由瑞士有机农业研究所（FiBL）和IFOAM国际有机农业运动联盟联合发布了《2024年世界有机农业概况与趋势预测》。25年来，世界有机农业统计年鉴一直是全球有机农业数据的重要来源，在有机农业非凡的发展进程中发挥了至关重要的作用。

《2024年世界有机农业概况与趋势预测》全面回顾了全球有机农业的最新发展，提供了有机农业的详细统计数据，涉及有机农地面积、土地利用情况、主要有机产品、农场和其他经营者类型的数量、市场零售额和国际贸易数据。这本书还介绍了世界各地的有机机构对全球有机食品市场、法规和政策的贡献。它深入解析了非洲、亚洲、欧洲、拉丁美洲和加勒比海地区、北美洲和大洋洲有机农业的现状和趋势，这些基础数据为全球的有机农业从业者、科研工作者，以及贸易、咨询、投资等领域的人员提供了重要参考。

最新的数据显示，2022年中国有机农地面积位列全球第四位，已成为世界第三大有机市场，无论从生产、对外贸易还是国内消费上，中国都已经成为一个有机农业大国。有机产业的发展以健康、生态、公平、关爱为原则，强调生态、经济和社会效益的优化和统一，是推动农业增产导向转向提质导向、驱动乡村绿色发展与创新发展的重要手段，同时，有机产业也得到了中央各部委的大力支持。因此，中国的有机从业者应深入了解全球的有机行业的发展趋势，以国际化的视野寻求共同发展。

新冠疫情让全球经济按下了暂停键，处于停滞甚至倒退状态，同时，也让人们对环境、对人类未来的可持续发展有了更深的思考和觉醒，有机行业也因为疫情影响有了很多变化，根据最新的数据，2022年全球有机市场增长率为8%，而过去十几年的平均增长率为10%。新冠疫情对全球有机供应链、食品安全、透明度与可追溯性、食品零售模式、消费者行为习惯，甚至政府对有机农业的支持政策等都有深远影响，调查显示新冠疫情让更多的人从食品安全和提高免疫力的角度选择有机食品。预计各国政府将加大对有机农业的投资，使其食品行业更具弹性。随着各国寻找减少农药使用和提高土壤肥力的有效途径，有机农业也将受到鼓励。2020年5月，作为《欧洲绿色协议》（*European Green Deal*）的一部分，欧盟宣布到2030年有机农地占比达到25%的目标。欧盟"农场到餐桌"（Farm to Fork）战略旨在改善欧洲的粮食安全，该战略计划到2030年，通过减少50%的化学农药使用、50%的有害农药使用、20%的化肥使用和50%的营养损失，以减少欧洲粮食系统对环境的影响。

  2007年，张向东董事长回国带领团队创业，成立正谷（北京）农业发展有限公司（简称正谷），致力于有机农业发展事业。自2012年起，正谷自发组织翻译此书，致力于将国际有机行业发展信息与中国有机农业从业者分享。2018年2月BIOFACH纽伦堡国际有机产品博览会期间，FiBL和IFOAM国际有机联盟高度赞扬和肯定了正谷10余年来为中国有机行业发展所做的贡献，并将世界有机农业统计年鉴在中国的翻译权授予正谷，至今已经是第七年正式出版发行此书。此书的翻译与出版让有机农业在中国和全球的沟通中跨越了语言的鸿沟，助力中国有机农业走出去和贸易便利化。16年来，正谷始终如一地坚持践行有机农业事业，笔者很高兴见证了正谷团队十几年来的成长及其为有机行业所做的贡献，相信广大有机同行和读者能从本书中看到世界有机产业的活力和广阔前景，坚定从事和推动有机事业前进的信心。

中国农业大学资源与环境学院教授、博士生导师

IFOAM亚洲有机联盟　理事

乔玉辉

2024年3月24日

有机，更可持续的未来

根据《2024年世界有机农业概况与趋势预测》的最新数据，2022年，全球有机市场销售额达到了1 348亿欧元，欧美国家仍然是世界范围内主要的有机消费市场，美国、德国、中国、法国的有机食品销售额位居全球前四，分别为586亿欧元、153亿欧元、124亿欧元和121亿欧元，全球人均有机食品消费额为17欧元；中国人均有机食品消费额约9欧元，同欧美国家相比仍存在差距。

《2024年世界有机农业概况与趋势预测》是在瑞士联邦经济事务秘书处（SECO）、瑞士COOP可持续发展基金和纽伦堡国际博览集团（NürnbergMesse）的支持下，由瑞士有机农业研究所（FiBL）和IFOAM国际有机联盟（IFOAM-Organics International）共同整理汇编的世界有机农业统计年鉴，2024年是该年鉴持续发行的第二十五年。

分享行业信息，助力有机发展

作为IFOAM国际有机联盟的全球合作伙伴，在IFOAM国际有机联盟和瑞士有机农业研究所的支持下，正谷（北京）农业发展有限公司（以下简称正谷）自2012年起，持续推进世界有机农业统计年鉴中文版的翻译、分享与交流，期望能够为中国有机从业者带来最前沿的全球产业信息，帮助关注有机行业的中方人士及时了解、跟进全球有机产业发展进程。2018年，瑞士有机农业研究所和IFOAM国际有机联盟正式授权正谷独家翻译该年鉴的英文原著并出版中文作品，今年已经是第七年出版正谷翻译的该年鉴中文版。

粮食安全、人类健康、气候变化、生物多样性……我们对这些问题的探讨和交流，都可以在有机农业的基本原则里找到答案：健康、生态、公平、关爱，将人类发展与自然生态环境保护作为不可分割的整体；生物的营养和健康来自特定的生态环境，个体和群体的健康与生态系统的健康密切相关；以有预见性和负责任的态度来管理农业生产，保护当前人类和子孙后代的健康与福利。

未来，我们也将在商业实践的过程中，积极助力推进有机发展，同更多的可持续伙伴通过负责任的生产与消费，促进人类与自然的可持续发展；同时，世界有机农业统计年鉴的翻译、出版与推广，也是我们今后将长期坚持的工作之一，期望能够及时跟进了解世界有机产业的发展状况，为有机的生产、贸易、研究、咨询和消费等各个领域提供参考与决策依据。

呈上自然美味，表达美好情感

2007年，正谷成立之初，中国的有机产业尚处于起步阶段，我们确立以有机食品礼品卡的形式，分享从田间到餐桌的全球优质有机食品，推进可持续的生产与消费。2015年，正谷成为达沃斯论坛"全球成长型企业会员"，积极探索中国市场环境下的有机商业发展模式。2016年，正谷成为IFOAM国际有机联盟的全球合作伙伴，共同致力于发展集生态、社会和经济于一体的可持续发展农业体系。

在环球范围建立正谷标准农场，进行有机生产实践，分享世界各地具有地域优势的、优质的、以有机可持续生产方式获得的食物，这是我们为客户进行价值创造的基础。我们分享丹麦有机奶酪、西班牙伊比利亚火腿、秘鲁可可黑巧克力、哥伦比亚瑰夏咖啡……深入这些国家与产区，了解当地的生产条件，提供农业技术支持并进行系统化的有机生产管理，促进由常规种植向有机种植转变；在同有机发展较为领先国家的不断交流与互动中，积累相关技术与市场经验，为客户提供更丰富的价值输出。

气候变化、生物多样性丧失和环境污染，是地球所面临的三大问题，这也是关乎人类生存的问题。作为有机食品行业的生产者与供应者，以及碳中和目标的实践者，我们在推进有机商业发展的过程中，同样也关注有机农业对碳中和实现、生物多样性保护的影响。2012年，正谷推出首款碳中和食品Cavell黑巧克力；2021年，正谷卡与正谷标准农场产品，实现从生产到配送的产品生命周期净零排放；Cavell瑰夏咖啡作为可持续的咖啡项目，在种植区域内开展鸟类保护；正谷伊比利亚火腿，其原生猪种伊比利亚黑猪在联合国生物圈保护区Dehesas de La Sierra Morena自由活动与觅食……

正谷目前拥有2万多个企业客户，累计配送服务于120多万个家庭，为客户创造价值，这是正谷的首要使命。我们始终期望公司的事业目标与人类的未来发展紧密相关，期望在分享有机食品的过程中，与越来越多的可持续伙伴共同建立人与自然的和谐生态，期望在有机产品的种植、生产、贸易等业务领域不断实现价值创新。

致 谢

17年有机可持续商业实践，正谷成长与发展的每一个阶段、每一步都离不开大家的鼓励与支持。感谢共同致力于改善人与自然关系的可持续伙伴们，感谢给予事业开拓建议的师友们，感谢努力创造价值的正谷伙伴们。

感谢周泽江、吴文良、肖兴基、郭春敏、李显军、杜相革、孟凡乔、乔玉辉、沈佐锐、和文龙、车文毅、王大宁、顾绍平、何小群、王茂华、陈恩成、杨泽慧、唐茂芝、于淼、李国秋、傅尚文、卢振辉、张纪兵、耿云霞、姜华、陈丛红、张同贵、宋宁、石嫣、常天乐、李峰、Karen Mapusua、Marco Schlüter、Louise Luttikholt、Peggy Miars、Urs Niggli、Helga Willer、Jennifer Chang、Markus Arbenz、André Leu和Niamh Holland-Essoh等。

感谢IFOAM国际有机联盟、瑞士有机农业研究所、纽伦堡国际有机产品博览会（BIOFACH）、国家市场监督管理总局认证认可技术研究中心、中国农业大学资源与环境学院、全联农业产业商会、中国检验检疫科学研究院检验检测检疫技术培训中心、南京国环有机产品认证中心、中绿华夏有机食品发展中心、北京五洲恒通认证有限公司、北京爱科塞尔认证中心有限公司、杭州万泰认证有限公司、杭州中农质量认证中心、中国检验认证集团、中国农业科学院。

根据联合国政府间气候变化专门委员会（IPCC）第六次评估报告，全球21%~37%的温室气体排放总量可归因于食品系统。此外，经济合作与发展组织（OECD）和联合国粮食及农业组织（FAO）联合发布的*OECD-FAO Agriculture Outlook 2020—2029*，预计全球人口增加到100亿人时，与食品相关的温室气体排放量将增加2/3。

有机农业的核心是建立和恢复农业生态系统的生物多样性和良性循环，以促进农业的可持续发展；在联合国2030年可持续发展目标、全球碳中和目标推进的过程中，有机农业能够发挥积极的作用。

作为有机食品行业的践行者，通过正谷有机食品的联系，我们与越来越多的可持续发展伙伴分享从田间到餐桌的优质美味，共同倡导和推进健康、适度、可持续的生活方式，为人与自然的和谐、为人类当前与子孙后代的生存与发展作出努力。

Organics: better food, better future!

呈上自然美味，表达美好情感。

正谷（北京）农业发展有限公司创始人、董事长
张向东
2024年3月31日

前　言

自2000年始，国际权威有机农业研究机构瑞士有机农业研究所（FiBL）和IFOAM国际有机联盟开展对全球范围有机产业发展的调研和数据统计与分析，截至2024年，已连续25年发布世界有机农业统计年鉴。随着相关工作越来越规范，信息的来源也越来越多，数据的全面性和准确性不断增强，许多政府机构、科研院所、认证机构、社会组织、有机企业和相关媒体纷纷转载和引用，可以说世界有机农业统计年鉴已得到了全球有机界的充分肯定和认可。

世界有机农业统计年鉴的专业性与权威性是毋庸置疑的，非常有必要尽快翻译成中文并对外发布。正谷（北京）农业发展有限公司（以下简称正谷）有机农业团队自2012年起已连续13年在瑞士有机农业研究所和IFOAM国际有机联盟的支持下摘译并发布该统计年鉴的中文版。此项工作为我国的有机从业者带来了大量权威的全球产业信息，使关注有机行业的中方人士能够及时了解和跟上全球有机产业发展的步伐。

正谷非常重视本书的翻译工作，连续13年拨款支持本书的翻译、出版及推广，才使得本书能够顺利出版发行，在此表示感谢！

《2024年世界有机农业概况与趋势预测》的翻译及校对工作是在正谷有机农业技术中心的主导下，由志愿者共同完成的。志愿者中有正谷的同事，也有热爱有机事业的国内外伙伴：张友廷、黎榛、李郑义、张婷婷、赵惠娟、许旦妮、阴雪彤、石宇光、张树玲、田甜、吴子男、邢建平、徐新、张铭、张建伟、郑林莹、王玉斌、王晓彤、安思静、李华贞、王升忠、王正琼、寿晓丹、王丽英、张琳、孙羽、鹿傲飞、任竹凌、赵勇钧、杨玉莹、熊慧、苏歆阳、刘彪、尹思雨、何嘉阳、王若璞、郭晓宇……在此一并感谢！

感谢瑞士有机农业研究所的Helga Willer女士和IFOAM国际有机联盟的Marco Schlüter先生以及Ecovia Intelligence的Amarjit Sahota先生。在瑞士有机农业研究所、IFOAM国际有机联盟和Ecovia Intelligence的支持下，正谷取得《2024年世界有机农业概况与趋势预测》中文翻译权，就是希望能够为进一步推动有机农业和有机产业的发展提供支撑和帮助。

感谢国家市场监督管理总局认证监管司对本书翻译工作的关注和大力支持。我们还要特别感谢南京国环有机产品认证中心前主任肖兴基先生，积极参与了本书翻译的审核工作！感谢IFOAM亚洲咨询委员会主席周泽江先生长期以来的耐心指导和支持！感谢中国农业大学乔玉辉教授为本书作序！感谢中国检验检疫科学研究院为本书翻译和发行提供的支持和帮助！感谢中国有机产业与认证专业委员会对本书的大力支持！感谢五洲恒通李国秋总经理长期资助本书的出版和发行！感谢南京国环有机产品认证中心张纪兵主任对本书的关注和指导！

特别感谢之一生态投资，作为本书战略合作伙伴，共同推动有机产业高质量发展。

读者如需要了解英文版信息，可登录FiBL网站（http://www.organic-world.net/yearbook/yearbook-2024.html）获取英文相关资料。

《2024年世界有机农业概况与趋势预测》翻译委员会

2024年3月20日

致谢合伙人

  感谢正谷创始人张向东、徐新、张铭、张晓尔、张友廷、张婷婷、邢建平、张建伟，正谷创始合伙人于瑶、张晓珍、李郑义、王升忠、许旦妮、王正琼、寿晓丹、蓝培瑜、赵惠娟、石宇光、高鹏伟、徐婷、孙羽、王娟、王丽英、李华贞、刘庆秀、高倩、张树玲、贾瑞琳、安思静、张晓敏。感谢他们多年来在中国进行有机农业的探索和商业实践，是他们的努力奋斗推动了正谷的发展和可持续经营，从而确保每年能够及时完成世界有机农业统计年鉴的翻译、出版与发布。当下有机农业的商业探索充满挑战，存在诸多未知和不确定因素，但同时也蕴含着巨大的发展潜力和商机，希望他们继续深耕有机行业、持续创新和奋斗。

有机农业的原则

IFOAM国际有机联盟将"健康、生态、公平、关爱"确定为有机农业的四项基本原则,这四项基本原则也是有机农业内涵的具体体现。

健康原则(Principle of Health)

有机农业应当将土壤、植物、动物、人类和整个地球的健康作为一个不可分割的整体而加以维持和加强。

这一原则指出,个体与群体的健康与生态系统的健康是不可分割的,健康的土壤可以生产出健康的作物,而健康的作物是动物和人类健康的保障。

健康是指一个有生命的系统具有统一性和完整性。健康不仅仅是指没有疾病,而是要维持系统的、物质的、精神的、社会的和生态的利益。安全性、顺应性和可再生性是健康的关键特征。

有机农业在农作、加工、销售和消费中的作用是维持和加强从土壤微生物直到人类的整个生态系统及其中生物的健康。有机农业特别强调生产出高质量和富有营养的食品,为预防性的卫生保健和福利事业作出贡献。为此,应避免使用那些对健康会产生不利影响的肥料、农药、兽药和食品添加剂。

生态原则(Principle of Ecology)

有机农业应以有生命的生态系统和生态循环为基础,与之合作,与之协调,并帮助其持续生存。

这一原则将有机农业植根于有生命的生态系统中,它强调有机农业生产应以生态过程和循环利用为基础,通过具有特定生产环境的生态来实现营养和福利方面的需求。对作物而言,这一生态就是有生命的土壤,对于动物而言,这一生态就是农场生态系统,对于淡水和海洋生物而言,这一生态则是水生环境。

有机种植、有机养殖和野生采集体系应适应自然界的循环与生态平衡,这些循环虽然是常见的,但其情况却因地而异。有机管理必须与当地的条件、生态、文化和规模相适应。应通过再利用、循环利用和对物质与能源的有效管理来减少物质投入，从而维持和改善环境质量，保护资源。

有机农业应通过对农业体系的设计、提供生境和保持基因与农业的多样性来实现生态平衡。所有生产、加工、销售及消费有机产品的人都应为保护包括景观、气候、生境、生物多样性、大气和水在内的公共环境作出贡献。

公平原则（Principle of Fairness）

有机农业应建立起能确保公平享受公共环境和生存机遇的各种关系。

公平是以对我们共有的世界保持平等、尊重、公正的态度并科学管理为特征的，这一公平既体现在人类之间，也体现在人类与其他生命体之间。

这一原则强调所有从事有机农业的人都应当以一种能确保对所有层面和所有参与者（包括参与到有机农业中的农民、工人、加工者、分销者、贸易者和消费者）都公平的方式来处理人际关系。

这一原则强调应根据动物的生理和自然习性以及它们的福利来提供其必要的生存条件和机会。应当以对社会和生态公正以及对子孙后代负责任的方式来利用、生产与消费所需的自然和环境资源。

关爱原则（Principle of Care）

应以一种有预见性和负责任的态度来管理有机农业，以保护当前人类和子孙后代的健康和福利，同时保护环境。

有机农业是为满足内部和外部需求和条件而建立的一种有生命力并且充满活力的系统。有机农业的实践者可以提高系统的效率和生产力，前提是不能因此危害健康和影响福利，为此，应对拟采取的新技术进行评估，对于正在使用的方法也应当进行审核。对于在生态系统和农业方面的不完善理解必须给予充分的关注。

这一原则强调，在有机农业的管理、发展和技术筛选方面最关键的问题是实施预防并且有责任心。科学是确保有机农业有利于健康、安全和生态环境的必要条件。然而，仅有科学知识是不够的，实践经验、智慧的积累以及传统与本土的知识等可以提供有价值并且经过时间验证的解决方案。有机农业应通过选择合适的技术和拒绝使用转基因工程等无法预知其影响的技术来防止发生重大风险。决策应通过透明和参与式的方法和程序，反映出所有有可能受到影响的价值和需求。

信息来源：IFOAM国际有机联盟网站http://www.ifoam.org/about_ifoam/principles/index.html。

有机农业的发展阶段

有机农业经历100多年的发展，分别以有机1.0时代，有机2.0时代和有机3.0时代三个时代逐步实现主流化。

有机1.0时代——先驱们提出并试行有机

有机运动是100多年前由有远见的先驱们所发起的，他们从人类的生活方式、食物、农业生产方式以及人类的健康与地球健康之间的关系出发，提出了有机农业的概念。

1972年IFOAM国际有机联盟成立之前近一个世纪的历程，被定义为有机农业运动的第一个阶段，即有机1.0时代。

美国农业土地管理局前局长富兰克林·H. 金（F. H. King）考察了中国的农业，并总结出中国农业数千年兴盛不衰的经验，于1911年出版了《四千年农夫》一书。书中指出中国农业兴盛不衰的关键在于中国农民的勤劳、智慧和节俭，善于利用时间和空间提高土地利用率，并以人畜粪便和农场废弃物堆积沤制成肥料还田培养地力，奠定了有机农业的实践基础。

有机2.0时代——规范期和执行期

1972年IFOAM国际有机联盟的成立标志着有机2.0时代的开始。之后的几十年中，世界各地制定了有机标准，引入了认证体系，对"有机"作出了非常详细的规范。到2015年，全球已经有82个国家先后制定了有机法规。

2015年全世界179个国家的9 060万公顷土地获得认证（作物5 090万公顷、野生采集3 970万公顷），有机食品的市场销售额达到816亿美元。

总之，2.0时代是制定和实施标准法规、推广认证、开发技术、开拓市场，即推广有机的时代。

有机3.0时代——有机农业主流化

有机农业是富有活力的，即使在许多国家遇到经济危机的时期，它仍继续保持着增长。我们不能仅从人类自身健康的角度去理解有机农业和有机产业的意义，也不能满足于目前这些成绩。直到现在有机农业在解决全球重大问题上的作用还没有被充分发挥出来，而有机产业却已经出现了自我封闭和排他的一些迹象。

在饥饿、不公平、能源消耗、污染、气候变化、生物多样性丧失和自然资源枯竭等全球性问题上，农业都是主导因素之一。而可持续农业对于环境、社会和经济的积极和多方面的效益，可为解决上述问题作出贡献。所以有机农业的意义远超过人们的想象。要想实现有机农业对地球可持续发展产生重大影响的目标，就需要进一步扩大产业规模和向主流化迈进。有机3.0时代的理念就是要寻求改变这种现状，就是要将有机农业定位为一种有显著成果和影响的现代创新体系。

有机3.0时代的总目标：基于有机农业健康、生态、公平和关爱四项基本原则，让真正的可持续农业体系得到广泛理解、接受和实施，为实现有机农业的主流化而携手奋斗。

信息来源：IFOAM国际有机联盟网站http://www.ifoam.org/about_ifoam/principles/index.html。

目 录

1 全球有机农业概况 ·· 1
　1.1　全球有机农地面积与生产者调查数据 ·· 1
　1.2　全球有机市场与欧盟有机产品进口情况 ··· 4
　1.3　各区域有机农业概况 ··· 6
　1.4　"世界有机农业概况与趋势预测"25周年 ····································· 10
　1.5　瑞士有机农业研究所（FiBL）下一年度全球有机农业调查 ················ 11
2 全球有机农业现状 ·· 12
　2.1　全球有机农地面积、从业者、零售额和国际贸易 ·························· 12
　2.2　有机农业用地的利用类型和主要商品形式 ···································· 22
　2.3　有机柑橘类水果 ··· 48
　2.4　生物动力—德米特国际联盟 ·· 51
3 全球有机食品与饮料市场 ··· 54
　3.1　概　况 ·· 54
　3.2　历史增长数据 ··· 55
　3.3　各区域有机市场情况 ··· 56
　3.4　主要困难 ·· 56
　3.5　总　结 ·· 58
4 标准、法规和政策支持 ·· 59
　4.1　全球生态农业（含有机农业）政策和法规概览 ···························· 59
　4.2　参与式保障体系（PGS） ··· 66
5 非洲有机农业现状 ·· 75
　5.1　非洲有机农业发展动态 ·· 75
　5.2　非洲有机农业数据 ·· 85
6 亚洲有机农业现状 ·· 90
　6.1　亚洲有机农业发展动态 ·· 90

  6.2 亚洲有机农业数据 105
7 欧洲有机农业现状 110
  7.1 欧洲有机农业发展动态 110
  7.2 欧洲和欧盟有机农业数据 120
8 拉丁美洲和加勒比海地区有机农业现状 142
  8.1 拉丁美洲和加勒比海地区有机农业发展动态 142
  8.2 美洲有机农业委员会 145
  8.3 拉丁美洲和加勒比海地区有机农业数据 146
9 北美洲有机农业现状 152
  9.1 美国有机农业发展动态 152
  9.2 加拿大有机农业发展动态 161
  9.3 北美洲有机农业数据 163
10 大洋洲有机农业现状 168
  10.1 澳大利亚有机农业发展动态 168
  10.2 太平洋岛屿有机农业发展动态 172
  10.3 大洋洲有机农业数据 174
11 中国有机产品的发展概况 180
  11.1 有机产品认证 181
  11.2 有机生产者 181
  11.3 有机种植产品 182
  11.4 有机动物产品 183
  11.5 加工有机产品 185
  11.6 境外按中国标准认证的情况 187
  11.7 中国按境外标准认证的情况 189
  11.8 产值与市场 191
  11.9 有机产品进口情况 196
  11.10 有机产品出口贸易 196

1 全球有机农业概况①

全球188个国家及地区的有机农业最新数据显示（表1-1），2022年对于全球有机农业来说又是一个丰收之年。有机农业用地（全书简称有机农地）面积以前所未有的速度突破了9 600万公顷（主要源于澳大利亚的有机农地面积增长），有机生产者数量也达到450万名，增长超过20%。全球有机产品零售总额近1 350亿欧元，较往年增速有所放缓，部分欧洲国家增长出现停滞或有所下降。

1.1 全球有机农地面积与生产者调查数据

1.1.1 全球有机农地面积约9 638万公顷，其中澳大利亚有机农地面积最大

2022年，全球有约9 638万公顷的有机农地（包括处于转换期的土地）。有机农地面积最大的两个大洲分别是大洋洲（5 319万公顷，占全球有机农地面积的55.2%）和欧洲（1 845万公顷，19.1%）。拉丁美洲拥有954万公顷（9.9%），其次是亚洲883万公顷（9.2%）、北美洲363万公顷（3.8%）和非洲274万公顷（2.8%）。有机农地面积最

---

① 本部分作者为Jan Trávníček、Bernhard Schlatter和Helga Willer；翻译为正谷（上海）农业发展有限公司广州分公司黎榛。

大的国家是澳大利亚（5 300万公顷），印度（470万公顷）和阿根廷（410万公顷）分别列第二位和第三位。

表1-1 全球有机农业重要指标和位居前列的国家（地区）

指　标	全　球	位居前列的国家（地区）
具有有机认证数据的国家（地区）	2022年：188个国家（地区）	
有机农地	2022年：9 638万公顷 （2000年：1 500万公顷）	澳大利亚：5 302万公顷 印度：473万公顷 阿根廷：406万公顷
有机农地占所有农地份额	2022年：2.0%	列支敦士登：43.0% 奥地利：27.5% 爱沙尼亚：23.4%
2021/2022年度新增有机农地面积	2 030万公顷（增长26.6%）	澳大利亚：17 328 259公顷（增长48.6%） 印度：2 068 825公顷（增长77.8%） 希腊：390 223万公顷（增长73.0%）
野生采集和非农业用地有机面积	2022年：3 460万公顷 （1999年：410万公顷）	芬兰：690万公顷 印度：440万公顷 赞比亚：320万公顷
有机生产者	2022年：450万名生产者 （1999年：20万名生产者）	印度：2 480 859名生产者 乌干达：404 246名生产者 泰国：121 540名生产者
有机市场规模*	2022年：1 348亿欧元 （2000年：151亿欧元）	美国：586亿欧元 德国：153亿欧元 中国：124亿欧元
人均消费	2022年：17.0欧元	瑞士：437欧元 丹麦：365欧元 奥地利：274欧元
拥有有机法规的国家（地区）	2022年：75个（全面实施） 14个（正在起草）	
IFOAM国际有机农业运动联盟会员机构数量	2022年：781个会员机构	德国：80个会员机构 中国：52个会员机构 印度：49个会员机构 美国：45个会员机构

数据来源：2024年FiBL调查，来源于国家（地区）数据、认证机构数据及IFOAM国际有机农业运动联盟数据。

注*：由于统计方法不同，Ecovia Intelligence和FiBL统计的有机食品销售数据存在差异。根据Ecovia Intelligence的数据统计，2022年全球有机零售额达到1 275亿欧元。根据欧洲中央银行的数据，2022年1欧元相当于1.053 0美元。

1.1.2 全球有机农地占比为2.0%，其中列支敦士登的有机农地占比最高，为43.0%

2022年，全球有2.0%的农业用地是有机农地。有机农地占比最高的两个大洲分别是大洋洲（14.3%）和欧洲（3.7%，其中欧盟为10.4%）。部分国家（地区）的有机农地占比远高于全球平均水平，其中，列支敦士登（43.0%）、奥地利（27.5%）和爱沙尼亚（23.4%）的有机农地占比最高。多达22个国家（地区）的有机农业地超过10%，创下历史新高。

1.1.3 2022年全球有机农地面积增加2 030万公顷，所有大洲的有机农地面积均有所增加

2022年，全球有机农地面积增加了2 030万公顷，增长率高达26.6%，许多国家的有机农地面积显著增长。以绝对值计算，有机农地面积增长最多的是澳大利亚、印度和希腊，澳大利亚的有机农地面积增加了超过17 328 259公顷（增长49%），印度增加了约2 068 825公顷（增长78%），希腊增加了约390 223公顷（增长73%）。然而，也有部分国家的有机农地面积有所减少，其中缩减最多的是俄罗斯，减少约50万公顷。

2022年，所有大洲的有机农地面积均有增长，其中净增长最多的是大洋洲（增长1 720万公顷，47.8%），其次是亚洲（增长39万公顷，35.9%）、北美洲（35万公顷，增长10.7%）、非洲（10万公顷，增长4.9%）、欧洲（66万公顷，增长3.7%）和拉丁美洲（52 996公顷，增长0.6%）。

1.1.4 主要作物种植面积有所增加

调查与统计中，获得了超过92%的有机农地详细土地使用与种植情况。一些拥有较大有机农地面积的国家，如巴西和印度，还缺少土地使用方面的详细信息。

2022年，全球超过2/3的有机农地是草原或牧区（超过6 760万公顷），这部分土地面积在2022年增加了25.5%。

2022年，季节性作物农地面积约为1 510万公顷，占有机农地总面积的15.6%，相较于2021年下降了0.7%。大部分季节性作物农地被用于种植谷物，包括水稻、青饲料作物（种植在耕地上的青饲料）、油料作物、纺织作物和干豆类。

2022年，多年生作物用地占有机农地总面积的6.6%，合计超过620万公顷，较往期调查数据增长了0.8%，超过48 000公顷。占比最高的多年生作物是坚果、橄榄、咖啡、

葡萄和可可。

1.1.5　有机柑橘类水果

2004—2022年，全球有机柑橘类水果种植面积增加超过了86 000公顷，但在2022年下降了3.3%。欧洲的产量居首位（其中意大利和西班牙产量最高），其次是拉丁美洲和非洲。柑橘黄龙病是导致种植面积下降的主要原因之一，此外还面临产量较低、营养及气候适应性、病虫害管控等重重困难。欧盟和美国进口的产品主要包括柠檬、青柠和甜橙，南非、墨西哥和哥伦比亚是主要出口国。

1.1.6　其他生产形式的有机土地

除有机农地外，还有部分有机土地归类在其他生产形式里，其中大部分为野生采集和养蜂业用地，其他非农业用地包括水产养殖场、森林和天然牧区等，这部分土地的总面积为3 460万公顷。全部类型的有机土地面积总计达到1.324亿公顷。

1.1.7　有机生产者数量持续增加，2022年全球共有450万名有机生产者①

2022年，全球有机生产者数量攀升至450万名。其中，高达61%的有机生产者位于亚洲，其次是非洲（22%）、欧洲（11%）和拉丁美洲（6%）。有机生产者数量最多的国家是印度（2 480 859名）、乌干达（404 246名）和泰国（121 540名）。全球有机生产者数量显著增加，较2021年增加了约91.9万名，增长约25.6%。

1.2　全球有机市场与欧盟有机产品进口情况

1.2.1　全球有机食品与饮料销售额近1 350亿欧元

根据FiBL调查数据，2022年全球有机食品与饮料销售额近1 350亿欧元②。2022

---

① 部分国家（地区）仅统计了公司、项目或农民组织的数目，其中可能包含多名个人生产者，由此可知有机生产者总人数应高于报告人数。
② 由于统计方法不同，Ecovia Intelligence和FiBL统计的有机食品销售数据存在差异。根据Ecovia Intelligence的数据统计，2022年全球有机零售额超过1 277亿欧元。2022年，1欧元相当于1.053美元。

年，拥有最大有机产品市场的国家是美国（586亿欧元）、德国（153亿欧元）和中国（124亿欧元，首次超过法国位居第三）。最大的单一市场是美国（占全球市场的43%），其次是欧盟（451亿欧元，34%）和中国（124亿欧元，9.2%）。人均消费最高的国家是瑞士，达到437欧元。有机市场份额占比最高的国家是丹麦（12%），其次是奥地利（11.5%）和瑞士（11.2%）。部分市场销售额有所下降，欧洲的有机零售额下降超过2%。北美洲的有机市场有所增长。

Sahota指出，2022年全球有机食品市场面临的主要困难包括通货膨胀造成的食品价格上涨、地缘冲突导致的供应链中断、俄乌冲突对经济造成的影响，以及新冠疫情期间需求量增加导致供应过剩等。消费者因健康、伦理、环境等因素对有机食品产生需求，但植物基、非转基因等类型的产品削弱了有机食品在市场中的独特性。总体而言，全球有机食品销售额在2020年的高增长后逐渐趋于平稳，通货膨胀和供应链中断等问题对消费者需求造成了负面影响。随着经济形势好转，增长将有望恢复。

1.2.2 欧盟和美国有机产品进口情况

2022年，欧盟和美国合计进口了约490万吨有机产品，较2021年增长了4.2%（约197 000吨）。欧盟的总进口量减少了146 173吨（下降5.1%），而美国的总进口量增加了342 867吨（增长18.8%）。最主要的出口国是厄瓜多尔，其次是墨西哥和秘鲁。墨西哥、多哥和中国对欧盟和美国的出口量显著增加，而印度、英国和智利的出口量显著减少。进口量最大的有机产品是香蕉、大豆和糖，合计占比为46%。进口量最大的国家是美国、荷兰和德国，合计占比为74%（美国的进口量数据并不完整）。

1.2.3 生物动力—德米特国际联盟

生物动力—德米特国际联盟是由48个从事生物动力学农业的组织构成的伞状组织，将在2024年迎来百年诞辰。生物动力—德米特国际联盟涵盖了超过7 000个德米特农场，分布在62个国家，覆盖面积超过255 000公顷。

1.2.4 有机行业相关法规

IFOAM国际有机农业运动联盟的最新调查数据显示，2022年有75个国家和地区已全面实施有机农业法规，21个国家已有法规但尚未全面实施，14个国家正在起草相关法规。欧盟有机新规（EU）2018/848关于有机农户的规定对全球成千上万名从事有机农业的农民产生了巨大影响。IFOAM国际有机农业运动联盟针对这些改动为有机农业提供了相应的指引。太平洋地区有机标准指南提升了其一致性，而澳大利亚反对本土有机政策的决定则促成了有机发展组织（ODG）的成立。与此同时，新西兰的《有机产品和生产法》为行业增长与出口贸易提供了助力。加拿大和墨西哥签署了关于有机等效的谅解备忘录，推动两国之间的贸易与合作。

1.2.5　有机农业相关法规

全球许多国家和地区政府正在大力支持生态农业，积极导入目标明确的新项目与计划，如坦桑尼亚、越南、柬埔寨、日本、中国台湾等。与此同时，随着战略性举措的制定，许多地区开始采取生态农业政策，包括东南亚国家联盟（ASEAN）和非洲联盟成员国采取的措施等。

1.2.6　2022年参与式保障体系（PGS）

IFOAM国际有机农业运动联盟是唯一一家在全球范围收集有关参与式保障系统（PGS）数据的组织。2022年，全球有个64 740个PGS计划，188 709家获得认证的生产商，超过1 823 525名生产者参与其中，获得认证的土地面积高达1 131 933公顷。由此可见，全球各大洲都在共同努力推动PGS的发展与实施。

1.3　各区域有机农业概况

1.3.1　非　洲

2022年，非洲获得认证的有机农地面积为274万公顷，较2021年增加约12.8万公顷（增长4.9%），拥有超过97.5万名有机生产者。乌干达是有机农地面积最大的国家（2022年超过50.5万公顷），同时拥有最多的有机生产者（超过40.4万名）。圣多美和普林西比致力于在本土发展有机农业，有21.1%的农地用于有机农作物种植。非洲绝大部分的有机认证产品用于出口，主要作物包括可可、棉花、咖啡、油料作物、坚果和橄榄。非洲有5个国家拥有有机农业相关法规，5个国家正在起草相关法规。

在新冠疫情、俄乌冲突、中东地区冲突和其他环境危机的影响下，非洲生态有机农业（EOA）持续受到农民、从业者、研究人员、政策制定者及其他利益相关方的密切关注。多项针对有机和常规农业体系的研究表明，非洲生态有机农业（EOA）在改善粮食安全和营养状况、促进土地恢复、消除贫困、减缓气候变化、提高气候适应性等社会经济和环境效益方面颇具潜力。于2023年3月举办的第一届东非生态农业会议（EAAC）着重讨论了其中的几个方面。会议发言指出了非洲生态有机农业（EOA）的蓬勃发展，以及乌干达、坦桑尼亚等国在实施有机政策方面取得的进展。

1.3.2 亚洲

2022年，亚洲有机农地总面积为883万公顷，拥有约270万名有机生产者，其中大部分在印度。该国的有机生产者数量在2021—2022年增加了100万名，极大促进了全球有机农户数量的增长。有机农地面积最大的国家是印度（约473万公顷）和中国（约290万公顷）。有机农地占比最高的国家是东帝汶（8.5%）。亚洲有22个国家和地区拥有有机农业法规，7个国家正在起草相关法规，展现出对有机实践的大力支持。

2023年，亚洲有机行业的发展取得了显著成效，多国政府提出了全面的支持计划，包括日本针对可持续食品体系的措施、吉尔吉斯斯坦在《山区发展五年纲要》中对有机农业的关注，以及沙特阿拉伯的综合保障系统。第六届亚洲有机大会重点强调了世界和平与粮食安全，并建立了青年干事组、有机农业发展教育与研究组织（E-ROAD）等新的组织网络。第一届国际沙漠与旱地有机农业大会成立了国际沙漠与旱地有机农业网络（DOAN）。第二届全球有机青年论坛探讨了青年人在有机行业中的机遇。

2024年，IFOAM亚洲有机农业运动联盟计划将提出国际有机奖项，联合举办学校营养午餐公共采购国际论坛，并在IFOAM国际有机农业运动联盟推行PGS体系20周年之际举办PGS国际大会。此外，IFOAM亚洲有机农业运动联盟将与其会员机构共同在中国台湾举办第21届IFOAM世界有机大会预备会议及边会，展现有机农业在亚洲日益增长的重要性，以及为促进监管、认证和市场扩张所付出的努力。

1.3.3 欧洲

截至2022年年底，欧洲有超过48万名有机生产者（欧盟超过41.9万名）管理着超过1 850万公顷的有机农地（欧盟约1 690万公顷）。欧洲的有机农地占比为3.7%（欧盟为10.4%），有机农地面积较2021年同比增加了超过66万公顷（欧盟增加125万公顷）。有机农地面积位列前三位的国家是法国（290万公顷）、西班牙（270万公顷）和意大利（230万公顷）。有16个国家的有机农地占比超过10%，其中，列支敦士登居首位

（43.0%），其次是奥地利（27.5%）和爱沙尼亚（23.4%）。2022年，欧洲有机产品零售总额为531亿欧元（欧盟为451亿欧元），较2021年减少2.2%（欧盟减少2.8%）。欧洲最大的有机市场是德国，其零售总额为153亿欧元，其次是法国（121亿欧元）和瑞士（39亿欧元）。有43个国家拥有有机农业法规。

2022年的整合数据显示，欧洲有机农地面积增长了5%，但有机产品零售额的增长陷入停滞，部分国家出现下滑。若要达成欧盟委员会提出的目标，即2030年有机农地占比达到25%，则需要比2021年更高的年度增长值。欧盟有机农产品进口总量从2021年的287万吨下降至273万吨（减少5.1%），其原因可能在于食品价格显著上涨，导致消费者的需求下降。进口量显著减少的品类是蔬菜、水果、糖、橄榄油、棕榈油、葵花籽和宠物食品，而有机大豆、饼粕、柑橘类水果、大米和蜂蜜的进口量有所增加，但其增长量不及其他品类的下降量。

2018年6月，欧盟发布了有机产品新法规（EU）2018/848，其修订案与补充条例的相关工作一直持续到2023年。在有机产品的国际贸易上，第三国直接遵循欧盟法规的方法正在逐步取代有机认证等效协议。欧盟委员会的《欧洲绿色协议》、"农场到餐桌"战略和生物多样性战略旨在实现2030年前建立可持续食品体系的目标。然而，IFOAM欧洲有机农业运动联盟于2022年发布的简报指出，许多成员国在支持有机农业发展上缺乏动力。若不对欧盟共同农业政策（CAP）战略计划进行重大调整，2030年欧洲有机农地占比达到25%的目标将难以实现。

1.3.4 拉丁美洲和加勒比海地区

2022年，拉丁美洲有超过27万名有机生产者管理着954万公顷的有机农地，占该地区农业用地总面积的1.3%，全球有机农地总面积的9.9%。有机农地面积位列前三的国家是阿根廷（410万公顷）、乌拉圭（270万公顷）和巴西（100万公顷）。有机农地占比最高的国家（地区）是乌拉圭（19.6%）、多米尼克（11.6%）和法属圭亚那（11.1%）。许多拉丁美洲国家是有机咖啡、可可、香蕉等产品的重要出口国。该地区有19个国家拥有有机农业相关法规，2个国家正在起草相关法规。巴西拥有拉丁美洲最大的有机市场。

2023年，欧盟和美国有机法规的变化令拉丁美洲的有机生产面临重重挑战。种植者团体认证的变化对哥斯达黎加的合作社造成影响，部分有机生产者团体选择解散。许多原住民协会也面临困难。美洲有机农业委员会会议担心欧盟新规对生产者组织造成影响。据预测，许多拉丁美洲的生产者团体可能会放弃欧盟认证，转而专注美国市场或退出有机行业，导致该地区有机产量下降。

加拿大和墨西哥于近期签署了有机法规互认的谅解备忘录。阿根廷和哥斯达黎加正在与欧盟就第三国协议重新谈判。

1.3.5　北美洲

2023年，北美洲有约363万公顷有机农地，其中美国有机农地面积为206万公顷，加拿大为157万公顷，合计占该地区农地总面积的0.8%。北美洲的有机市场销售总额达到644亿欧元。

有机贸易协会（OTA）于2023年开展的行业调查结果显示，2022年美国有机食品销售总额首次突破600亿美元（586亿欧元），再次创下行业新高。该国有210万公顷的有机农地，占比为0.5%。美国有机行业在监管方面也卓有成效，于2023年1月发布了加强有机执法（SOE）的最终规则，同年10月发布了有机畜禽标准（OLPS）的最终规则，旨在打击欺诈行为，提高有机标准，建立消费者信任。此外，相关部门积极探讨了新的农业法案和多项支持有机行业的法案，美国农业部则继续通过2022年发布的有机过渡倡议等举措助力有机农业发展。

2022年，加拿大的有机农地面积为157万公顷，大幅增长23%。该国对有机产品的需求依然强劲，包括非食品类产品在内的有机销售总额达到102.6亿加元。有机食品和饮料销售总额为58亿欧元，同比增长9.7%。健康意识是推动有机食品需求的主要原因之一，有23%的加拿大人较2021年购买了更多的有机产品。加拿大在全球有机市场也发挥了显著作用，其有机产品出口量不断增加，2022年出口总额超过4.05亿加元。该国的进口总额同比增长超过9%，达到了6.83亿欧元。总体而言，在强劲的消费需求和不断扩大的国际贸易关系的推动下，加拿大的有机产业仍在持续增长。

1.3.6　大洋洲

大洋洲包括澳大利亚、新西兰和太平洋诸岛等，共拥有超过2.4万名有机生产者，管理着5 319万公顷的有机农地，占该地区农地总面积的14.3%，全球有机农地的50%以上。大洋洲99%以上的有机农地位于澳大利亚（5 300万公顷，大部分是广袤无垠的牧区），其次是新西兰（超过7.9万公顷）和萨摩亚（超过4.7万公顷）。有机农地占比最高的国家（地区）是萨摩亚（16.7%），其次是澳大利亚（14.8%）、所罗门群岛

（6.5%）、法属波利尼西亚（4.8%）和斐济（4.5%）。有4个国家拥有有机农业相关法规。

2023年对澳大利亚有机农业来说是一个丰收之年，在2022年初遭遇东部洪灾后，种植条件逐渐恢复到了较好的状态。尽管受新冠疫情影响，供应链及物流方面依旧面临重重挑战，但许多生产商重整旗鼓，把握了从本土及出口市场对有机产品的强劲需求带来的机遇。2023年初发布的一份综合研究报告显示，该国具有成为全球有机行业主力的充足潜力。

太平洋诸岛在"后疫情时代"，随着旅游业的增长、食品进口成本的增加以及人们对健康保健的关注，其本土有机农业收获了更多机遇。尽管前景广阔，但行业在扩大并建立结构化价值链上仍面临挑战。各地政府正在制定相应的扶持政策，有机认证的需求也依然强劲。区域和国家机构以及发展伙伴都肯定了有机农业对太平洋诸岛发展的重要性。值得一提的是，法属波利尼西亚在其2023年农业普查中率先使用了联合国粮食及农业组织（FAO）发布的生态农业绩效评价工具，从而在全国范围内根据多项生产、生态和社会指标区分有机与传统农业用地，这是一项前所未有的举措。与此同时，人们越发关注妇女在农业和有机行业中的贡献，有机农业地区最高机构成立了妇女分会，旨在通过协调、信息共享、人脉搭建与能力建设提高妇女的能力，惠及太平洋地区的有机社区。

1.4 "世界有机农业概况与趋势预测" 25周年

25年来，世界有机农业统计年鉴"世界有机农业概况与趋势预测"一直是全球有机农业数据的重要来源。该合作项目始于2000年，在记录有机农业非凡的发展进程中发挥了至关重要的作用。在众多组织的大力支持下，这项数据收集工作对有机农业部门、政策制定者和研究人员来说不可或缺，其成果主要通过年鉴进行传播。本年鉴每年均由瑞士有机农业研究所（FiBL）和IFOAM国际有机农业运动联盟联合出版，并在BIOFACH纽伦堡国际有机产品博览会上发布。所有数据均可在线上查阅，并配有相应图表。

有机运动在全球应对环境挑战方面发挥了至关重要的作用。2023年，IFOAM国际有机农业运动联盟推出了一项倡导再生有机农业的战略，强调健康、生态、公平、关爱。该战略旨在通过提供资源、促进发展并将有机农业定位为解决全球问题的方案，从而增强有机社区的权能。IFOAM国际有机农业运动联盟将重新规划其成员结构，提升能力，提倡多元化，并以即将在中国台湾举办的2024年世界有机大会作为合作与创新的重要平台，邀请其合作伙伴和成员为早日实现愿景携手共进。

1.5 瑞士有机农业研究所（FiBL）下一年度全球有机农业调查

下一年度的全球有机农业调查将于2024年年中开始，数据结果将于2025年2月公布，年鉴将于2025年BIOFACH纽伦堡国际有机产品博览会上发布。FiBL将联系所有相关专家，并对能够提供数据的专家表示感谢。若在本书中发现任何有关数据的错误，请告知我们，FiBL将更正数据库中的信息，并在《2025年世界有机农业概况与趋势预测》年鉴中提供更正后的数据。更正后的数据也将发布在www.organic-world.net网站上。

联系方式：helga.willer@fibl.org

2 全球有机农业现状

2.1 全球有机农地面积、从业者、零售额和国际贸易[①]

第二十五次全球范围内的有机农业认证调查由瑞士有机农业研究所（FiBL）联合全球合作伙伴共同完成，调查结果由FiBL和IFOAM国际有机农业运动联盟联合发布。本次调查获得来自瑞士联邦经济事务秘书处（SECO）、瑞士COOP可持续发展基金以及纽伦堡国际博览集团[②]的支持。

本次调查获得了来自188个国家（地区）的数据，涵盖以下数据指标：有机农地面积、生产者和其他类型经营者、零售额和进出口贸易。

本次调查的数据共由超过200个专业组织及个人提供。数据的收集工作由政府部门、民间组织、认证机构以及市场调研公司共同完成。其中，特别感谢以下国际认

---

① 本部分作者为Bernhard Schlatter、Jan Trávníček和Helga Willer；翻译为正谷（上海）农业发展有限公司广州分公司黎榛。

② 纽伦堡国际博览集团是纽伦堡国际有机产品博览会（BIOFACH）的组织者，位于德国纽伦堡。自2000年开始，该机构资助了历年全球有机农业的数据收集以及"世界有机农业概况与趋势预测"年鉴的出版。

证机构，他们提供了多个国家的数据：ACO Certification（澳大利亚）、BioInspecta（瑞士）、Bioagricert（意大利）、CCPB（意大利）、CERES（美国）、Certisys（比利时）、Control Union（荷兰）、Ecocert（法国）、Mayacert（危地马拉）、Ecoglobe（亚美尼亚）、Ekoagros（立陶宛）、Imocert（玻利维亚）、Kiwa BCS Oko-Garantie GmbH（德国）、LACON（德国）、LETIS（阿根廷）、NASAA Certified Organic（NCO，澳大利亚）、Organic Agriculture Certification Thailand（ACT，泰国）、Organización Internacional Agropecuaria（OIA，阿根廷）和OneCert and Quality Certification Services（QCS，美国）。

本次调查与美洲有机农业委员会（CIAO）的合作在很大程度上减轻了拉丁美洲和加勒比海地区数据收集的压力。地中海国家的数据由地中海有机农业网络（MOAN，巴里地中海农业研究所）提供。太平洋岛国的数据由太平洋有机和道德贸易社区（POET.com）提供。此外，欧盟统计局（Eurostat）也是诸多国家数据的重要来源。

有关农作物、市场和国际贸易的详细信息，以及对一些数据进行解释的交互式图表等更多信息，请查询FiBL网站http://statistics.fibl.org。

2.1.1 有机农地

2.1.1.1 有机农业用地

2022年，全球以有机农业方式耕作的土地面积约为9 638万公顷，占农地总面积的2.0%，有机农地面积较2021年增加了2 030万公顷，增长26.6%。大洋洲的有机农地面积最大，为5 319万公顷；其后依次是欧洲（1 845万公顷）、拉丁美洲（954万公顷）、亚洲（883万公顷）、北美洲（363万公顷）和非洲（274万公顷）。

大洋洲拥有全球有机农业用地总量的55%。多年来，欧洲的有机农地面积一直保持稳定增长，拥有全球超过19%的有机农业用地。拉丁美洲有机农地面积占全球有机农地面积的近10%（图2-1）。

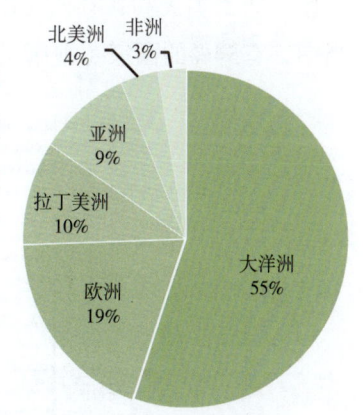

图2-1 2022年全球有机农地分布

（数据来源：2024年FiBL调查）

有机农地面积最大的国家是澳大利亚。据估计，该国97%的有机农地是广阔的牧区。印度位居第二，随后是阿根廷。位列前十的国家有机农地面积合计为7 930万公顷，约占全球有机农地面积的82%（图2-2）。除了农业用地外，其他用途的有机用地（如野生采集区域）约为3 500万公顷。

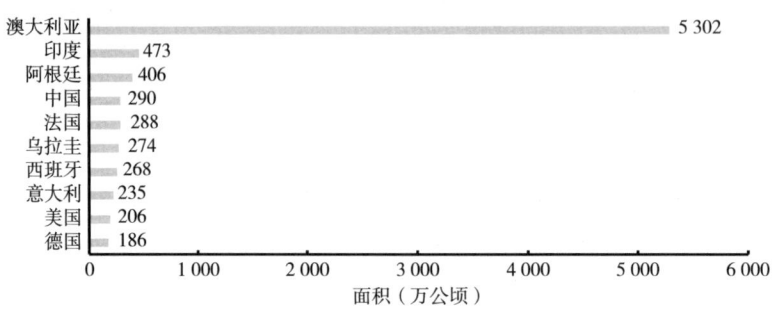

图2-2　2022年有机农地面积位列前十的国家（地区）

（数据来源：2024年FiBL调查）

2.1.1.2　有机农地占比

2022年，全球有机农地面积占农地总面积的2.0%。按照地区划分，有机农地占比最高的是大洋洲（14.3%），其次是欧洲（3.7%）及拉丁美洲（1.3%）。欧盟的有机农地占比为10.4%。而在其他区域，有机农地占比不足1%。

许多国家（地区）的有机农地占比相对较高（图2-3）。其中，有21个国家（地区）用于有机生产的农地面积超过10%，大部分是欧洲国家。有机农地占比最高的国家是列支敦士登，拥有43.0%的有机农地。值得注意的是，许多岛国都有很高的有机农地占比，如圣多美和普林西比以及多米尼克。但是，在能够获得相关数据的国家（地区）当中，有54%的国家（地区）有机农地占比不到1%。

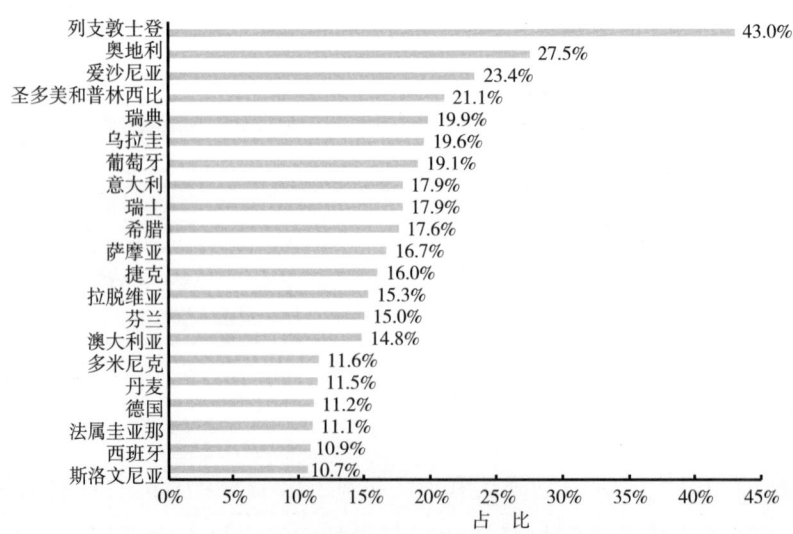

图2-3　2022年有机农地占比10%以上的国家（地区）

（数据来源：2024年FiBL调查）

2.1.1.3 有机农地增长

2022年，全球有机农地面积较2000年（1 500万公顷）增长超过5倍，较2021年增长了2 030万公顷（26.6%）。所有大洲的有机农地面积均有所增加，绝对和相对增长值最高的是大洋洲（增长47.8%，增加1 720万公顷），其次是亚洲（增长35.9%，增加230万公顷）和北美洲（增长10.7%，增加35万公顷）。部分国家的有机农地面积显著增长，主要包括澳大利亚（增长48.6%，增加超过1 730万公顷）、印度（增长77.8%，增加约210万公顷）和希腊（增长73.0%，增加约39万公顷）。

79个国家（地区）的有机农地面积有不同程度的增加，同时也有42个国家（地区）的有机农地面积有所减少，另有40个国家（地区）的有机农地面积没有变化或者未收到新的数据。图2-4至图2-6展示了历年数据，由于FiBL数据库的数据有部分修订和增加，后续图表展示的往年数据可能与往年发布的数据不符。

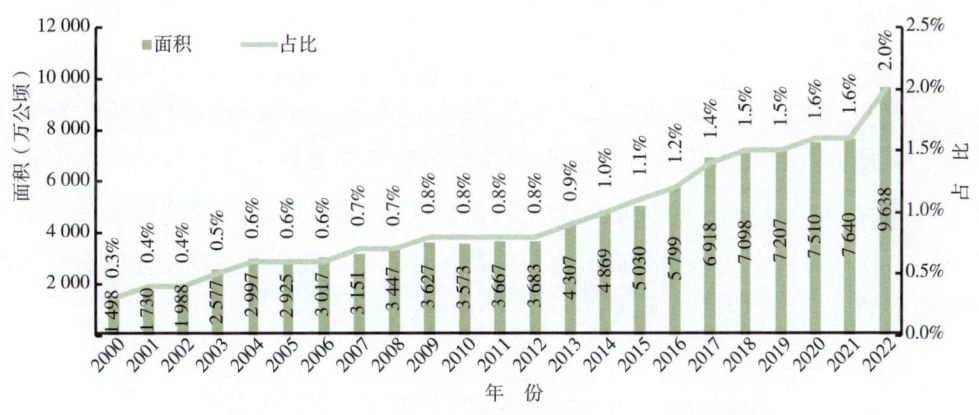

图2-4　2000—2022年全球有机农地面积和占比发展情况
（数据来源：2024年FiBL调查）

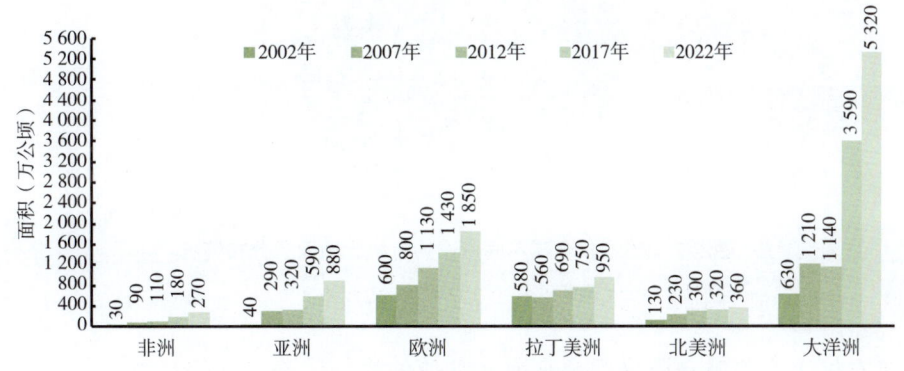

图2-5　2002—2022年全球各区域有机农地发展情况
（数据来源：2024年FiBL调查）

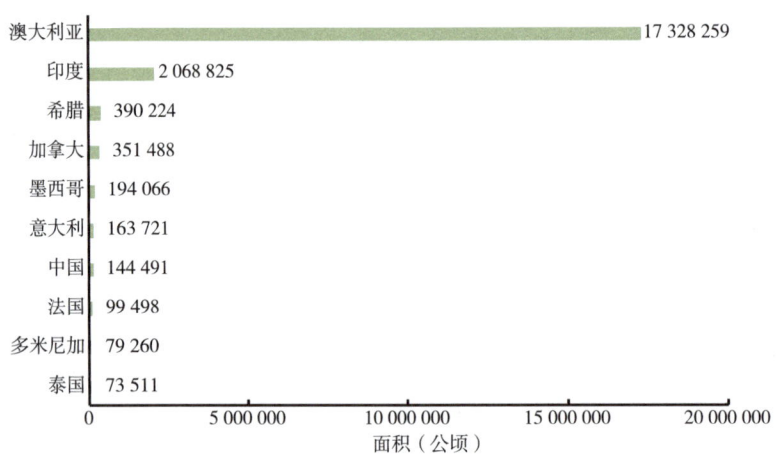

图2-6 2022年全球有机农地增长量位列前十的国家（地区）

（数据来源：2024年FiBL调查）

2.1.1.4 其他用途的有机用地

除了有机农地，还有其他用途的有机用地。其中，占比最大的是野生采集区和养蜂区，其他非农业有机用地还包括水产养殖、林区和牧场，这些区域的总面积达到3 460万公顷。全球有机用地总面积为1.324亿公顷（图2-7）。需要注意的是，很多国家（地区）并没有提供非农业有机用地的数据。因此，只能假设其他用途的有机用地数据是不完整的。

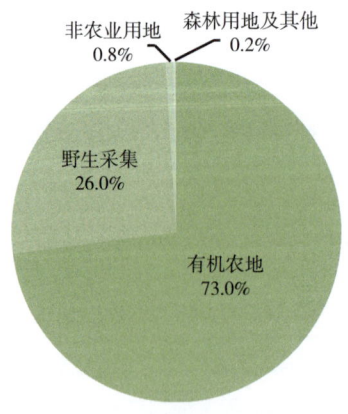

图2-7 2022年全球不同用途的有机农地面积分布情况

（数据来源：2024年FiBL调查）

对于有机水产养殖和蜜蜂养殖来说，其他的指标（产量和蜂箱数量）比面积更有参考价值，而且有机水产养殖和蜜蜂养殖的重要性无法用面积来衡量。尽管可以获得部分地区有机水产养殖的数据，但应当指出，这些数据并不完整。

2.1.2 有机生产者和其他类型经营者

2.1.2.1 生产者

2022年，全球有约450万名有机生产者。根据所获得的数据，超过93%的生产者分布在亚洲、非洲和欧洲（图2-8）。拥有有机生产者最多的国家是印度，其次是乌干达和泰国（图2-9）。与2021年相比，2022年全球有机生产者数量增加超过91.9万名，增长25.6%。亚洲、欧洲和大洋洲的有机生产者数量有所增加，非洲、北美洲和拉丁美洲则有所下降。

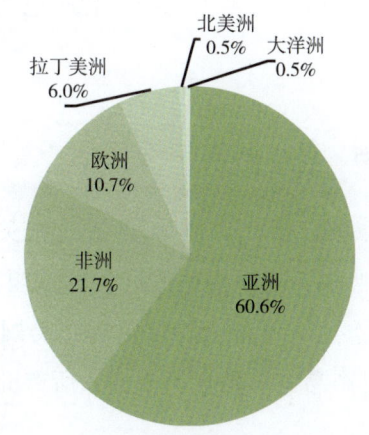

图2-8　2022年全球有机生产者分布情况

（数据来源：2024年FiBL调查）

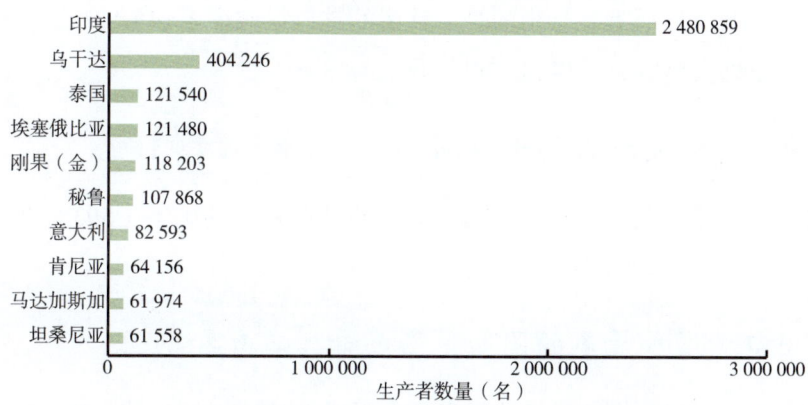

图2-9　2022年全球有机生产者数量位列前十的国家（地区）

（数据来源：2024年FiBL调查）

一些国家由于存在以下情况而难以获得有机农场的准确数量：①仅报告公司、项目或者种植者团体的数量，其中可能包含许多个体生产者；②不提供有关生产者数量的数据；③拥有野生采集区的国家，其统计数据包含了采集者的数量；④提供了每种作物的生产者数量，种植多种作物的生产者有可能被重复计算。因此，关于生产者数量的数据需要谨慎看待，有机生产者的总数量预计应高于报告统计数据。

2.1.2.2 其他类型经营者

根据其他类型经营者的有关数据，全球有超过11.9万名加工者和约8 400个进口商，其中大多数分布在欧洲。然而，并非所有国家都报告了加工者、出口商、进口商或其他类型经营者的数量。例如，美国的数据就是缺失的，因此可以假定加工商、进口商和出口商的数量远远高于统计数据。其他类型经营者还包括养蜂人、小农户团体、水产养殖企业及采集者（野生采集）。

2.1.3 进口与出口数据

越来越多的国家（地区）能够提供国际贸易的相关数据（进出口量或进出口额）。许多国家（地区）未能提供进口相关数据，但欧盟自2018年起开始收集进口数据。美国有机产品进口数据（交易额和交易量）可在美国农业部（USDA）网站上查询，需要注意的是，美国有机产品进口数据尚未涵盖所有商品。

2.1.3.1 2022年，欧盟和美国进口了近490万吨有机产品

2022年，欧盟有机产品进口量达270万吨，美国达220万吨，总计较2021年增长了4.2%，约19.7万吨。然而需要指出的是，欧盟的进口量减少了146 173吨，下降5.1%，而美国的进口量则大幅增加了342 867吨，增长18.8%。

2.1.3.2 厄瓜多尔是最大的出口国

2022年，厄瓜多尔是向欧盟和美国出口有机产品最多的国家（593 219吨），其次是墨西哥（535 728吨）和秘鲁（343 960吨）。

2.1.3.3 出口量增加最多的国家是墨西哥、多哥和中国

对欧盟和美国出口量增加最多的国家是墨西哥（增加110 314吨，增长20.6%）、多哥（增加87 682吨，增长54.7%）和中国（增加46 555吨，增长23.4%）。

2.1.3.4 欧盟和美国从印度、英国和智利进口的数量大幅减少

2021—2022年，欧盟和美国有机产品进口量的减少最多的出口国是印度（减少73 590吨，下降41.9%）、英国（减少53 037吨，下降51%）和智利（减少16 415吨，下降29.9%）。

2.1.3.5 香蕉、大豆和糖是最主要的进口产品

2022年，香蕉、大豆和糖的进口总量占有机商品进口总量的46%，其中，香蕉的进口量为1 248 982吨，大豆的进口量为533 785吨，糖的进口量为447 942吨。

2.1.3.6 油料作物和蔬菜的进口量增加

2022年，进口量增长最多的有机产品品类是油料作物，主要是大豆（增加136 438吨，增长28%）。有机蔬菜的进口量也显著增长，主要来源于美国从墨西哥进口的蔬菜（增加86 751吨，增长88%）。与此同时，进口量有所下降的品类是植物油，尤其是从突尼斯进口的橄榄油和从拉丁美洲进口的棕榈油（减少54 545吨，下降15%），以及热带和亚热带水果（减少44 165吨，下降3%）和饲料（减少25 942吨，下降65%）。

2.1.3.7 美国、荷兰和德国是主要的进口国

约74%的有机商品进口至荷兰、德国和美国，其最终消费地区为欧盟与美国。2022年，美国进口量为220万吨（占欧盟和美国有机产品总量的44%）、荷兰为100万吨（占比20%）、德国为45万吨（占比9%）。除此之外，荷兰还是有机进口商品的重要分销国。

2.1.4 零售额[①]

Amarjit Sahota介绍了有机市场的全球趋势并提供了大量背景信息，本部分展示了在FiBL有机农业调查框架下编制的与国家（地区）相关的市场数据。有45个国家（地区）提供了零售总额数据［约占拥有有机数据国家（地区）总数的25%］，这意味着对于许多从事有机农业活动的国家（地区）而言，此类数据是缺失的。

根据FiBL调查，2022年全球有机产品零售总额接近1 350亿欧元。有机食品市场最大的国家是美国（586亿欧元），其次是德国（153亿欧元）、中国（124亿欧元）和法

---

① 由于统计方法的差异，本部分内容的部分数据与Ecovia Intelligence收集的数据有所不同。

国（121亿欧元）（图2-10）。最大的单一市场是美国，其次是欧盟（451亿欧元）和中国。按区域划分，北美洲领先（644亿欧元），其次是欧洲（531亿欧元）和亚洲（150亿欧元）（图2-11）。2021年全球有机市场零售额位列前十的国家见图2-12。

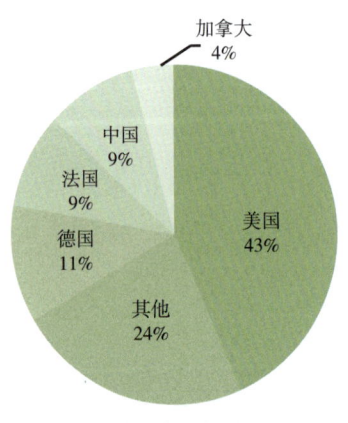

图2-10　2022年各国家（地区）有机食品零售额分布

（数据来源：2024年FiBL调查）

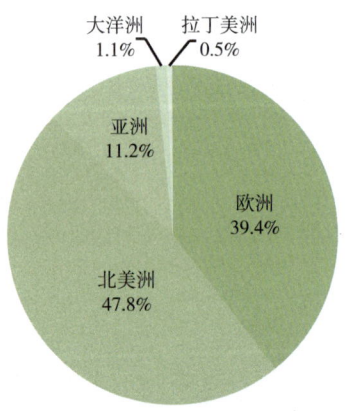

图2-11　2022年各区域有机食品零售额分布

（数据来源：2024年FiBL调查）

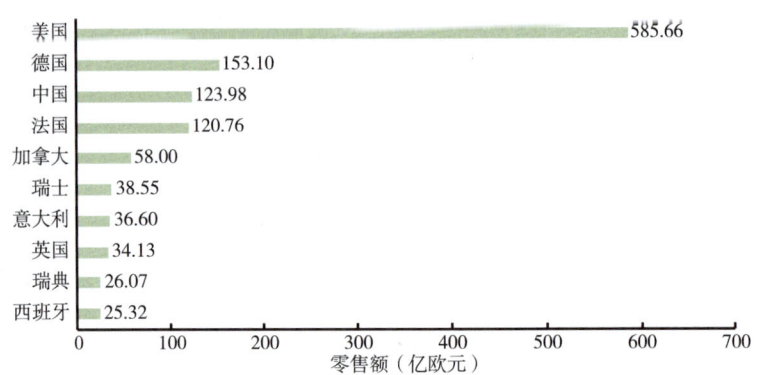

图2-12　2022年全球有机市场零售额位列前十的国家（地区）

（数据来源：2024年FiBL调查）

在可以获得2022年数据的国家（地区）中，有8个国家（地区）的有机市场有所增长，但均未达到两位数。加拿大是增长最快的国家，达到9.7%，其次是日本（增长8.4%）和爱沙尼亚（增长6.0%）。按区域划分，有机食品人均消费最高的是北美洲（171.5欧元），而按国家划分，欧洲国家的人均消费最高。2022年，瑞士是全球有机食品人均消费最高的国家（437欧元），其次是丹麦（365欧元）、奥地利（274欧元）和卢森堡（259欧元）（图2-13）。从有机市场的市场份额来看，领先的是丹麦（12.0%），其次是奥地利（11.5%）和瑞士（11.2%）。

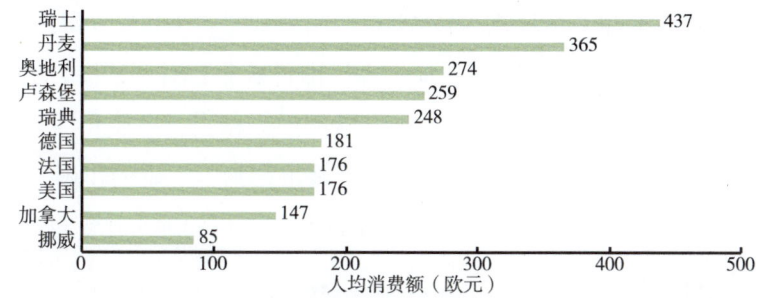

图2-13　2022年全球有机食品人均消费位列前十的国家（地区）

（数据来源：2024年FiBL调查）

2.1.5　发展中国家和新兴市场的有机农业

经济合作与发展组织（OECD）的发展援助委员会（DAC）是一个讨论发展中国家援助、发展和减贫问题的论坛。本部分研究了根据发展援助委员会清单[①]获得官方发展援助（ODA）国家（地区）的有机农业概况。

来自DAC列表上的国家（地区）合计拥有超过400万名有机生产者（占有机生产者总数量的89%），约占全球1/5的有机农地，达到1 880万公顷。

DAC列表国家（地区）中，有近一半（47%）的有机农地位于亚洲（870万公顷）、拉丁美洲（660万公顷）和非洲（270万公顷）。有机农地面积最大的国家依次是印度、阿根廷、中国和巴西。这些都是国土面积较大的国家（图2-14）。

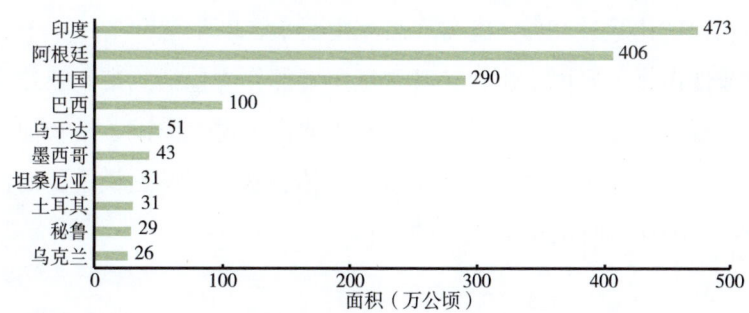

图2-14　DAC列表中2022年全球有机农地面积位列前十的国家（地区）

（数据来源：2024年FiBL调查）

然而，当涉及有机农业用地占种植总面积的比例时，排名就会发生变化（图2-15）。在DAC列表上的国家（地区）中，有机农地占比最高的是圣多美和普林西比（21.1%），

---

① 在经济合作与发展组织（OECD）网站上，可查询发展援助委员会（DAC）列表上的国家（地区）名单，网址为http://www.oecd.org/dac/stats/daclist.htm。

其次是萨摩亚（16.7%）和多米尼克（11.6%）。阿根廷是目前DAC列表中有机种植面积最大的国家（470万公顷），但其有机农地占比仅排名第十二位（2.7%）。DAC列表上排名前十位国家（地区）的有机农地比例与许多欧洲国家相当，主要归因于这些国家拥有较大的生产潜力以及对出口的重视，一些支持措施也起到了一定的作用。然而，DAC列表上的国家（地区）中，只有约25%的国家（地区）的有机农地占比超过1%。

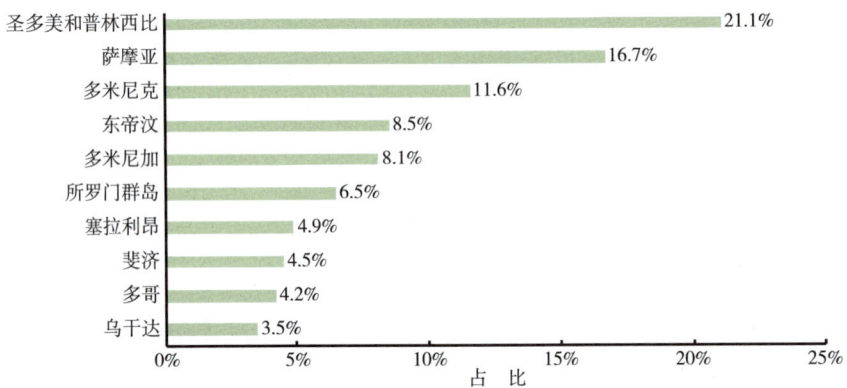

图2-15　DAC列表中2022年全球有机农地占比位列前十的国家（地区）

（数据来源：2024年FiBL调查）

DAC列表上超过71%的国家（地区）拥有详细的有机农地利用信息，但是，一些较大的生产国（印度和巴西）未能提供其作物的相关数据。现有统计数据显示，有机季节性作物农地面积占有机农地总面积的29%以上，有机草场（牧区）占比超过22%，有机多年生作物农地占比超过20%。肉类产品（主要来自阿根廷和乌拉圭）以及未经加工的多年生和季节性作物主要用于出口，其中最主要的作物包括热带和亚热带水果、油料作物（主要是大豆）、糖、咖啡、谷物等。对于非洲来说，大豆、植物油（主要是橄榄油）和香蕉是最主要的作物；对于亚洲而言，饼粕、水稻和糖是最主要的作物；而对于拉丁美洲，香蕉、糖和咖啡则是最主要的作物。

2.2　有机农业用地的利用类型和主要商品形式[①]

2.2.1　土地利用

调查数据中92%的有机农地拥有基本的土地利用信息，然而，由于部分国家（地

---

① 本部分作者为Bernhard Schlatter、Jan Trávníček和Helga Willer；翻译为正谷（上海）农业发展有限公司广州分公司黎榛。

区）未能提供作物相关数据（如巴西和印度），部分区域没有详细的作物信息①。2022年，全球有机农地总面积约为9 638万公顷，其中超过2/3是草场（牧区），其面积超过6 760万公顷。耕地面积为2 150万公顷（季节性作物面积和多年生作物面积分别为1 510万公顷和640万公顷），占比不足有机农地总面积的1/4。按地理区域划分，土地利用信息如图2-16所示。在大洋洲和拉丁美洲，大部分的有机农业用地是多年生草场（牧区）；在非洲，多年生作物用地是最主要的土地利用类型；在亚洲、欧洲和北美洲，季节性作物用地是最主要的土地利用类型。

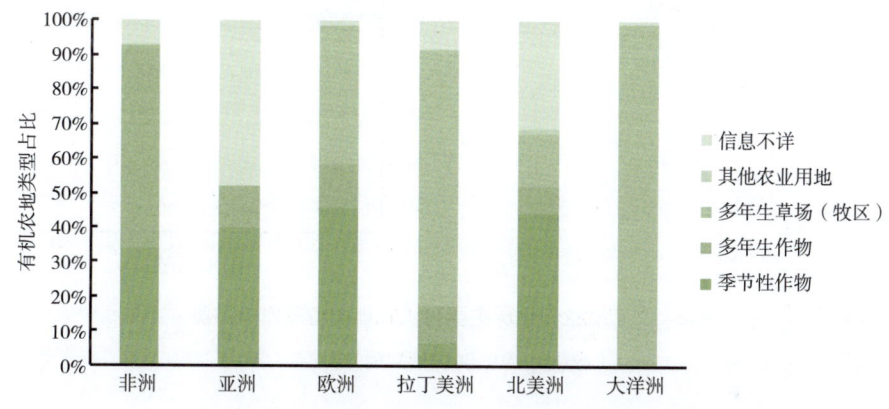

图2-16　2022年全球各地区土地使用类型分布比例

（数据来源：2024年FiBL调查）

最重要的季节性作物是谷物、青饲料作物（种植在耕地上的青饲料）和油料作物。最重要的多年生作物则是坚果、橄榄和咖啡（图2-17）。虽然季节性作物面积减少了0.7%，但多年生作物面积仅增长了0.8%，有机多年生草场（牧区）面积大幅增长了25.5%（图2-18）。

---

① 对于某些国家（地区），只能获得土地主要利用类型的资料［季节性作物用地、多年生作物用地和多年生草场（牧区）］；对于其他国家（地区），则可以获得非常详细的土地利用统计信息。本次调查在使用联合国粮食及农业组织（FAO）土地利用类型分类方法的基础上，稍作了调整。农作物分类则使用了类似于欧盟统计局（Eurostat）作物分类的统计系统。土地利用类型数据主要根据以下主要类别进行分类：季节性作物用地、多年生作物用地、无更多具体信息的耕地（耕地包含季节性作物用地和多年生作物用地）、多年生草场（牧区）、其他农业用地（如树篱）和完全没有任何详细信息的农业用地。水产养殖、林地和有放牧活动的非农业用地在此用一个单独的类别与农业用地区别开，有机野生采集区和养蜂区也是如此。更多信息查询请登录FAOSTAT官方页面faostat.fao.org，点击"Home" > "Concepts and Definitions" > "Glossary"。

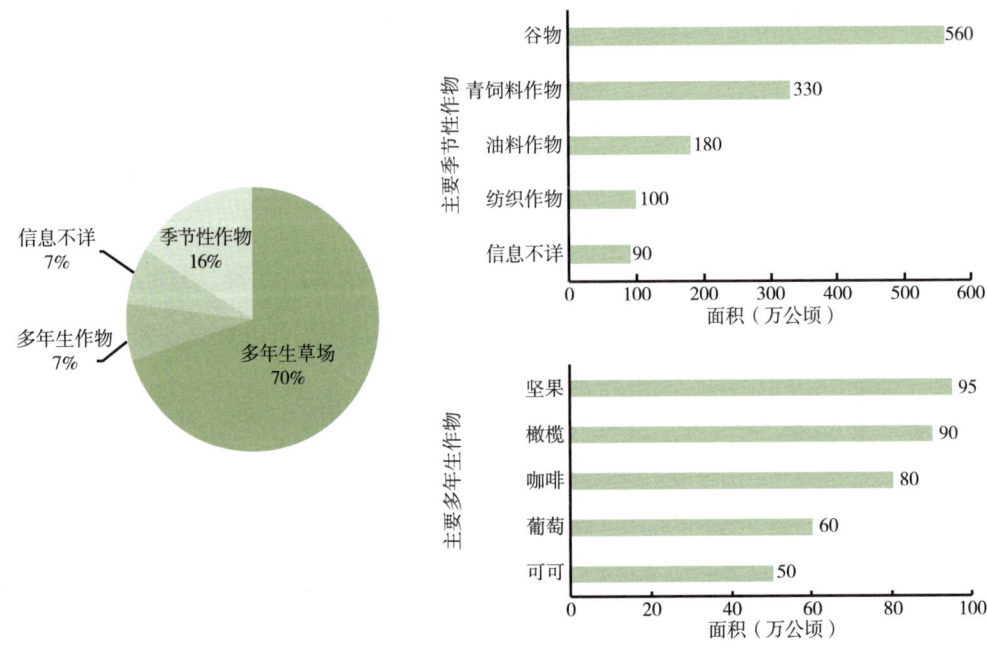

图2-17 2022年全球主要有机农地类型及作物种类

（数据来源：2024年FiBL调查）

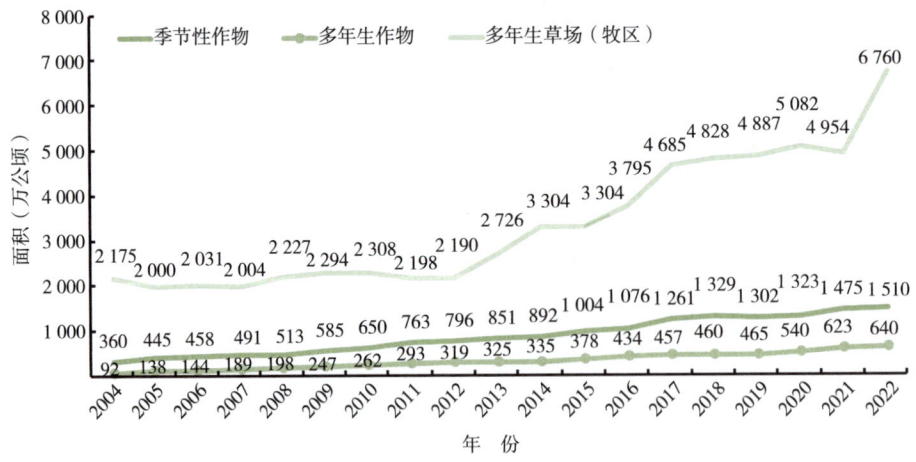

图2-18 2004—2022年全球有机季节性作物、多年生作物和多年生草场（牧区）发展情况

（数据来源：2024年FiBL调查）

2.2.2 季节性作物用地

有机季节性作物用地面积超过了1 510万公顷，占全球有机农业用地面积的15.6%，占季节性作物用地面积的1.1%。

与2021年相比，有机季节性作物用地面积减少了0.7%。55.6%的季节性作物用地位于欧洲，其次是亚洲（23.2%）和北美洲（10.7%）（图2-19）。大部分季节性作物用地用于种植谷物（564万公顷）、青饲料作物（331万公顷）和油料作物（182万公顷）（图2-20）。

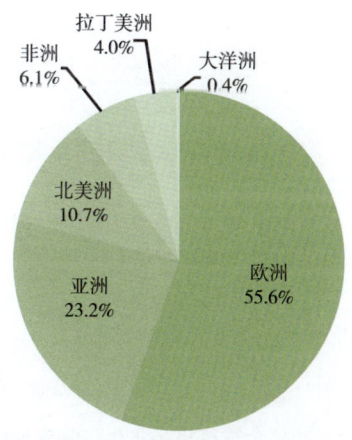

图2-19　2022年全球有机季节性作物用地区域分布

（数据来源：2024年FiBL调查）

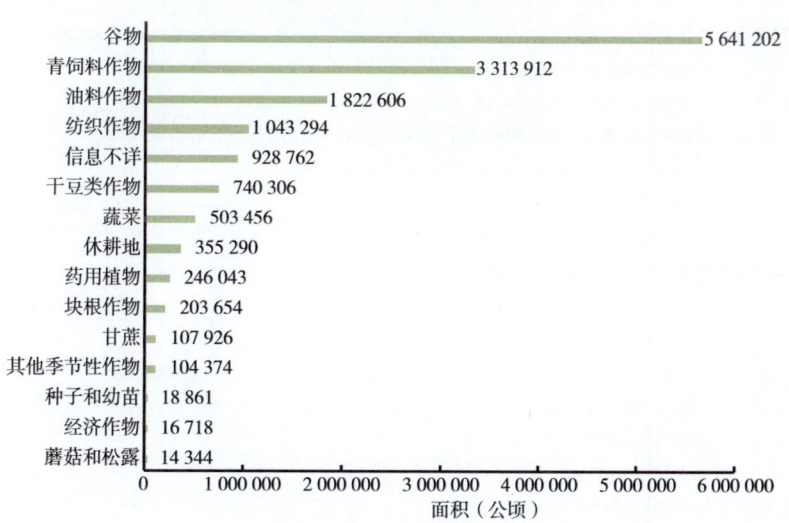

图2-20　2022年全球有机季节性作物农地种植品类分布情况

（数据来源：2024年FiBL调查）

2.2.3　多年生作物用地

多年生作物面积超过了640万公顷，占全球多年生作物用地总面积的3.6%。与2021

年相比，2022年多年生作物面积增加超过4.8万公顷，增长了0.8%。全球有机农业用地中有7%是多年生作物用地，大部分位于欧洲（近240万公顷），其次是非洲（超过160万公顷）和亚洲（近110万公顷）（图2-21）。2022年有机多年生作物种植品种分布情况见图2-22。

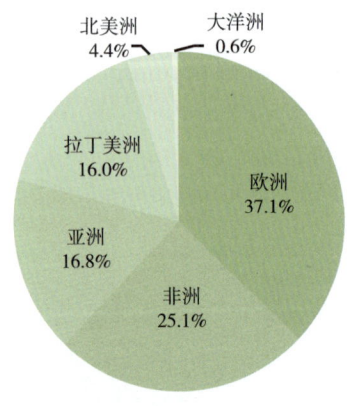

图2-21 2022年全球有机多年生作物农地区域分布

（数据来源：2024年FiBL调查）

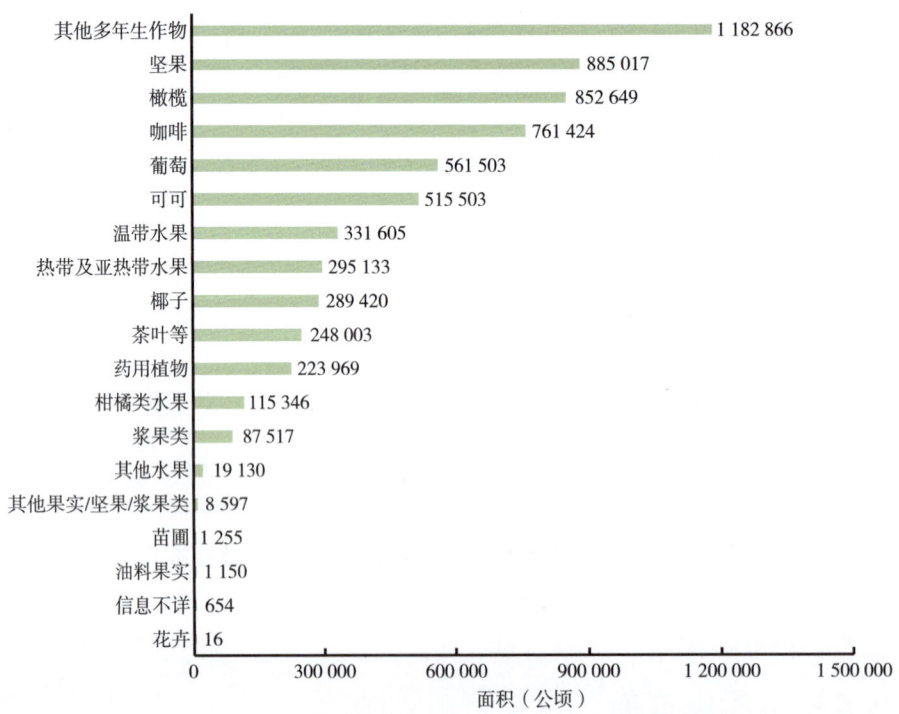

图2-22 2022年全球有机多年生作物农地种植品种分布情况

（数据来源：2024年FiBL调查）

2.2.4 野生采集和养蜂区域

IFOAM国际有机农业运动联盟（IFOAM 2014）定义了野生采集的概念，同时野生采集活动也受到有机法规的监管。2022年，全球野生采集区域面积（包括养蜂区）为3 460万公顷。不同于有机农地分布，有机野生采集区主要集中在非洲、欧洲、亚洲和拉丁美洲（图2-23）。

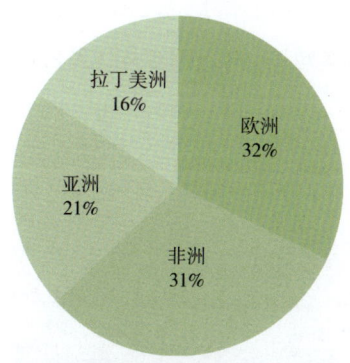

图2-23　2022年全球有机野生采集区和养蜂区地域分布

（数据来源：2024年FiBL调查）

芬兰是拥有野生采集面积最大的国家（主要是浆果），其次是印度和赞比亚（图2-24）。药用植物和芳香植物在野生采集中占最重要的地位。遗憾的是，对于大部分野生采集区域，没有可用的详细信息。

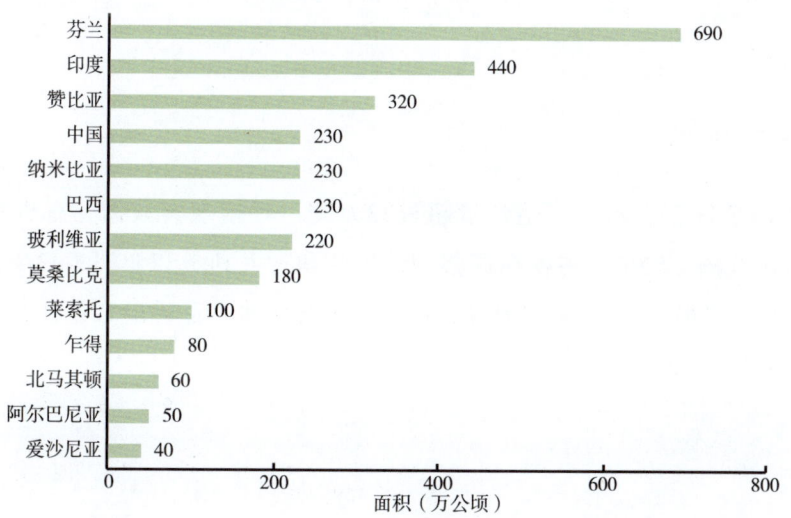

图2-24　2022年全球有机野生采集区和养蜂区面积位居前列的国家（地区）

（数据来源：2024年FiBL调查）

2.2.5　蜂　箱

2022年，全球有近341万个有机蜂箱，占蜂箱总数量的3.4%[①]。有机蜂箱主要集中在拉丁美洲（36.6%）和欧洲（31.5%）（图2-25）。赞比亚是拥有有机蜂箱数量最多的国家（约75.8万个），其次是巴西（近63万个）和墨西哥（超过44.8万个）。自2007年报告全球有机蜂箱数量超过53.5万个以来，至2022年有机蜂箱的总数增加了5倍。

对于新加入的有机养蜂人来说，由于缺乏有机养蜂方法及有机认证的相关知识，他们在从传统养殖转换到有机养殖的过程中面临巨大挑战。同时，如何提高有机蜂蜜质量和用有机方法控制瓦螨寄生虫也是有机养蜂人面临的主要问题。

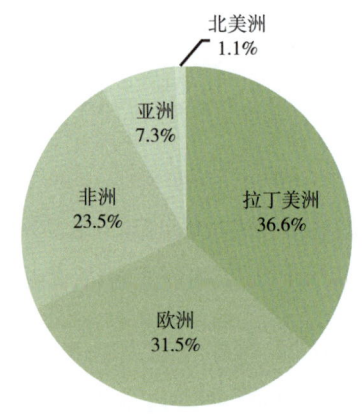

图2-25　2022年全球有机蜂箱地域分布

（数据来源：2024年FiBL调查）

2.2.6　水产养殖

2022年，全球有机水产养殖产量超过33万吨。根据现有数据，有机水产养殖生产主要分布在欧洲（57%，主要在挪威、爱尔兰和意大利）和亚洲（43%，主要在中国）。中国的产量最大，为140 091吨，但没有细分到水产品种的数据；其次是挪威，产量为54 411吨（图2-26）。

---

① 根据FAO统计，2022年全球共有100 996 303个蜂箱。详情请查询FAOSTAT网址http://www.fao.org/faostat/en/#data/QA，选择"Production" > "Live animals"。

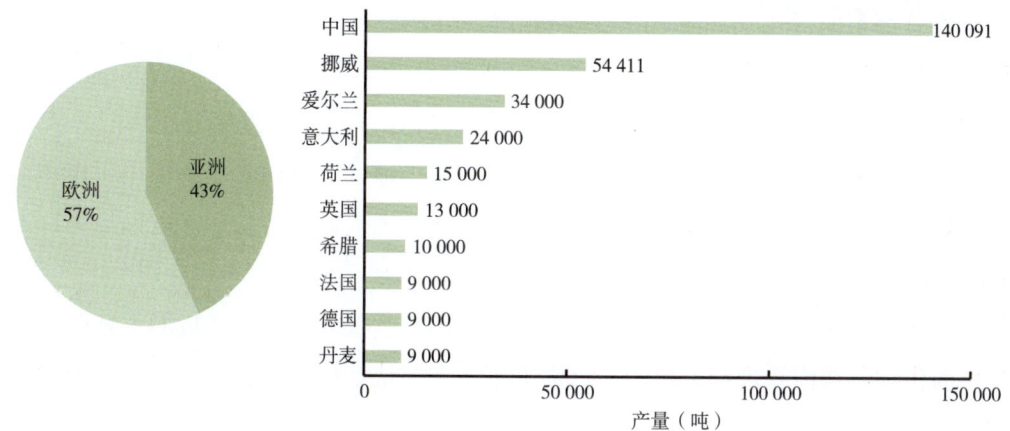

图2-26　2022年全球有机水产养殖分布及产量位列前十的国家（地区）

（数据来源：2024年FiBL调查）

遗憾的是，一些有机水产养殖产量较大的国家，如巴西和印度尼西亚，未能提供有机水产养殖的数据，因此，可以认为全球实际有机水产的产量比统计的数据更高。

全球有机水产总产量的1/4有按品种划分的详细数据。根据现有数据，鲑鱼/鳟鱼/胡瓜鱼产量最高（约47 500吨），其次是贻贝（约39 400吨）和海鲈（约4 000吨）（图2-27）。

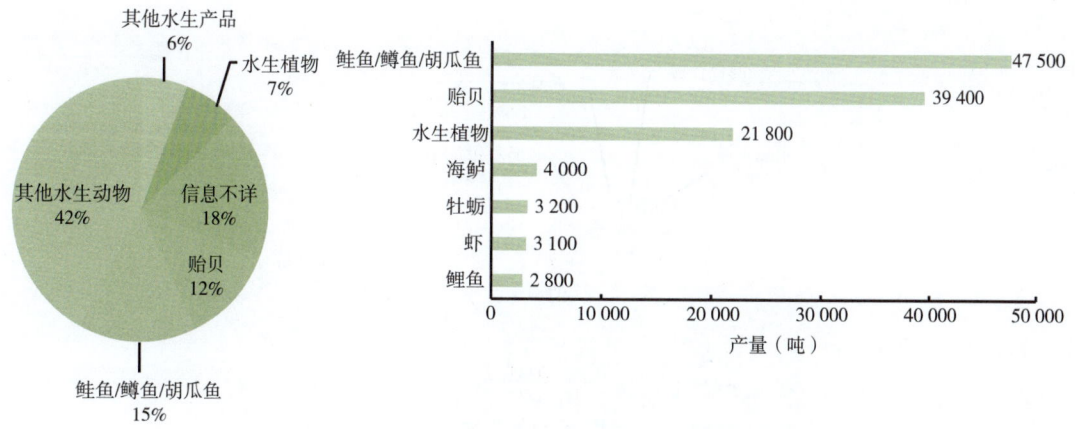

图2-27　2022年全球有机水产养殖主要品种比例及产量

（数据来源：2024年FiBL调查）

2.2.7　特定作物的数据统计

本部分展示了几种重要作物与作物群的数据，包括采用有机方式管理下的作物面积与作物总面积的对比。瑞士有机农业研究所（FiBL）于2004年首次收集了土地利用与作物数据，其发展态势图展示了自2004年以来的增长。

本书以图表形式展示了一些特定作物或作物群在全球范围内的分布情况、发展情况，以及有机用地面积和有机份额排名前列的国家（地区），同时展示了相应作物群的细分作物分布情况。所有图表均采用交互式Power BI图表制作方法，获取网址为https://statistics.fibl.org/visualisation.html。

需要指出的是，有机种植的面积主要与联合国粮食及农业组织（FAO）和欧盟统计局提供的作物收获面积进行了比较，该数据不一定与认证机构登记的播种面积或种植面积直接相当。

部分国家（地区）的转换期数据来自多个认证机构，但部分机构未能提供关于有机作物转换期状态的信息。在认证信息不完整的情况下，假定所有土地都已经完全转换。本部分呈现的统计图表只是FiBL作物数据库中可用信息的一部分，来源于statistics.fibl.org。此外，在www.organic-world.net可获取更多重要作物的统计图表。

2.2.7.1 谷　物

2022年，全球有机谷物的种植面积超过560万公顷，占谷物种植总面积的0.75%，详情见图2-28至图2-32。

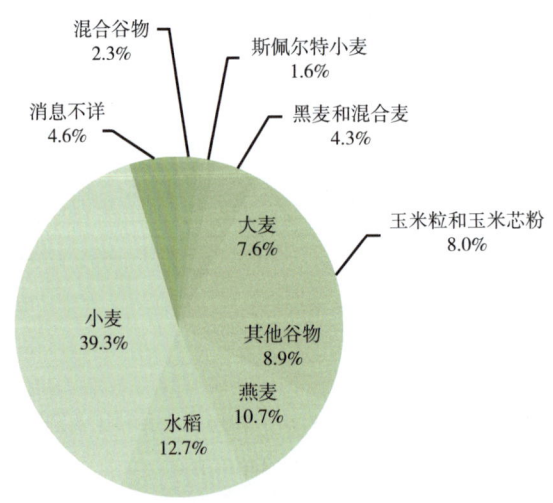

图2-28　2022年全球不同种类的有机谷物种植面积占比

（数据来源：2024年FiBL调查）

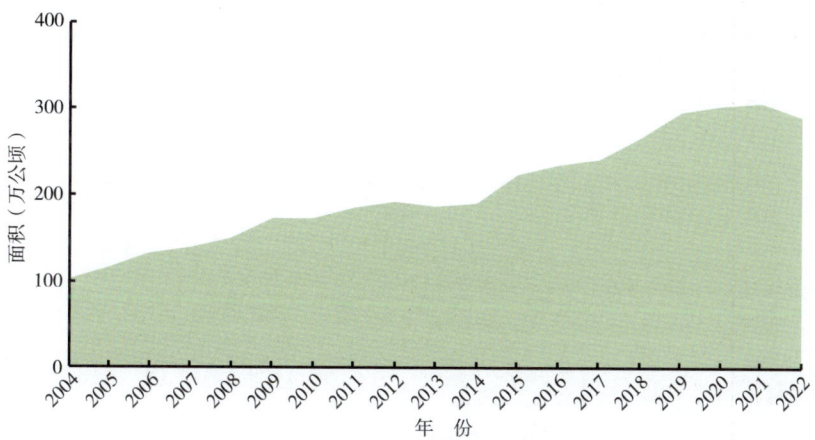

图2-29　2004—2022年全球有机谷物种植面积发展情况

（数据来源：2024年FiBL调查）

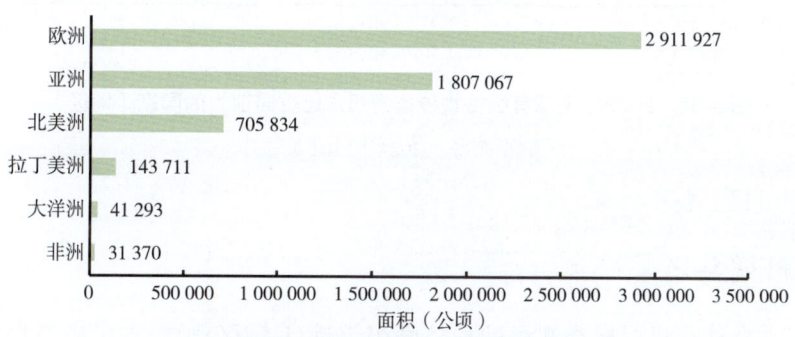

图2-30　2022年各区域有机谷物种植面积分布

（数据来源：2024年FiBL调查）

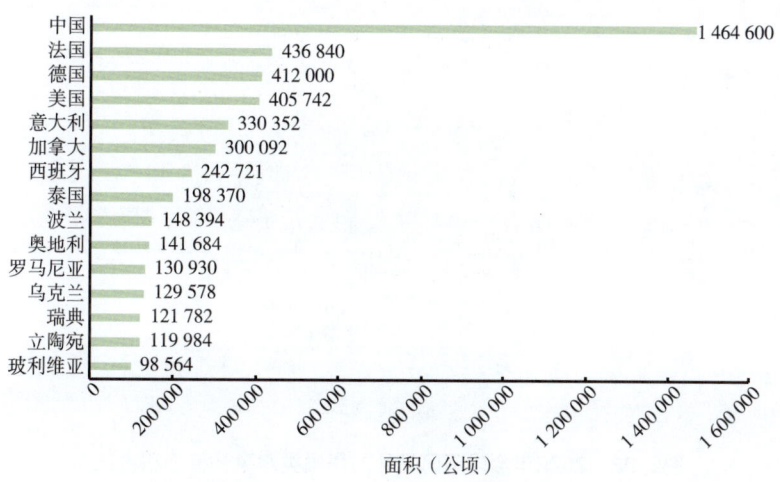

图2-31　2022年全球有机谷物种植面积位居前列的国家（地区）

（数据来源：2024年FiBL调查）

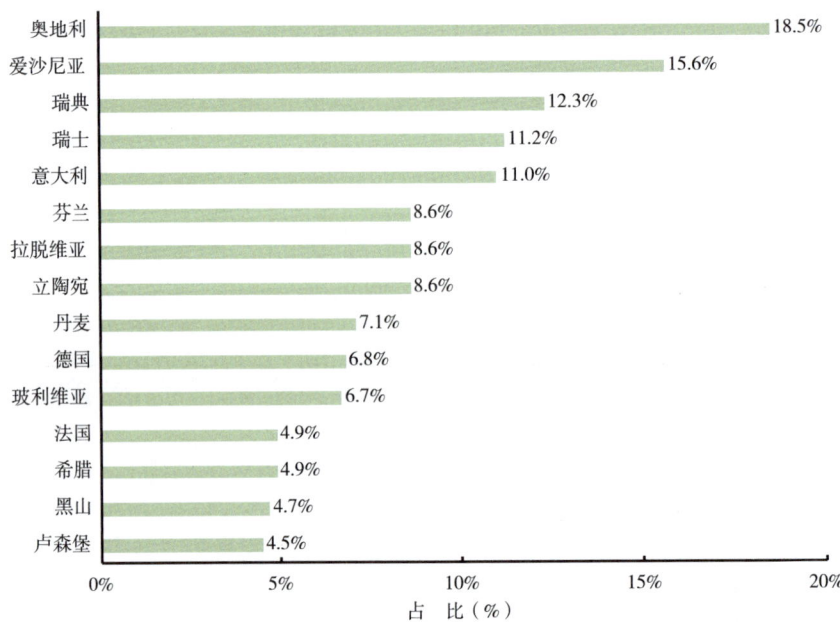

图2-32　2022年全球有机谷物种植面积占比位居前列的国家（地区）

（数据来源：2024年FiBL调查）

2.2.7.2　柑橘类水果

2022年，全球有机柑橘类水果的种植面积超过11.5万公顷，占柑橘类水果种植总面积的1.2%，详情见图2-33至图2-37。

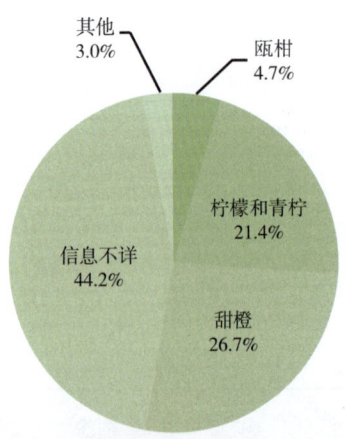

图2-33　2022年全球不同品种的柑橘类水果种植面积占比

（数据来源：2024年FiBL调查）

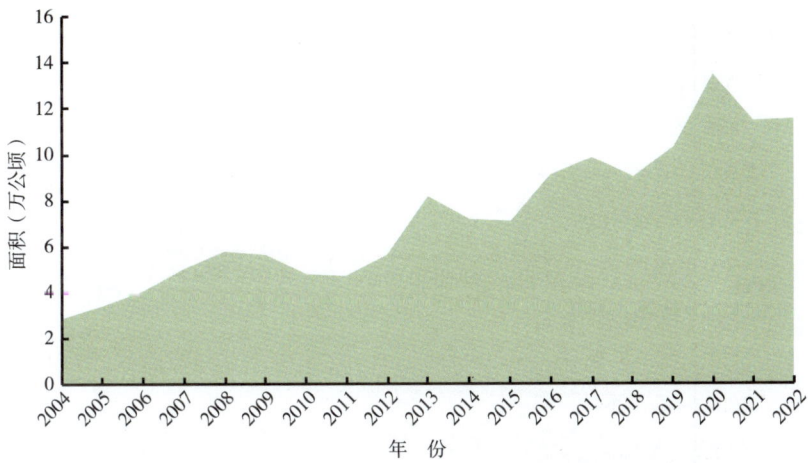

图2-34 2004—2022年全球有机柑橘类水果种植面积发展情况

（数据来源：2024年FiBL调查）

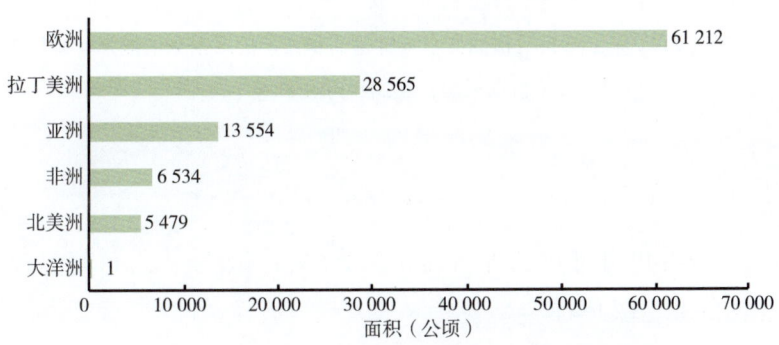

图2-35 2022年各区域有机柑橘类水果种植面积分布

（数据来源：2024年FiBL调查）

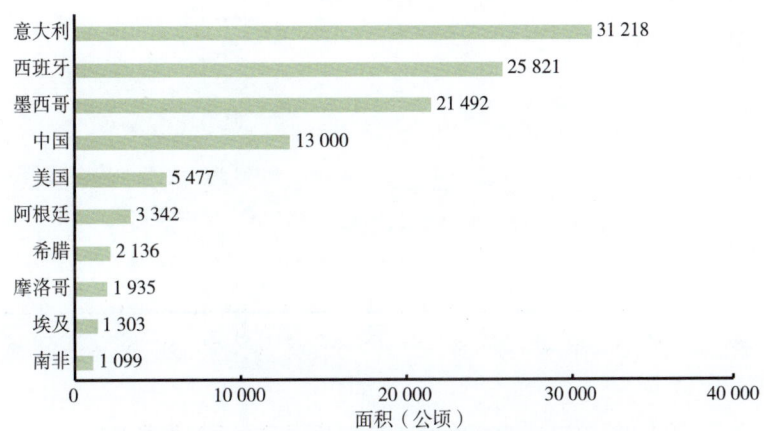

图2-36 2022年全球有机柑橘类水果种植面积位居前列的国家（地区）

（数据来源：2024年FiBL调查）

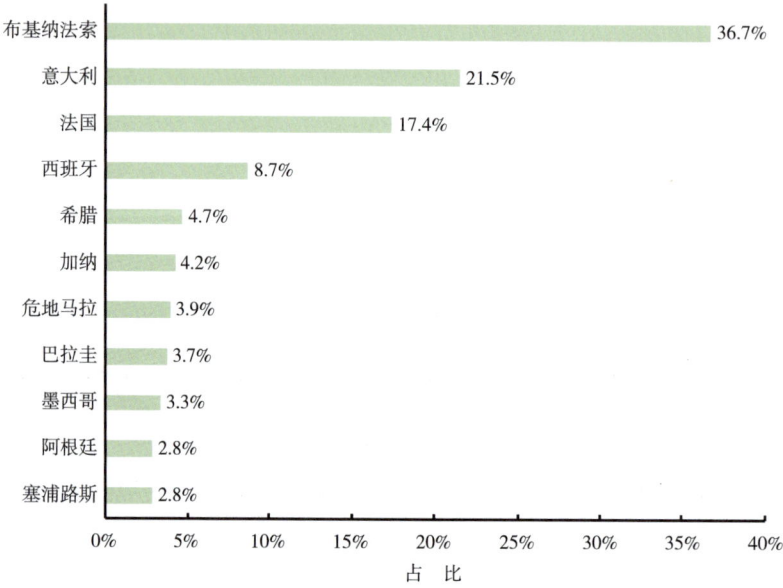

图2-37 2022年全球有机柑橘类水果种植面积占比位居前列的国家（地区）

（数据来源：2024年FiBL调查）

2.2.7.3 可可豆

2022年，全球有机可可豆的种植面积约为51.5万公顷，占可可豆种植总面积的4.4%，详情见图2-38至图2-41。

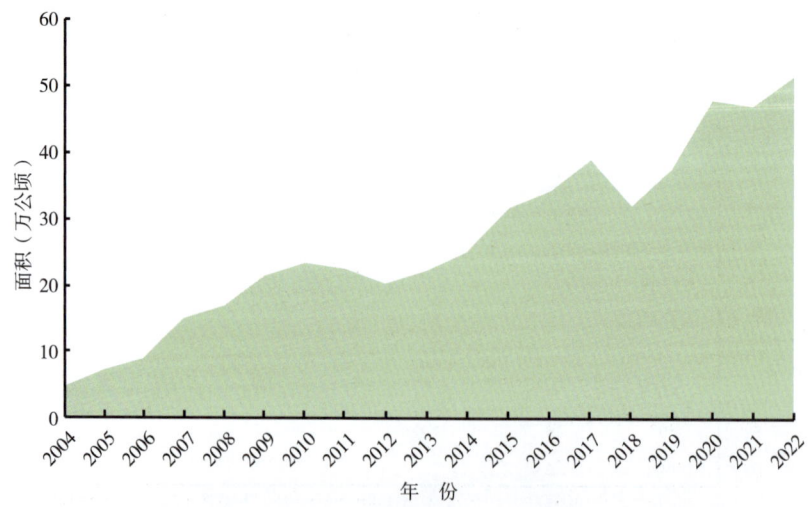

图2-38 2004—2022年全球有机可可豆种植面积发展情况

（数据来源：2024年FiBL调查）

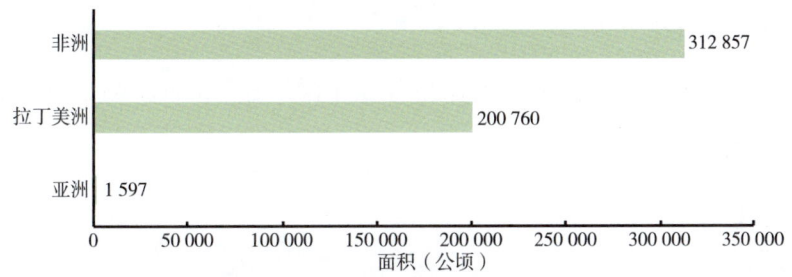

图2-39　2022年各区域有机可可豆种植面积分布

（数据来源：2024年FiBL调查）

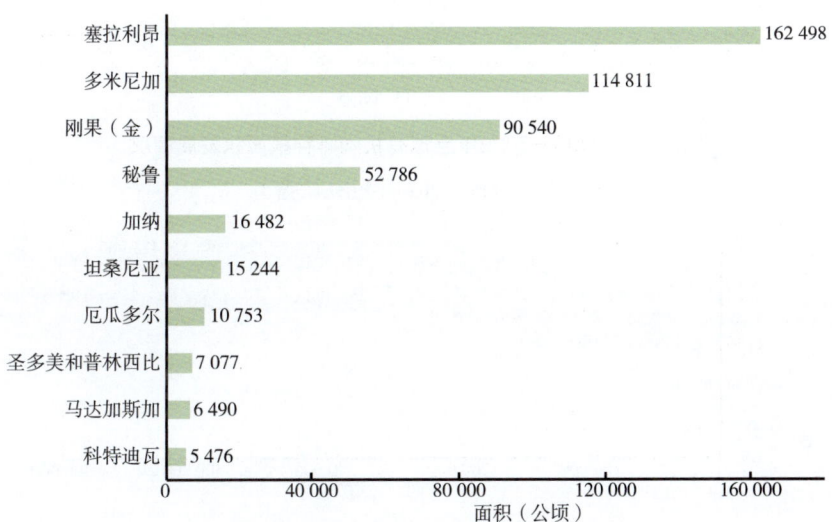

图2-40　2022年有机可可豆种植面积位列前十的国家（地区）

（数据来源：2024年FiBL调查）

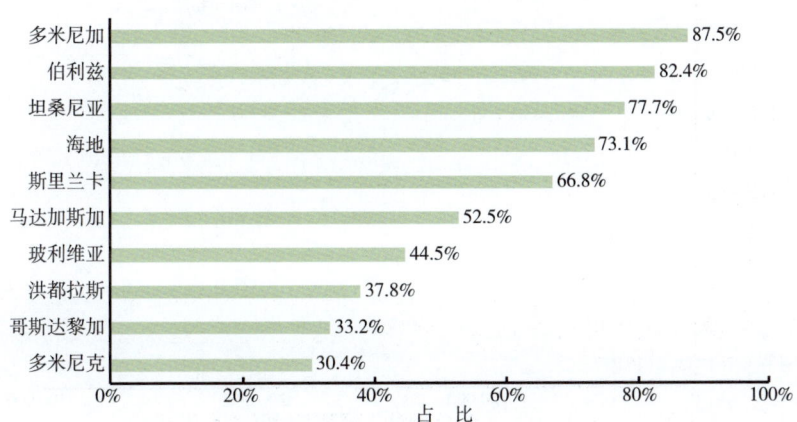

图2-41　2022年有机可可豆种植面积占比位列前十的国家（地区）

（数据来源：2024年FiBL调查）

2.2.7.4 咖 啡

2022年，全球有机咖啡的种植面积超过76.1万公顷，占咖啡种植总面积的6.7%，详情见图2-42至图2-45。

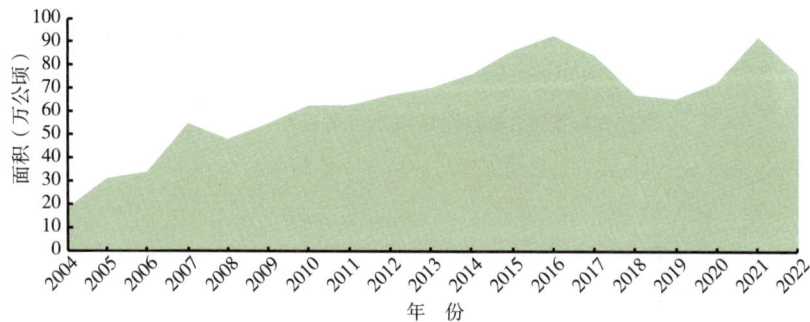

图2-42　2004—2022年全球有机咖啡种植面积发展情况

（数据来源：2024年FiBL调查）

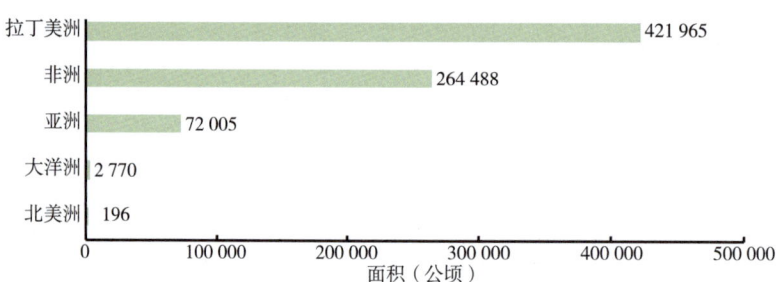

图2-43　2022年各区域有机咖啡种植面积分布

（数据来源：2024年FiBL调查）

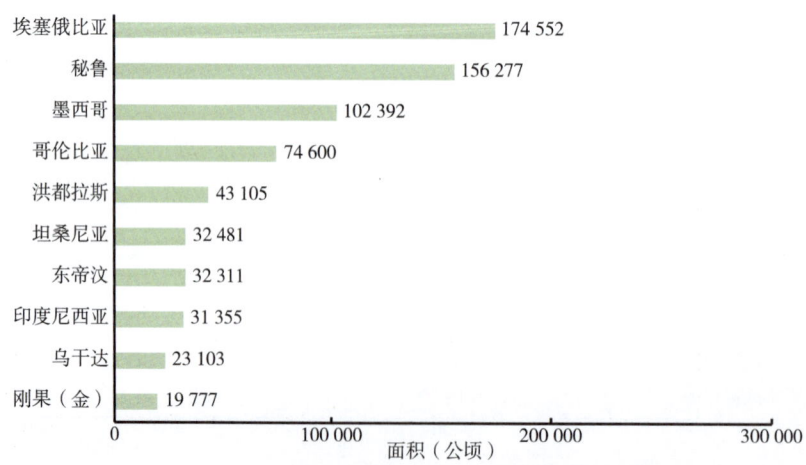

图2-44　2022年有机咖啡种植面积位列前十的国家（地区）

（数据来源：2024年FiBL调查）

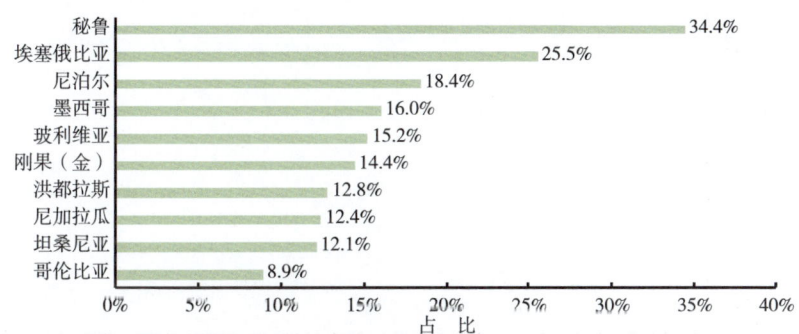

图2-45 2022年有机咖啡种植面积占比位列前十的国家（地区）

（数据来源：2024年FiBL调查）

2.2.7.5 干豆类

2022年，全球有机干豆类作物的种植面积约为74万公顷，占干豆类作物种植总面积的0.8%，详情见图2-46至图2-50。

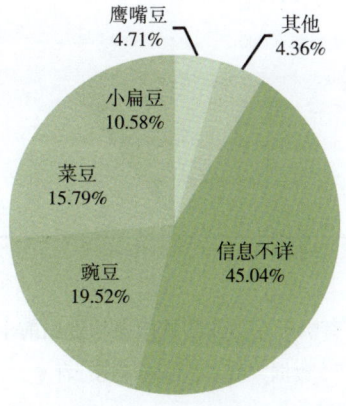

图2-46 2022年全球不同种类的干豆类作物种植面积占比

（数据来源：2024年FiBL调查）

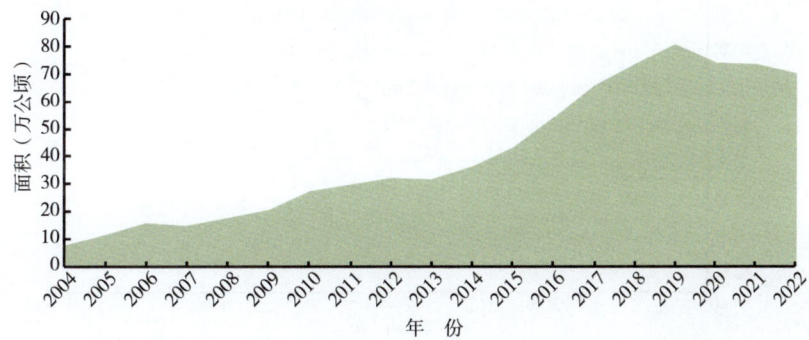

图2-47 2004—2022年全球有机干豆类作物种植面积发展情况

（数据来源：2024年FiBL调查）

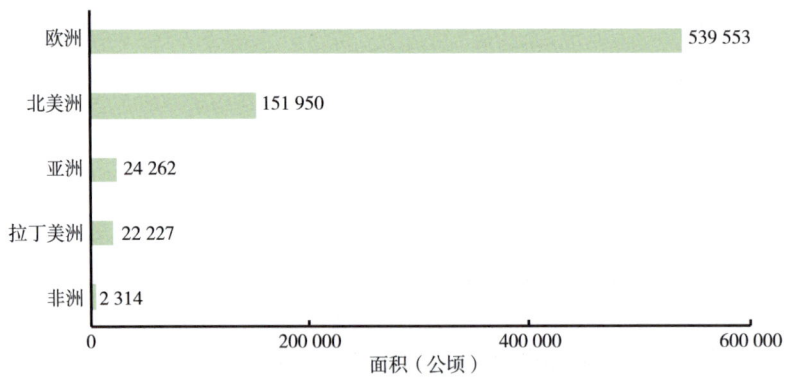

图2-48 2022年各区域有机干豆类作物种植面积分布

（数据来源：2024年FiBL调查）

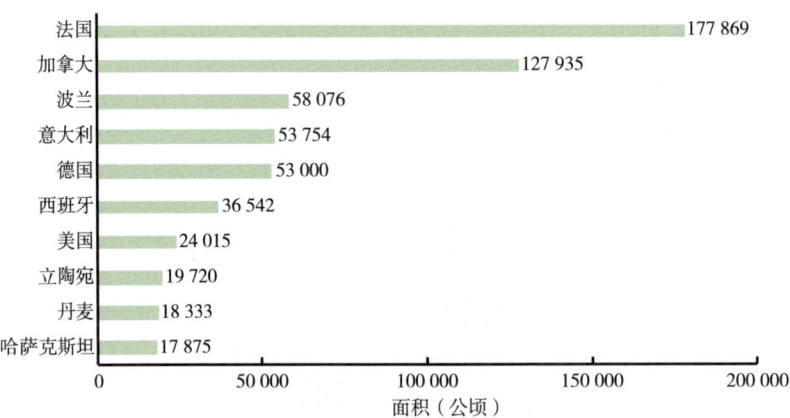

图2-49 2022年有机干豆类作物种植面积位列前十的国家（地区）

（数据来源：2024年FiBL调查）

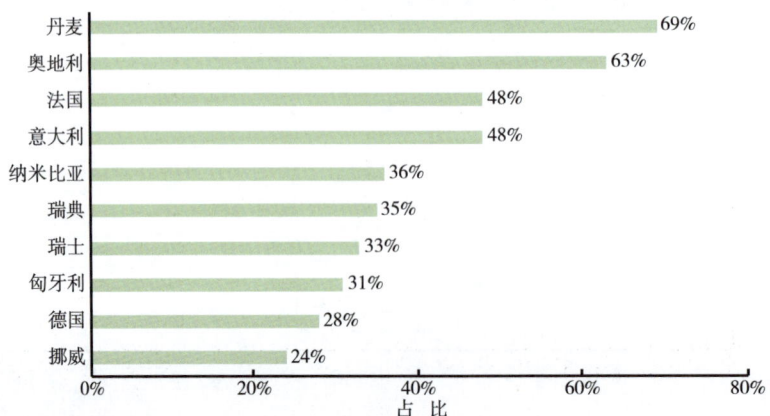

图2-50 2022年有机干豆类作物种植面积占比位列前十的国家（地区）

（数据来源：2024年FiBL调查）

2.2.7.6 温带水果

2022年，全球有机温带水果的种植面积近33.2万公顷，占温带水果种植总面积的2.8%，详情见图2-51至图2-55。

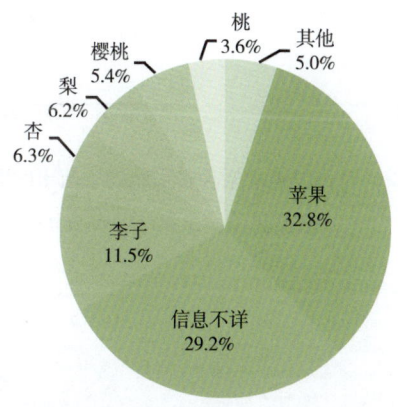

图2-51　2022年全球不同种类有机温带水果品类种植面积占比

（数据来源：2024年FiBL调查）

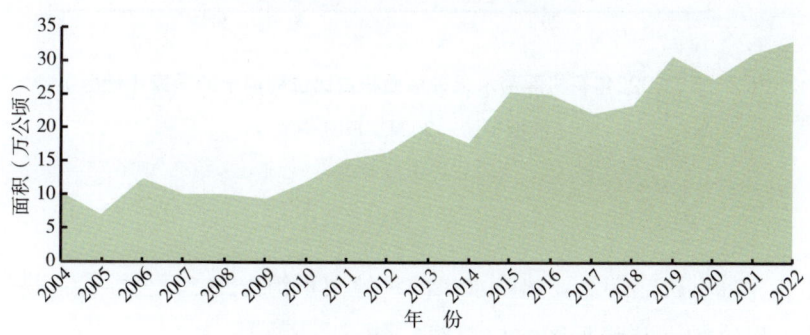

图2-52　2004—2022年全球有机温带水果种植面积发展情况

（数据来源：2024年FiBL调查）

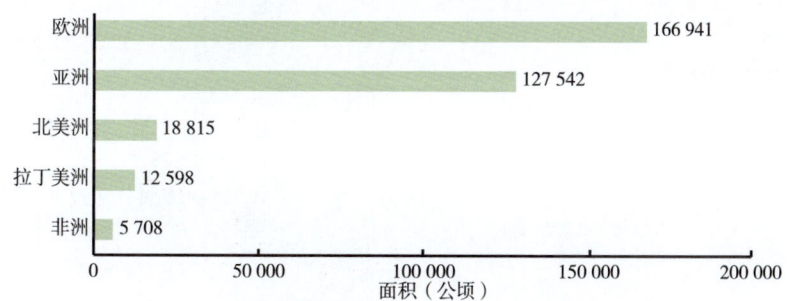

图2-53　2022年各区域有机温带水果种植面积分布

（数据来源：2024年FiBL调查）

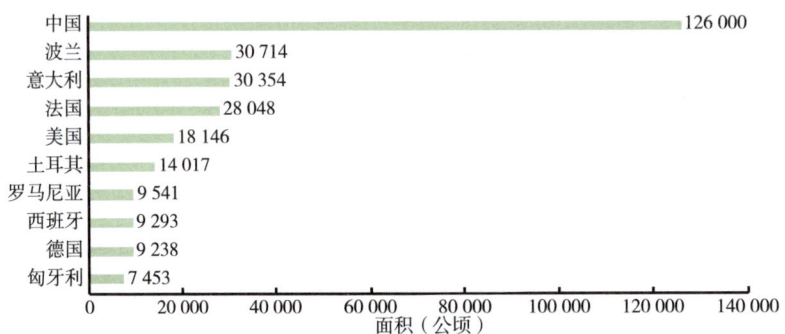

图2-54 2022年有机温带水果种植面积位列前十的国家（地区）

（数据来源：2024年FiBL调查）

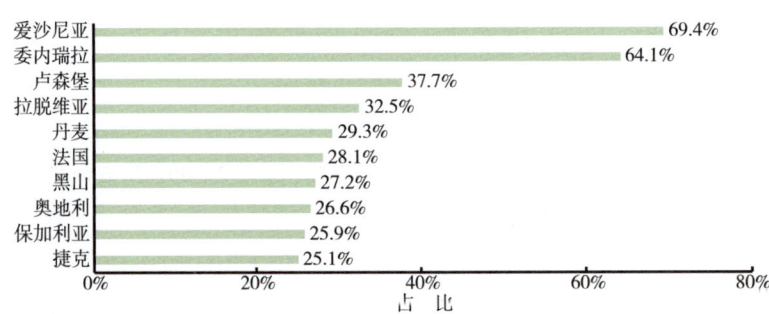

图2-55 2022年有机温带水果种植面积占比位列前十的国家（地区）

（数据来源：2024年FiBL调查）

2.2.7.7 热带及亚热带水果

2022年，全球有机热带及亚热带水果的种植面积约为29.5万公顷，占热带及亚热带水果种植总面积的1%，详情见图2-56至图2-60。

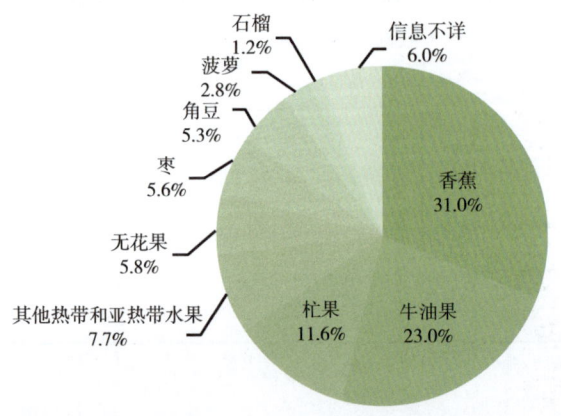

图2-56 2022年全球不同种类有机热带及亚热带水果品类种植面积占比

（数据来源：2024年FiBL调查）

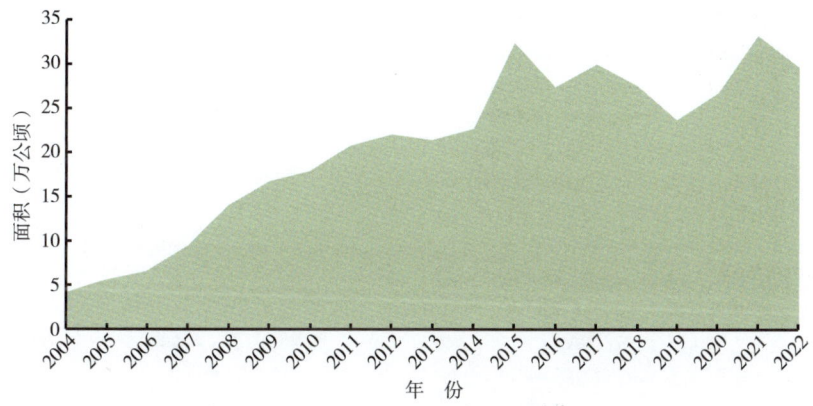

图2-57 2004—2022年全球有机热带及亚热带水果种植面积发展情况

（数据来源：2024年FiBL调查）

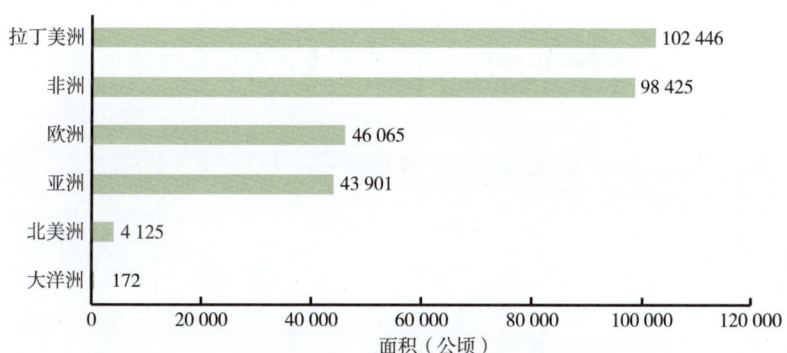

图2-58 2022年各区域有机热带及亚热带水果种植面积分布

（数据来源：2024年FiBL调查）

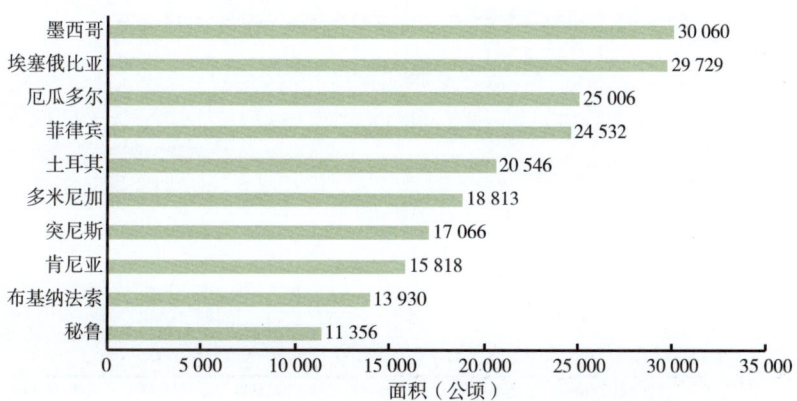

图2-59 2022年有机热带及亚热带水果种植面积位列前十的国家（地区）

（数据来源：2024年FiBL调查）

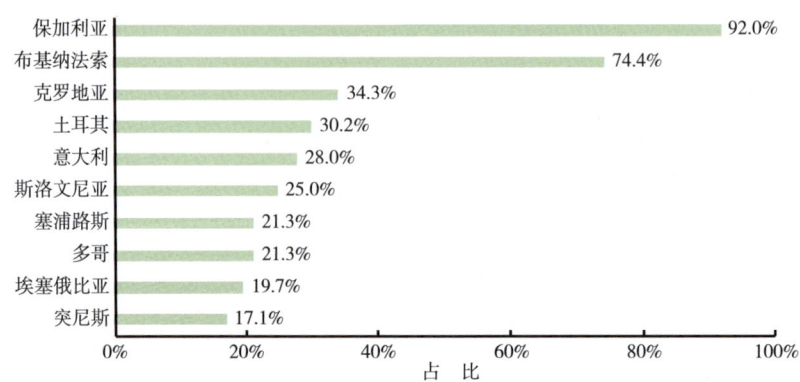

图2-60　2022年有机热带及亚热带水果种植面积占比位列前十的国家（地区）

（数据来源：2024年FiBL调查）

2.2.7.8　葡　萄

2022年，全球有机葡萄种植面积近56.2万公顷，占葡萄种植总面积的8.3%，详情见图2-61至图2-64。

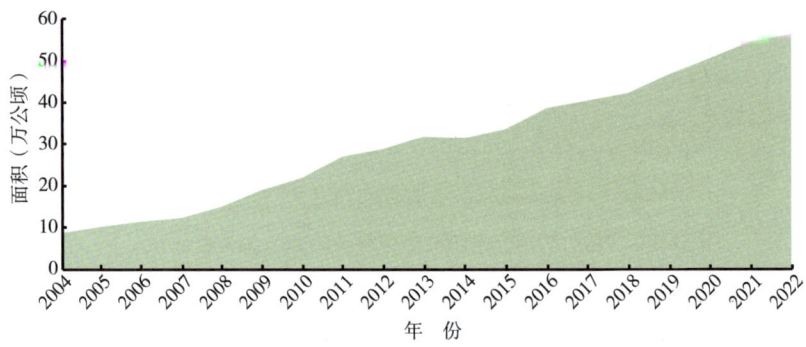

图2-61　2004—2022年全球有机葡萄种植面积发展情况

（数据来源：2024年FiBL调查）

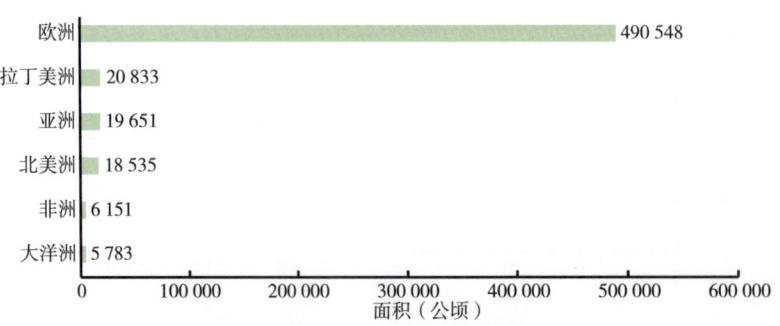

图2-62　2022年各区域有机葡萄种植面积分布

（数据来源：2024年FiBL调查）

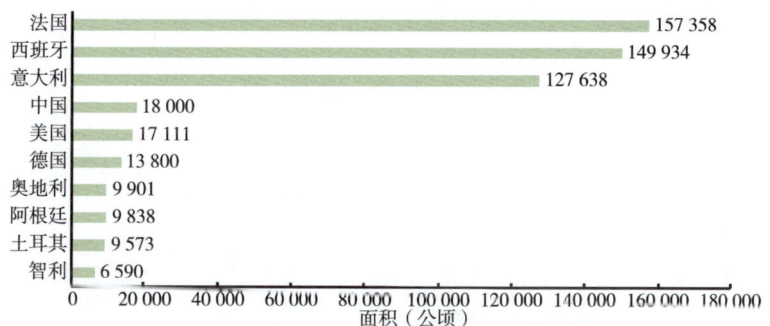

图2-63　2022年有机葡萄种植面积位列前十的国家（地区）

（数据来源：2024年FiBL调查）

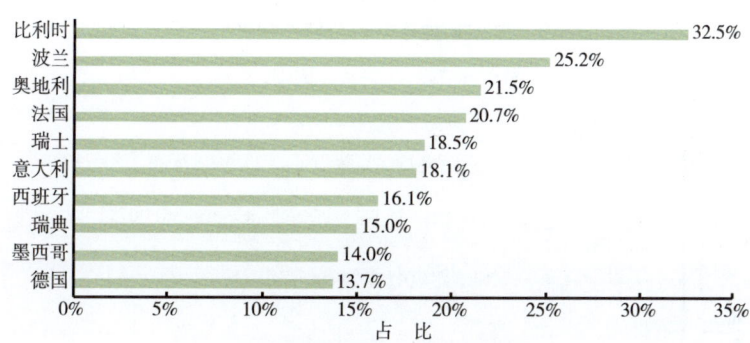

图2-64　2022年有机葡萄种植面积占比位列前十的国家（地区）

（数据来源：2024年FiBL调查）

2.2.7.9　油料作物

2022年，全球有机油料作物种植面积约为182万公顷，占油料作物种植总面积的0.7%，详情见图2-65至图2-69。

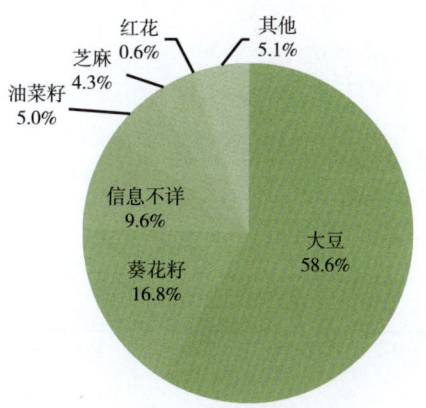

图2-65　2022年全球不同种类有机油料作物种植面积占比

（数据来源：2024年FiBL调查）

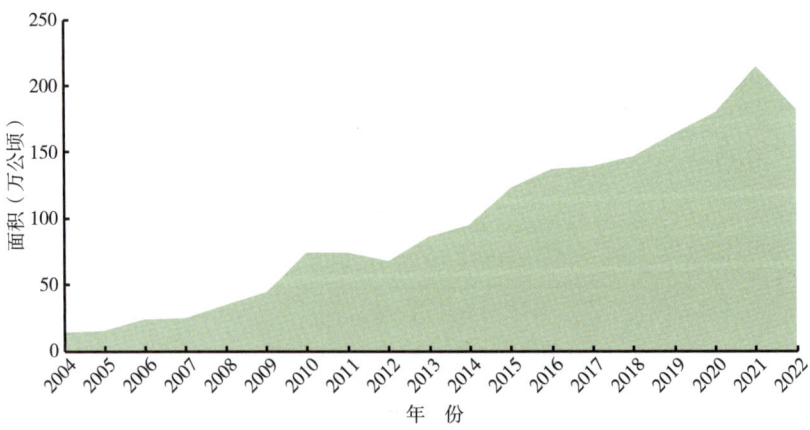

图2-66 2004—2022年全球有机油料作物种植面积发展情况

（数据来源：2024年FiBL调查）

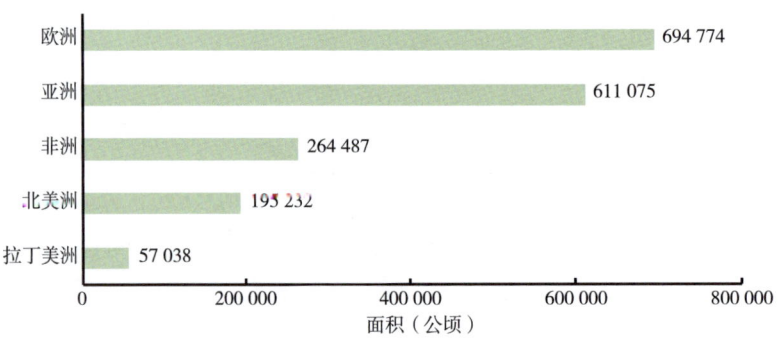

图2-67 2022年各区域有机油料作物种植面积分布

（数据来源：2024年FiBL调查）

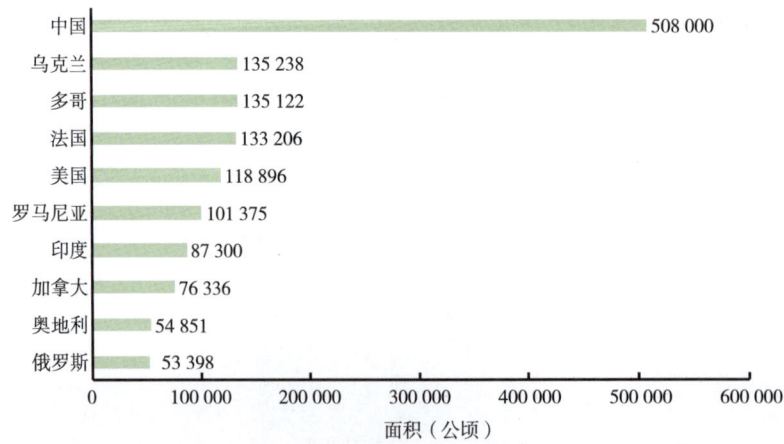

图2-68 2022年有机油料作物种植面积位列前十的国家（地区）

（数据来源：2024年FiBL调查）

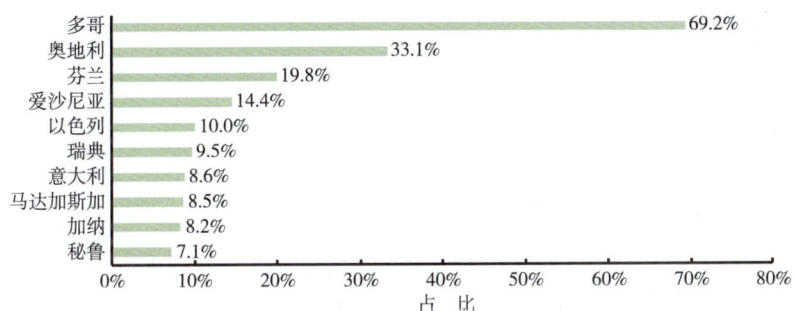

图2-69 2022年有机油料作物种植面积占比位列前十的国家（地区）

（数据来源：2024年FiBL调查）

2.2.7.10 橄　榄

2022年，全球有机橄榄种植面积近85.3万公顷，占橄榄种植总面积的8.2%，详情见图2-70至图2-73。

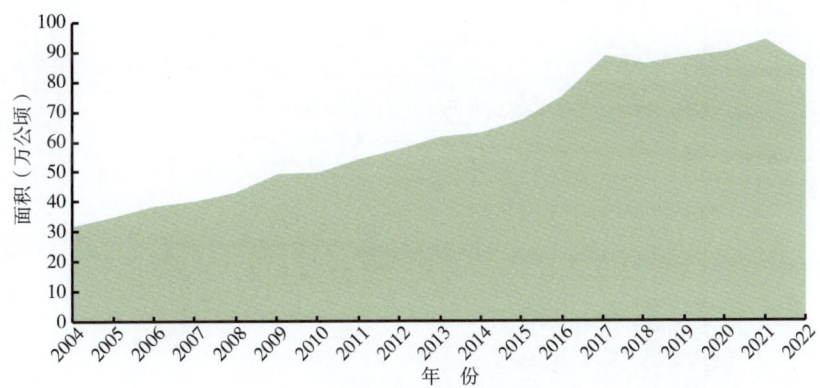

图2-70 2004—2022年全球有机橄榄种植面积发展情况

（数据来源：2024年FiBL调查）

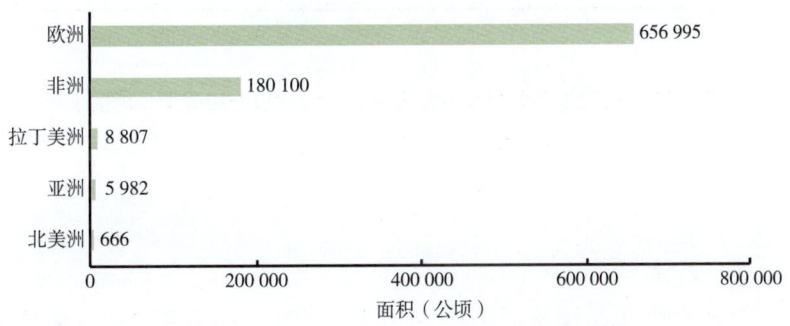

图2-71 2022年各区域有机橄榄种植面积分布

（数据来源：2024年FiBL调查）

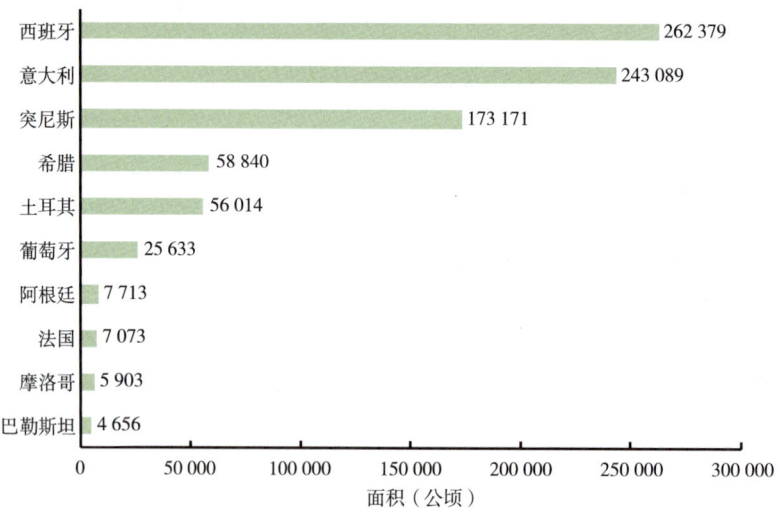

图2-72　2022年有机橄榄种植面积位列前十的国家（地区）

（数据来源：2024年FiBL调查）

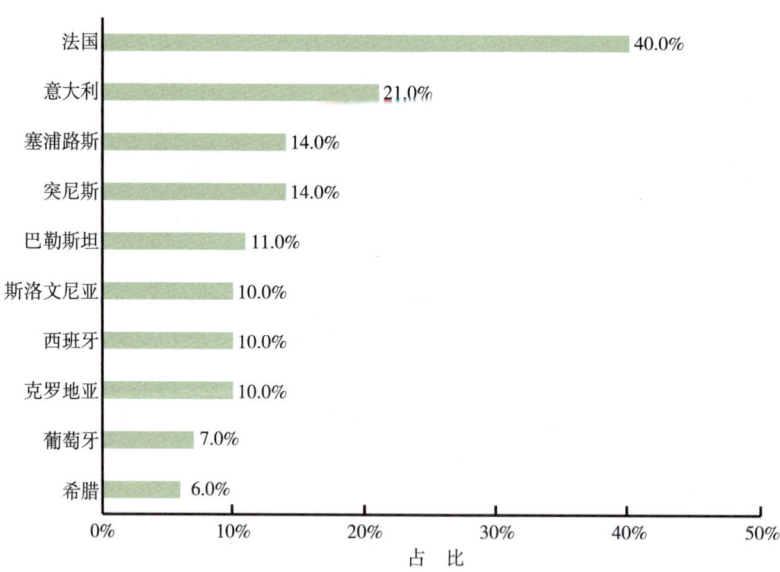

图2-73　2022年有机橄榄种植面积占比位列前十的国家（地区）

（数据来源：2024年FiBL调查）

2.2.7.11　蔬　菜

2022年，全球有机蔬菜种植面积约为50.3万公顷，占蔬菜种植总面积的0.8%，详情见图2-74至图2-78。

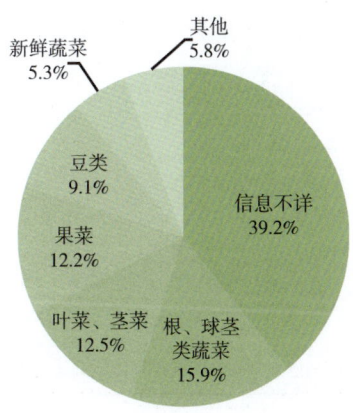

图2-74　2022年全球不同种类有机蔬菜种植面积占比

（数据来源：2024年FiBL调查）

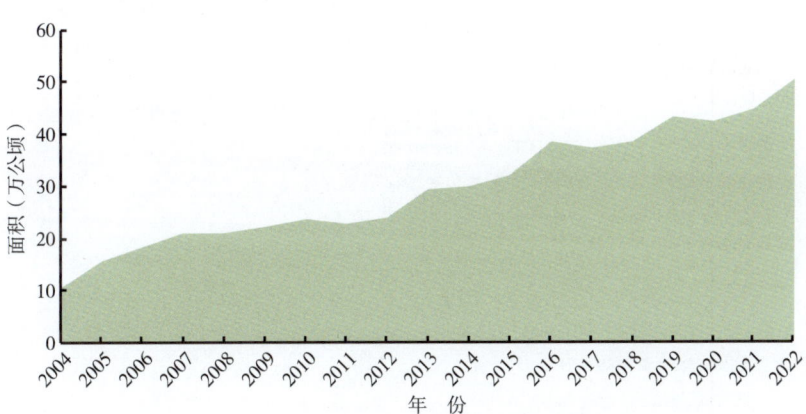

图2-75　2004—2022年全球有机蔬菜种植面积发展情况

（数据来源：2024年FiBL调查）

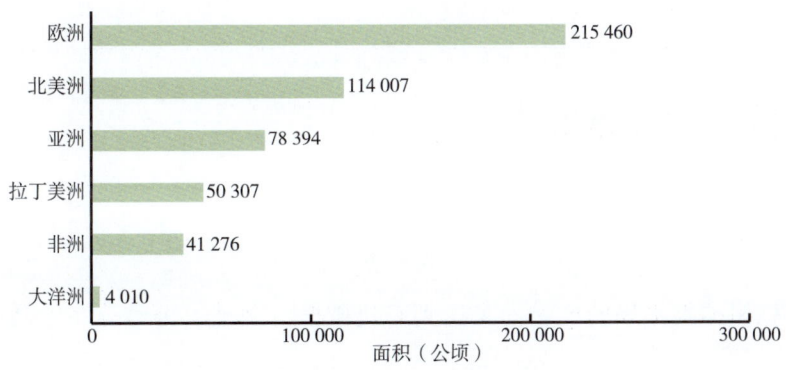

图2-76　2022年各区域有机蔬菜种植面积分布

（数据来源：2024年FiBL调查）

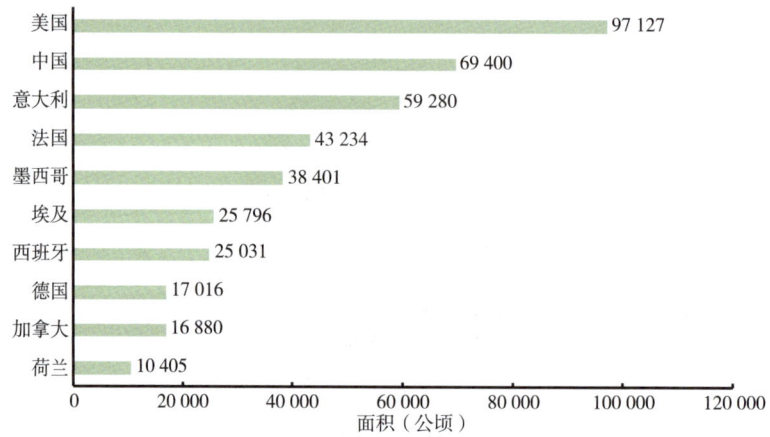

图2-77　2022年有机蔬菜种植面积位列前十的国家（地区）

（数据来源：2024年FiBL调查）

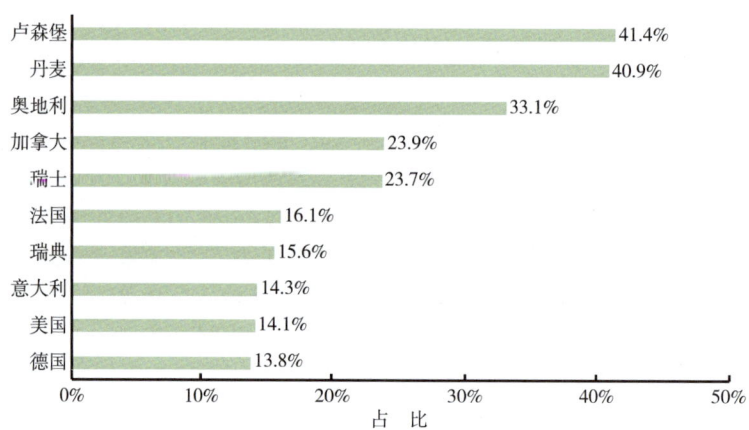

图2-78　2022年有机蔬菜种植面积占比位列前十的国家（地区）

（数据来源：2024年FiBL调查）

2.3　有机柑橘类水果[①]

2.3.1　有机种植面积

尽管有机柑橘类水果的产量尚未达到有机橄榄、咖啡、可可等其他品类的水平，

[①] 本部分作者为Salvador V. Garibay和Thomas Bernet；翻译为正谷（上海）农业发展有限公司广州分公司黎榛。

但在过去20年中，其种植面积已大幅增长，2004—2022年增加了超过8.6万公顷。2022年，全球有机柑橘类水果种植总面积超过11.5万公顷，占柑橘种植总面积（1 060万公顷，联合国粮食及农业组织统计数据库）的1.1%。

然而，2022年有机柑橘类水果的产量有所下降，且种植面积较2021年减少了3 955公顷，下降3.3%。在急速增长的高峰过后，有机柑橘类的种植面积自2005年起一直呈下降趋势，其潜在因素之一或许是柑橘黄龙病，该病害会对柑橘树造成毁灭性的影响。

从本质来看，有机柑橘种植面积的减少或许是为了抵消柑橘树产量降低或死亡造成的负面影响，以满足市场对新鲜柑橘类水果的需求，尤其是欧盟和美国果汁市场的需求。

2022年，全球种植的有机柑橘类水果主要包括甜橙（超过27%）、柠檬和青柠（21%）、瓯柑（超过5%）、柚子和葡萄柚（2%）。有45%的有机柑橘种植区没有提供具体的作物种植信息。

2022年，欧洲仍然是有机柑橘种植的核心区域，总面积超过61 200公顷，主要分布在意大利（31 218公顷）和西班牙（25 821公顷）；其次是拉丁美洲（28 565公顷），其中2/3以上位于墨西哥（21 492公顷），随后是阿根廷（3 342公顷）。尽管非洲拥有种植有机柑橘的有利气候条件，但其种植面积仍然落后，仅有6 534公顷，主要分布在摩洛哥（1 935公顷）、埃及（1 303公顷）和南非（1 099公顷）。

2.3.2 出口至欧盟及美国的相关数据

2.3.2.1 有机柑橘类水果

2022年，超过5.4万吨新鲜的有机柑橘类水果被出口至欧盟和美国。其中，柠檬和青柠的出口量最高，达到38 948吨，其次是甜橙（11 894吨）、柚子和葡萄柚（1 993吨）和瓯柑（1 491吨）。这些进口的新鲜有机柑橘类水果填补了当地生产淡季时的市场空缺。

南非、墨西哥、哥伦比亚、智利、巴西、秘鲁和阿根廷是向欧盟和美国出口新鲜有机柑橘类水果的主要供应方，尤其满足了当地生产淡季期间的市场需求。南非是向欧盟出口新鲜水果的主要供应国，也是有机柑橘的重要出口国，其在2022年共出口了18 863吨有机柑橘类水果，出口量位居首位。

墨西哥则重点面向美国市场，其对青柠有较大需求。近年来，欧盟对甜橙的需求也在增加，其进口商开始向哥伦比亚、智利、巴西、秘鲁、阿根廷等国寻求淡季期间的新鲜水果供应。

南非出口的产品种类繁多，包括甜橙、柠檬、青柠、柚子以及少量瓯柑。重要的是，由于供应时期不同，南非的有机柑橘并不会与本地当季生产的柑橘直接竞争。智利、巴西、秘鲁、阿根廷等其他南半球国家也是如此。墨西哥和哥伦比亚则主要出口柠檬与青柠。

2.3.2.2 有机柑橘类果汁

2021年，欧洲柑橘和热带水果果汁（包括有机和非有机果汁）进口总量预计增长1%。这一增长是在欧洲果汁和果汁饮料消费量整体下降的背景下实现的，其原因在于消费者对热量和糖分摄入量的担忧。然而，柑橘和热带水果果汁作为低热量饮料、冰沙和风味水的配料发挥了独特作用，帮助其保持了稳定的进口需求。荷兰发展中国家出口促进中心（CBI）2021年的报告显示，法国、德国、英国、西班牙、意大利、瑞士、荷兰等国的进口机会明显较多。

有机柑橘类果汁包括许多品种：橙汁、柠檬汁、青柠汁、柚子汁和瓯柑汁等，大多以"非浓缩"（NFC）或"浓缩"（FC）形式生产。有机果汁市场通常偏爱NFC果汁，因为其口感质量上乘，市场价格更高。

美国、西班牙、意大利、巴西和墨西哥等主要柑橘生产国在全球有机柑橘类果汁生产中发挥了重要作用。消费者对包括果汁在内的有机产品的需求是推动有机柑橘类果汁市场增长的推动力。注重有机和天然产品的消费者会主动寻求有机柑橘类果汁，通常在主流零售商店和专门的健康食品商店都能够买到。

随着有机食品和饮料市场的不断扩大，消费者能够在超市、健康食品商店和专卖店看到的有机柑橘类果汁产品越来越多，这也增强了人们的购买力和认知度。许多果汁生产商为满足消费者对有机柑橘类果汁日益增长的需求，在已有产品的基础上新增了有机品类，既可作为独立产品，也可与其他果汁混合（如橙汁+胡萝卜汁组合）。这种多样化的做法使企业能够开拓日益增长的有机市场，满足消费者不断变化的喜好。

2.3.3 市场发展趋势和展望

随着消费者对有机产品需求的不断增长，有机柑橘类水果的种植与生产获得了巨大的推动力。消费者通常会出于健康、环保考量以及希望支持可持续和无农药种植的想法而选择有机柑橘类产品，包括新鲜水果和果汁。如前文所述，有机柑橘类水果的种植区域遍布全球，主要包括西班牙、意大利、墨西哥、多米尼加等国。常见的有机柑橘类水果包括青柠、柠檬、甜橙和柚子等，能够同时供给新鲜水果市场和果汁市场。

有机柑橘生产旺盛的国家通常会出口其产品，以满足不适合种植柑橘地区的需求，或在当地种植淡季弥补其供应缺口。因此，有机柑橘市场呈现出稳步增长的态势，果汁和新鲜水果在超市和专业有机零售商中的供应量不断增加。

然而，有机柑橘种植也面临一些挑战。①产量较低：有机种植禁止使用化肥和防控病虫害的化学投入品，相较于传统种植的柑橘，产量可能更低；②营养和气候适应性：面对气候变化，如何确保有机柑橘园的营养和气候适应性仍是一项重大挑战；③病虫害管理：有机柑橘种植需要整合多种病虫害管理策略，通常需要种植者投入更多的劳动力、成本和专业知识；④柑橘黄龙病：在全球各地出现的柑橘黄龙病给种植环境带来了负面影响，该病害会降低柑橘树产量，损害柑橘果实质量（风味和甜度），并最终导致大型柑橘园面临倒闭；⑤缺乏认知：柑橘行业普遍缺乏应对柑橘黄龙病潜在威胁需要采取主动措施的认知。

尽管消费者对有机柑橘类水果的需求持续增加，同时或许是为了取代受柑橘黄龙病影响的区域，其种植面积也在不断扩大，但只要这些问题依旧存在，有机柑橘种植业的发展仍然会受到限制，尤其是与其他多年生作物相比。许多生产者可能会转回传统种植方式或改种其他作物，导致全球柑橘类水果种植面积下降。

2.3.4 致 谢

自2011年以来，瑞士连锁超市Coop一直与FiBL瑞士有机农业研究所及当地伙伴合作，支持墨西哥柑橘生产者防治柑橘黄龙病这一毁灭性病害。为推进这一重要举措，Coop可持续发展基金提供了资金支持，使FiBL得以扩大其在墨西哥的活动范围，包括实施一项以"有机柑橘园黄龙病（HLB）综合管理"为重点的研究项目。这一举措体现了Coop和FiBL为墨西哥可持续农业发展以及柑橘生产者福祉而付出的努力。

2.4 生物动力—德米特国际联盟[①]

生物动力—德米特国际联盟是由48个从事生物动力学农业的组织构成的伞状组织，其主要目标是团结、促进和支持全球可持续农业运动。全球可持续运动将于2024年迎来百年诞辰。值得注意的是，生物动力—德米特国际联盟是唯一成功建立了全球生物动力农业实践个体认证网络的生态协会，所有认证都带有德米特标志。

---

① 本部分作者为Clara Behr；翻译为正谷（上海）农业发展有限公司广州分公司黎榛。

在该联盟的48个成员组织中，有19个是认证机构。认证工作由该联盟的国际认证办公室（ICO）负责。该联盟及其成员共认证了超过7 000个德米特农场，分布在62个国家，覆盖面积超过25.5万公顷（图2-79和图2-80）。

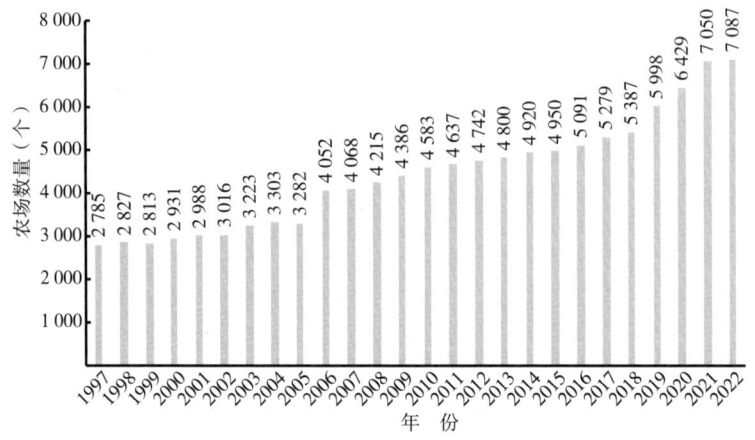

图2-79　1997—2022年德米特认证农场发展情况

（数据来源：2022年生物动力—德米特国际联盟调查）

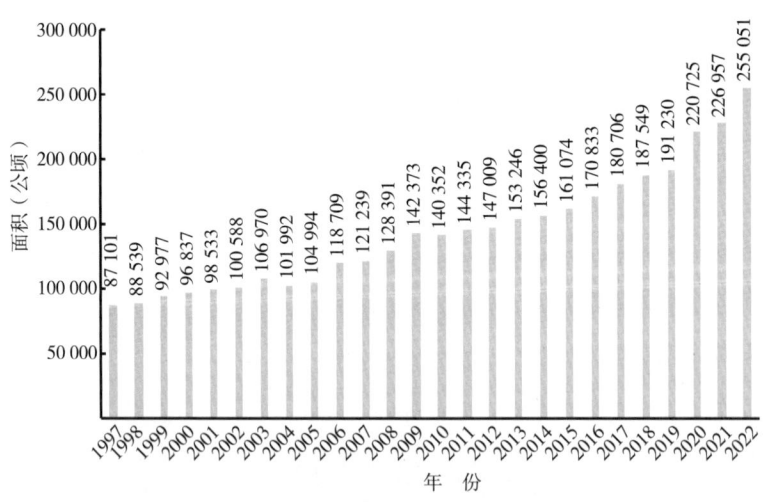

图2-80　1997—2022年德米特认证农地面积发展情况

（数据来源：2022年生物动力—德米特国际联盟调查）

生物动力—德米特国际联盟与其成员合作开展活动，体现了以民主理念为指导的国际联盟原则。生物动力农业的核心是鲁道夫·斯坦纳于1924年在波兰科伯维茨举办的"农业课程"中提出的方法。此后，这些方法通过实际应用和研究不断发展。从本质上讲，这套综合理念扎根于对人类的关爱、责任和公开透明。它还体现了人们承诺对社会环境、社区福祉和自然环境保护保持公平与尊重的态度。

生物动力德米特国际联盟在几个关键领域开展活动，主要包括：①积极参与和支持研究项目；②为农民、顾问、认证员和检查员提供培训服务；③维持德米特商标的严格管理；④根据国际德米特生物动力标准对农场、加工商和贸易商进行认证；⑤传播信息并开展宣传活动，以提高人们对德米特商标和生物动力农法细节的认识；⑥协助销售经德米特认证的生物动力农产品；⑦倡导采用更加可持续的农业种植制度，惠及农民与自然环境；⑧支持全球新兴的生物动力项目和计划。

在过去的几十年中，德米特认证农场的数量持续增长。自2000年以来，全球德米特农场的数量急速增长了约4 000个，总数超过7 000个。近期发展趋势表明，人们对德米特认证产生了浓厚的兴趣，已有超过25.5万公顷的农业用地用于生物动力种植。值得注意的是，德米特香蕉和德米特橄榄油等品类发展迅猛，随着关注度增加和新销售渠道的建立，相当多的地区正在向生物动力农法过渡。

生物动力葡萄栽培也日益突出，全世界约有1 400个德米特认证酒庄，以法国为首（701个）。除欧盟以外，美国、智利和阿根廷的德米特认证酒庄数量最多。全球合计约有2.5万公顷的德米特认证土地被用于生物动力葡萄栽培。

参考文献

CBI，2021. The European market potential for citrus and tropical juices［OL］.https://www.cbi.eu/market-information/processed-fruit-vegetables-edible-nuts/citrus- and-tropical-juices/market-potential

3 全球有机食品与饮料市场①

3.1 概况

2022年，全球有机产品市场受到了地缘政治冲突和经济形势不稳定的不利影响。由于有机产品价格上涨，有机产品营收保持增长态势，但包括德国和法国在内的部分国家表示其销售量和销售额均有所下降。美国和部分其他国家的营收增长率相对较低。

主要国际货币的汇率波动影响了有机食品市场的增长。如果以美元计算，2022年市场营收下降了3.0%。欧洲市场是唯一出现负增长的地区（下降1.3%）。欧元对美元贬值导致欧洲市场大幅下降12.2%。

---

① 本部分作者为Amarjit Sahota；翻译为正谷（上海）农业发展有限公司广州分公司黎榛。本部分根据Ecovia Intelligence（原名Organic Monitor）在《全球有机食品和饮料市场》中的持续性研究内容编写。未经Ecovia Intelligence书面同意，本部分内容不得复制或用于其他商业出版物。如欲获得许可，请写信至：
Ecovia Intelligence
79 Western Road，London W5 5DT，UK
Tel：+44 20 8567 0788
Email：services@ecoviaint.com

但若以欧元计算，情况则截然不同：2022年，全球有机食品和饮料市场增长了8.9%，北美市场（以美元计算增长4%）增长了16.9%。这是因为在外汇市场上，美元对欧元有11%的升值。若不考虑汇率因素，Ecovia Intelligence认为2022年全球有机食品和饮料市场增长了2%~3%。但需要指出的是，这种增长在很大程度上是由食品价格上涨推动的。根据联合国粮食及农业组织（FAO）的食品价格指数，国际贸易商品的价格较2021年上涨了14.3%，是自1990年有记录以来的最高涨幅。俄乌冲突导致全球部分供应链中断，有机和常规食品的价格均有上涨。

2022年，全球有机食品和饮料市场达到1 277亿欧元[①]。未来的市场增长将继续受到宏观经济和政治因素的影响。这些因素将会影响有机食品价格，从而影响消费者需求。

3.2 历史增长数据

从历史增长来看，全球有机食品和饮料市场已从2012年的476亿欧元增长至2022年的1 277亿欧元，10年间有机食品销售额的复合年增长率为10%（图3-1）。

增长率最高的年份是2020年，新冠疫情使人们对有机和健康食品的需求激增。消费者选择购买有机产品，以提高个人免疫力。

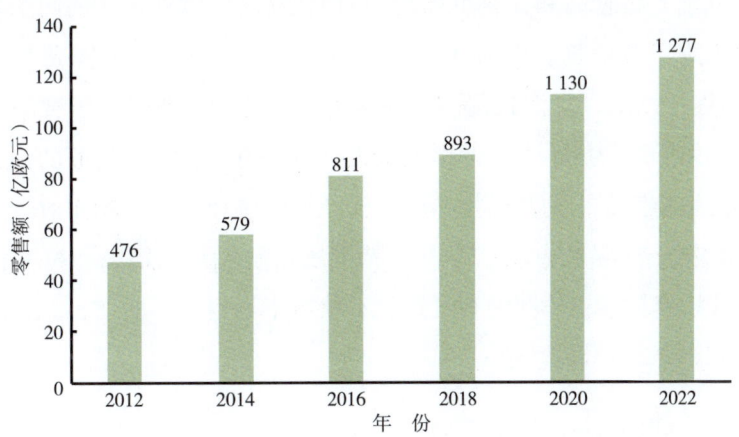

图3-1　2012—2022年全球有机食品和饮料市场发展情况
（数据来源：Ecovia Intelligence调查）

---

① 由于统计方法不同，Ecovia Intelligence和FiBL在计算有机食品销售额时存在一些差异。

3.3　各区域有机市场情况

北美洲和欧洲合计占全球有机食品销售90%的份额（图3-2）。由于北美洲的增长速度高于欧洲，其市场份额正在不断增加。美元汇率的走强也促进了收入的增长。

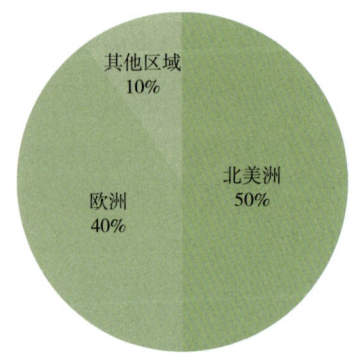

图3-2　2022年各区域有机市场情况

（数据来源：Ecovia Intelligence调查）

2022年，北美洲有机产品市场价值达637亿欧元。有机食品和饮料销售总额增长了约4%，其中大部分市场来自美国——全球最大的单一市场。美国和加拿大消费者对有机产品的需求依然旺盛。

2022年，欧洲有机食品和饮料市场约为513亿欧元。欧洲最大的两个单一市场——德国和法国都出现了负增长。俄乌冲突导致欧洲生产、分销和零售成本上升。自2022年2月俄乌冲突爆发以来，欧洲各国一直在努力应对通货膨胀。有机食品零售商受能源成本、食品价格和劳动力成本上涨的影响最大。许多有机食品零售商的销售额都出现了负增长。大型食品零售商，尤其是折扣店，受欧洲经济疲软的影响相对较小。

亚洲是全球第三大区域市场。有机产品市场在澳大利亚地区和拉丁美洲也扮演了重要角色。尽管规模较小，非洲的有机食品和饮料市场也在不断增长。

3.4　主要困难

全球有机产品市场的增长取决于宏观因素、不断变化的消费需求和整体环境。市场面临的主要挑战如下。

3.4.1 通货膨胀和食品价格上涨

2022年，食品价格上涨了约12%，对有机食品销售产生了不利影响。食品价格上涨使消费者对价格更加敏感。在欧洲，包括有机食品在内的高端产品需求均受到了负面影响，是导致欧洲有机食品销售额下降的主要因素之一。

根据联合国粮食及农业组织（FAO）的数据，自2022年4月达到峰值以来，全球农产品价格已经下降了约25%。然而，粮食通胀仍然居高不下，尤其是发展中国家。即使在欧盟，2023年的实际粮食通胀率也高达4.6%（Statista统计数据）。比利时（10.9%）、荷兰（8.8%）和希腊（6.6%）的通胀率相对更高。高昂的食品价格抑制了消费者对有机产品的需求。

3.4.2 地缘政治因素

包括有机食品在内的农产品都受到了地缘政治因素的一定影响。自2022年2月以来，俄乌冲突扰乱了食品供应链，同时导致化肥和能源价格上涨。乌克兰和俄罗斯也是全球领先的小麦、玉米、大麦和葵花籽油出口国。

经济合作与发展组织（OECD）预测，2022年全球经济将增长5.0%，但受地区冲突影响，该年度的经济增长率仅为3.1%。除了对粮食和能源价格的影响，地区冲突还导致了经济和政治层面的不确定性。许多国家报告称其消费支出有所下降，群众对必需品和非必需品的需求都在减少。

与此同时，持续不断的巴以冲突也可能给经济带来冲击。2023年年底，红海航运中断，这引起了人们对全球农作物和食品供应链或被阻断的担忧。

3.4.3 有机食品供应

2020年，新冠疫情导致人们对有机食品的需求激增，许多品类供不应求。此后，市场增长放缓，引发了对供过于求的担忧。2023年，部分贸易商表示其产能过剩，需求疲软。

这些供需波动对有机食品市场产生了负面影响。若需求不确定，传统食品生产商就不愿向有机农业生产方式转换。由于需求疲软，部分有机产品被当作常规产品销售。

3.4.4 消费者需求

消费者会出于各种原因选购有机食品，健康是主要因素之一。新冠疫情期间，预防疾病和增强个人免疫力是消费者购买有机食品的重要原因。在法国、德国等国，健康和伦理因素依然重要。然而，其他产品在这些方面同样能吸引消费者的关注。例如，部分消费者会出于健康和动物福利因素，选购植物基食品。

在美国，避免转基因产品是消费者购买有机食品的主要原因之一。然而，消费者也可以选择经过认证的非转基因产品。2010年推出的"非转基因认证"产品的销售额现已超过250亿美元。该认证最初多由有机食品公司使用，但近年来，大多数认证产品已不再是有机产品。

部分消费者（如丹麦的消费者）是出于对环境的关注而选购有机食品。近年来，品牌商推出了许多标识环保产品的新生态标签。这些标签多种多样，例如，欧洲代表低环境影响产品的"欧盟之花"和"北欧白天鹅"，还有代表单一成分的"可持续棕榈油圆桌会议"（RSPO）和"可持续蔗糖"（Bonsucro）。

如今各种生态标签和可持续发展计划为消费者提供了健康、环保、符合多种伦理标准的产品选择，关键在于有机产品应如何从中脱颖而出。

3.5 总　结

全球有机食品的销售额在2020年迅猛增长后逐渐趋于稳定。尽管市场持续增长，消费者对有机产品的需求受到食品通胀和经济疲软的负面影响。地缘政治冲突导致全球农产品供应链中断，有机食品行业也未能幸免。Ecovia Intelligence预测，随着经济条件的改善，行业将恢复正向增长。

4 标准、法规和政策支持

4.1 全球生态农业（含有机农业）政策和法规概览[①]

全球越来越多的政府正在积极支持推广生态农业，并为此推出具有明确目标的新举措和政策。区域性趋势表明，随着战略举措的制定，生态农业政策的发展势头日益强劲。

4.1.1 促进生态及有机农业的相关政策

4.1.1.1 坦桑尼亚

2023年秋季，坦桑尼亚推出了国家生态有机农业战略（NEOAS），标志着非洲大陆迈出了开创性的一步。该战略旨在促进环境恢复、减缓气候变化以及可持续的作物生

[①] 本部分作者为Xhona Hysa、Vladyslav Zhmailo和Te Chun Chen；翻译为正谷（北京）农业发展有限公司张友廷。特别感谢以下对人员本研究的贡献：Paul Holmbeck（Holmbeck Eco-Consult，丹麦），Ravikant Avasthe（印度农业研究委员会前首席科学家兼联合主任），Alberto Levy（IMO认证，玻利维亚），Jim Pierce（太平洋社区），Brendan Hoare（BuyPure，新西兰）。

产和畜牧业生产，与坦桑尼亚的2025年发展愿景和农业部门发展计划第二阶段保持一致。该战略的关键目标包括：①结合研究成果与传统农业知识，协助本国农民向生态农业转变；②建立一个可持续的投入部门，提供可行的替代品，取代价格高昂的进口农药、种子和化肥；③在本土及全球范围内，为有机和生态农产品培育强大的供应链和市场；④提高民间社会组织能力，使其能够在推动这些转变上发挥关键作用；⑤为本战略的融资、监管、协调和评估提供支持。

此外，政府已承诺将有机农业和生态农业作为一项综合政策措施纳入即将出台的国家生物多样性战略（NBSAP）。该战略邀请捐助伙伴国参与已发布的战略计划，这将在更大范围内推动相关工作。

4.1.1.2　越　南

近年来，越南政府展示了其致力于推动本国粮食系统转型的决心，旨在促进可持续发展和气候适应性，推进环境保护，提升农产品价值，改善农民生计。《2021—2025年社会经济规划》明确表达了越南政府重塑越南粮食体系的决心，该计划提出了绿色、清洁、生态、有机、高科技、智慧的发展理念，特别是农业发展要具有气候适应性。此外，《可持续农业和农村发展战略2021—2030》明确强调了生态农业解决方案对于实现这些目标的重要性①。

作为补充，越南于近期通过了《越南粮食系统转型国家行动计划》（NAP-FST），其原则是到2030年实现透明、负责任及可持续发展。NAP-FST于2023年3月28日获得了越南总理的批准，旨在指导和协调国内外组织，引导其向2030年前在越南建立负责任、透明公开、可持续发展的粮食系统的发展方向努力，为实施2030年可持续发展议程提供了基础框架。此外，在关于NAP-FST的300/QD-TTg号决议（2023年）中，越南设定了将至少2.5%的农业用地分配给有机生产，并将有机肥料使用量较2020年增加一倍的目标②。

4.1.1.3　柬埔寨

为了应对向可持续农业转变的迫切需要，柬埔寨政府已切实承诺将推进保护性农

---

①　越南总理（2022年）关于批准《可持续农业和农村发展战略2021—2023》的决定以及2050年愿景的更多信息请查询网址https://icrafcifor-my.sharepoint.com/:w:/g/personal/n_minh_cifor-icraf_org/EdQwaL1T7GlBnxJu2CYr7ZEBuldEwrCiaTwY4ovS1K477Q?rtime=Qe5INhgC3Eg（访问日期：2023年12月21日）。

②　资料来源于《ASSET（2022年）越南国家展望与变革理论研讨会报告》（2022年10月12—13日，河内）中提到的农业生态与安全食品系统转型（ASSET）项目。

业（CA）、可持续集约化农业（SI）和生态农业。这一承诺体现在柬埔寨保护性农业可持续集约化平台（CASIC）的建立上，这是一个由农林渔业部（MAFF）部长于2020年中期正式批准的政府间多方利益相关者平台，其总目标是协调并为利益相关方提供支持，促进CA和SI的推广，从而在柬埔寨和东南亚实现生态农业和农业现代化。

为了简化CASIC内部的优先事项和运作流程，相关部门启动并制定了2022—2026年实现现代化和生态农业的路线图[①]。该路线图由非营利组织Swisscontact和法国国际发展农业研究中心（CIRAD）提供技术和资金支持，与国家发展目标和优先事项保持一致。因此，它有助于实现柬埔寨政府的主要政策与战略，尤其是与可持续农业发展、防治土地退化、保护生物多样性以及适应和减缓气候变化有关的政策与战略。

4.1.1.4　日　本

日本农林水产省（MAFF）积极参与创建"有机村"示范区域。这些村庄是日本MIDORI战略[②]的一部分，该战略于2021年启动，是发展可持续粮食系统的中长期计划。"有机村"指的是以市政单位为基础鼓励社区广泛参与有机农业，涉及的不仅是农民，还有来自该地区内外的企业和居民，涵盖了从有机农产品生产到消费的各种活动。其总体目标是逐步建立先进的示范区域，并将该计划扩展到全国范围。

MAFF支持各种具体措施，包括为有机农户群体提供技术指导、促进地区内外的商业合作、为学校膳食采购有机农产品，以及在零售店内设立有机专区等。截至2023年11月，日本有91个市政单位正在积极开展有机村的发展工作，并计划在2030年前将该数字增至200个。

4.1.2　区域政策制定

4.1.2.1　东盟地区

老挝生态农业倡议（LICA）成立于2012年，致力于促进东盟地区的生态农业转型。在第三十八届东盟作物部门工作组会议上，LICA为起草《东盟生态农业转型政策

[①] 资料来源于柬埔寨农业和渔业部（2022年）《柬埔寨保护性农业和可持续集约化联合会（CASIC）2022—2026年路线图》，可以在以下网址获取：https://assets-global.website-files.com/6126fbe77de2da46c24ab103/6131cf6e9979f71af8362117_CASIC_Roadmap_final_En.pdf（访问日期：2023年12月21日）。

[②] 日本农林水产省（2023年）《可持续食品系统战略（MIDORI）》，可在以下网址获取：https://www.maff.go.jp/e/policies/env/env_policy/meadri.html（访问日期：2023年12月21日）。

指南》而作出的贡献受到认可。此外，LICA作为东盟在生态农业相关事务方面的专业组织也得到了认可。

2022年10月，第四十四届东盟农林部长（AMAF）会议通过了《东盟可持续农业区域准则》，以解决打造可持续粮食生产系统过程中的问题。这些指导方针强调了几个关键支柱，包括环境保全、经济复原力、社会福祉、良好治理、粮食安全和减贫，其总体目标是建立一个可持续的食品市场，缓解因东盟农产品与食品贸易壁垒、关税和限制增多带来的挑战。

《东盟生态农业转型政策指南》旨在配合和支持东盟可持续农业的区域发展。2023年第四季度，将通过一系列国家磋商、区域讨论和LICA磋商，根据初步分析结果进行全面的审查和完善[①]。

4.1.2.2 非洲联盟

2011年，非洲联盟（AU）国家和政府首脑做出了一项重大决议（EX.CL/Dec.621 XVII），即2025年前将有机农业纳入其国家计划、项目及政策。该决议是启动多年期区域计划"非洲生态有机农业倡议"（EOA）的基石。EOA的任务是监督和报告该决议的执行情况。

EOA倡议积极参与非洲农业综合发展计划（CAADP）进程，该计划是非洲联盟关于非洲农业转型、财富创造以及粮食和营养安全的政策框架，已取得了重要的政策里程碑式进展。非洲联盟有机农业决策的现状和进展在第三次非洲农业综合发展计划（CAADP）双年度审查报告（2015—2021年）中有所提及。此外，第四次非洲农业综合发展计划（CAADP）双年度审查期间，相关部门通过了与EOA/生态农业相关的3项指标，这是重要里程碑。

第四次非洲农业综合发展计划（CAADP）双年度审查包括49个国家报告的7项承诺和多种指标，其中65%的国家报告了与承诺三（2025年前消除饥饿）和承诺六（增强对气候变化的抵御能力）相关的3项EOA指标。这些指标包括有机肥料的使用、农户种子系统的状况以及采用EOA实践的农地面积。向非洲联盟国家及政府首脑提交的第四次非洲农业综合发展计划（CAADP）双年度审查报告于2024年2月通过。

---

① 更多信息可参考联合国粮食及农业组织、国际农业发展研究中心、亚太经社会和中国农业科学研究院（2023年）关于支持东盟地区生态农业转型的政策对话，详见https://www.unescap.org/sites/default/d8files/event-documents/ ARASA23_Policy%T20Dialogue%20Agroecology_Concept%20Note%20and%20 Programme.pdf。

4.1.3 法　规

在法规方面，根据IFOAM国际有机联盟2022年收集的最新数据，有75个国家（地区）已全面实施有机农业法规，19个国家已有法规但尚未全面实施，14个国家正在起草相关法案（表4-1）。值得注意的是，新西兰已决定全面监管有机行业，而澳大利亚则选择不参与这一进程，只监管出口业务。

表4-1　2022年全球不同区域有机农业法规立法的国家（地区）数目　　（单位：个）

区　域	起草中	全面实施	尚未全面实施	总　计
非　洲	5	1	4	10
亚　洲	7	11	10	28
欧　洲		41	2	43
拉丁美洲和加勒比海地区	2	16	3	21
北美洲		2		2
大洋洲		4		4
总　计	14	75	19	108

数据来源：IFOAM国际有机联盟调查。

4.1.3.1　欧　盟

欧盟有机法规（EU）2018/848对有机农业的团体认证和内部控制系统（ICS）进行了重大调整。这些最新法规的影响遍及全球，包括全球约200万名获得ICS团体认证的农户，尤其是咖啡、可可、糖、棉花、水稻、热带水果、坚果、香料和蜂蜜等品类的生产者。

IFOAM国际有机联盟与FiBL瑞士有机农业研究所、IFOAM欧洲有机联盟以及该领域的主要专家合作制定了相应指南，以评估和阐明新的欧盟有机法规自2021年以来的重大修改及其对全球生产者团体的影响。

欧盟委员会于2023年6月12日发布的最新问答文件解决了与欧盟"经营者团体"定义相关的最后几个基础性法律问题。该问答文件以及IFOAM国际有机联盟与利益相关者进行的深入探讨表明，针对有机生产者团体的新法规所带来的影响比最初预想得更大，所要求的组织变革也比以往的要求更复杂。目前大多数已获得认证的小型农户团体需要重组或建立新的合法团体实体，以符合欧盟对"经营者团体"的定义。已使用10

年之久的"有机认证等效"进口体系将于2024年12月31日前逐步被取缔，全球有机经营者进而需要达到（EU）2018/848法规及其次级法规所列举的所有详细且复杂的相关要求。

2023年7月23日，IFOAM国际有机联盟与FiBL联合举办了一场网络研讨会，正式介绍了根据欧盟有机新规（EU）2018/848制定的《IFOAM团体认证要求指南与解释》最终版本，该指南与活动录音可在IFOAM官网的"集团认证的内部控制系统（ICS）"部分访问。

4.1.3.2　太平洋地区

2022年发布的《太平洋有机标准（POS）指南》已被证明是太平洋有机标准（POS）用户的宝贵资源，它通过对标准文本进行公平且坚实的共识解释确保其一致性，维护了有机完整性。2023年，太平洋有机和道德贸易共同体（POETCom）收到并汇编了有关增补、澄清和特定国家语言的建议。由于《太平洋有机标准（POS）指南》是一份动态文件，POETCom计划在2024年纳入这些改动，并根据需要每年进行更新。

《太平洋有机标准（POS）指南》编写过程中，POETCom确定了POS中需要对原文进行修改或更正的部分，并对其进行了编目。2024年，POETCom或将启动太平洋有机标准的正式修订程序。

2021年年底，上届澳大利亚联邦政府成立了有机行业咨询小组（OIAG），就本国有机产品监管问题进行探讨。2022年，该小组召开会议讨论此事，并最终达成了制定本国有机行业法规的意见。然而，现任澳大利亚政府在进行了两次独立的成本效益分析（CBAs）后，决定不就有机行业实施本土法规，原因是两次分析结论都是相关成本将超过收益。政府认为，对有机行业实施强制性本土标准的潜在好处无法平衡设计、监测和实施该全面监管计划所涉及的巨额开支。

目前，澳大利亚有用于监管有机产品出口的《有机和生物动力产品国家标准》，该标准允许该国向重要的全球市场出口有机产品。政府没有对本土市场进行监管，而是将重点放在出口贸易，积极开展有机认证等效和自由贸易协定的谈判。

立法提案被否决后，该国主要的有机产业组织和认证机构联合成立了有机发展小组（ODG），其主要目标是维护澳大利亚有机行业利益，坚持倡导国内立法。以下组织已加入该联盟：ACO认证有限公司（ACO）、澳大利亚有机有限公司（AOL）、生物动力研究所（BDRI）、西澳大利亚生物动力有机认证组织（COBWA）、澳大利亚国家可持续农业协会（NASAA）、NASAA有机认证（NCO）、有机和再生投资合作社（ORICOOP）、澳大利亚有机消费者协会（OCAA）、有机食品链（OFC）、澳大利亚有机产业（OIA）、南十字星认证（SXC）。

在政府决定不颁布本土有机法规之后，澳大利亚仍是国际经济合作组织（OECD）中唯一不对本土市场进行监管的国家，尽管其2022年的有机零售总额已超过21亿澳元（约合13亿欧元）。

4.1.3.3 新西兰

新西兰颁布了《有机产品和生产法案》，标志着该国蓬勃发展的有机行业迈出了重要的一步。这项立法自2023年4月6日起生效，旨在促进增长、提升出口收入，并为企业提供全面法规以鼓励持续投资。

该法案为有机企业设定了监管框架，重点加强消费者信心，为企业提供稳定性政策，并促进有机产品的国际贸易。这符合全球多个国家要求遵守本土或等效规定的整体趋势。该法案在保持海外已有的有机市场，以及开拓新的有机出口途径方面发挥着关键作用。

该法案的关键要素包括引入有机标准、明确"操作者"获得批准的先决条件、建立执行监督的认证实体、制定与进出口相关的规定，以及完善有关执法和违法行为的法规。该立法确立了整体框架，相关部门将在此基础上针对各产品或品类制定有机标准。企业在其特定产品的标准制定完成前不需要遵循条例。该法案展现了新西兰致力于促进其有机行业增长并在国际贸易中维护高标准的决心。[①]

4.1.3.4 加拿大

加拿大食品检验局（CFIA）和墨西哥农业和农村发展部秘书处签署了一项有机认证等效谅解备忘录，旨在通过明确等效条件、建立技术工作组（TWG）解决问题并促进合作。谅解备忘录的有效期为1年，协商一致可延期。其主要目标是增强消费者信心、加强机构合作、确保进入现有的有机市场，并探索更多的贸易机会。这份谅解备忘录反映了两国支持其不断发展的有机业务和国际贸易的决心。

---

① 资料来源于Goatley T.和Cohen A.（2023年）《〈有机产品和生产法案2023〉生效，标志着一个新的有机产品制度的到来》。可在以下网址获取：https://www.bellgully.com/insights/organic-products-and-production-act-2023-comes-into-force-heralding-in-a-new-organic-products-regime/（访问日期：2023年12月21日）。

4.2 参与式保障体系（PGS）[①]

4.2.1 引　言

参与式保障体系（PGS）是以当地为重点的质量保障体系。PGS基于当地利益相关者的积极参与度对生产者进行评估，并以此建立起彼此信任、互相沟通和认知交流的关系（IFOAM定义，2008年）。

IFOAM国际有机联盟是唯一一家在全球范围内收集PGS数据的组织。迄今为止，已经在PGS数据库中记录了64 740个PGS项目和188 709家生产商，共有1 823 525名生产者参与，全球获得认证的土地总面积高达1 131 933公顷，展现出各大洲齐心协力，推动PGS在农业领域蓬勃发展。

尽管IFOAM国际有机联盟在2022年开展的调查中付出了诸多努力，仍未能收集或更新超过50%正在执行的PGS计划中关于认证生产者所管理的有机农地面积的相关信息，其中包括巴西等拥有较多PGS认证生产者的国家，以及玻利维亚等拥有较多PGS计划的国家。因此，PGS认证生产者所管理的有机农地总面积可能远大于本部分内容的预估数字。

各地区中，拉丁美洲的发展最为突出，共有144项PGS计划，17 787家生产商获得认证，63 797名生产者参与，认证面积高达16 214公顷。这凸显了拉丁美洲在实施PGS方面的重大投入和取得的巨大成功，为提高PGS的全球影响力作出了重大贡献。

4.2.2　庆祝PGS国际研讨会20周年

自2004年在巴西托雷斯市举办第一届参与式保障体系（PGS，旧名为"参与式认证"）国际研讨会以来，经过长达20年的学习与合作，有机利益相关方为生态农业的多维要素作出了重要贡献。

在拉丁美洲，最早的PGS原型出现在20世纪70年代初巴西南部的Coólmeia合作社，20世纪80年代，智利的有机食品生产合作社中也首次出现了PGS的雏形。在拉丁美洲，第三方有机产品认证在最初几年除认证成本外，在认证方法上也引起了一些疑虑。因此，该地区有必要建立一个由有机农户、消费者、基层组织、支持性民间社会组织以及

[①] 本部分作者为Patricia Flores、Carolina DeJorge和Gábor Figeczky；翻译为正谷（北京）农业发展有限公司张友廷。

某些情况下包括社区或地方当局共同开发的替代系统。当时，该系统被称作"参与式认证"。后来，随着2004年国际研讨会的召开，"参与式保障体系"这一术语在有机和生态农业运动中得到广泛认同与使用。

PGS在最初几年是十分鼓舞人心的，这种方法令群众重新燃起希望，即从生态农业运动的基层开始，人们能够通过PGS或其他机制进行创新，使农民与农业更好地融合。PGS通过这种方式证明并证实，市场本质上是一种能够拉近消费者与生产者之间的距离，从生态农业的多维性中获得更多利益的社会机制。

参与式保障体系（PGS）倡议在全球范围内产生了重大影响，并经历了显著增长。它之所以被认为具有创新性，是因为其会随着时间推移持续存在，并根据所处环境、文化和框架进行调整、再创造和改进。这些创新是集体努力的成果，既满足了主导群体的要求，也满足了以消费者的眼光、知识和意识不断提高为特点的市场期望。

PGS吸引了政策制定者、消费者和农民的广泛关注，推动了关于实现可持续粮食系统战略的公开辩论。它在变革层面，尤其是地方粮食系统的运作中作出了重大贡献。

4.2.3　各区域PGS发展情况

4.2.3.1　拉丁美洲

2023年10月，拉丁美洲的PGS社区在秘鲁圣马丁地区的塔拉波托市举办了PGS国际研讨会，来自13个国家的相关代表出席了本次会议，其中包括PGS利益相关者和国际组织，如IFOAM国际有机联盟和山区伙伴关系。

在新冠疫情引起的混乱期过后，拉丁美洲的PGS社区恢复了每2～3年举行一次的会议活动。秘鲁、阿根廷、哥斯达黎加和巴拉圭当局出席了本次会议，对公共政策进程提供了重要的见解。会议主要结论包括：①尽管国家监管框架承认PGS，使实施的过程具有合法性，但许多监管要求使其过程更加复杂，这偏离了PGS的基本特征，如简约、灵活、适应当地实际情况和包容性，在许多情况下，这削弱了PGS的规范性，其基本原则是参与和投入、透明公开、信任、自觉和知识更新；②在大多数情况下，官方对于PGS的承认仅限于管控和监督层面，而非促进与鼓励，这是十分模棱两可且自相矛盾的，相较之下，有效巩固PGS和推广相关政策需要更多支持；③生态农业农民与消费者之间，以及与公共或私营机构之间的联系对普及健康食品至关重要，然而，进展仍然有限，需要进一步努力。

尽管困难重重，但PGS仍在改进并发挥作用。在各种情况下，与不同的行动者一起，它们坚持形成集体合作的纽带，以应对和克服不利局面（摘自与会者2023年10月于秘鲁通过的联合文本，又称《塔拉波托信函》）。

拉丁美洲是一个充满活力的PGS中心，各国都在开展有机计划。

伯利兹：伯利兹有机协会和圣安东尼奥卡约有机种植者协会正处于早期发展阶段。

巴西：有一系列PGS计划，如拥有44家认证生产商的ACEPI生产者，有5 662名生产者的Ecovida PGS协会，以及有12名认证生产者的安蒂奥基亚省PGS担保小组。

阿根廷：由国家农业技术研究所（INTA），国家家庭、农民和土著农业研究所（INAFCI），国家食品安全局（SENASA），以及农业、畜牧业和渔业部农业生态局（SAGyP）的专业人员组成的PGS小组绘制了一张PGS倡议导图。该导图旨在加强阿根廷的PGS知名度。该国共有45个PGS计划，涉及814个按照生态农业原则生产有机食品的家庭。除单个PGS计划的数据外，用户还能获取到省级生态农业农场和地区的汇总数据。PGS小组的目标是协助PGS计划的实施并增加本国的PGS实践经验。PGS小组表示："PGS是对土著农业、生态农业和生物动力农业的过程和产品质量进行参与式管理的适当工具。它们以相关利益方（生产者、消费者、公共机构和非政府组织）的积极参与为基础，建立在信任、社会网络和知识共享之上。这些体系除保证产品的有机品质外，还是加强生产、营销和消费网络的有效策略，有助于实现粮食主权。"在过去的5年中，阿根廷多个省份都启动了PGS相关工作。如今，这些进程得到了多方利益相关者平台和团队的认可与支持，促进了农民和消费者的联系和赋权，在多个地区推动了生态农业转型。

哥伦比亚：发布了Familia de la Tierra SPG计划和Red MAC Valle del Cauca-Alimentos de Vida计划，前者有36家获得认证的生产商管理着200公顷的农地，后者有247家生产商分布在不同领域。

哥斯达黎加：正在通过山谷生态农业协会（AGROVA）和ACAPRO为PGS作出贡献，对几家认证生产商产生了积极影响。

古巴：SPG Cubano项目正处于发展阶段。

厄瓜多尔：有SPG de la Red de Guardianes de Semillas计划和Probio PGS计划等举措。

巴拉圭：发布了规模较大的APRO计划，该计划认证了约1 000家生产商，生产面积达1 637公顷，展现出该地区对可持续和参与性农业实践的广泛投入。

乌拉圭：通过生态农业网络运动（Red de Agroecologia）的开展，已有500家经过认证的生产商，占地550公顷。

拉丁美洲通过多种形式广泛采用PGS的现况反映了该地区为实现有机和可持续农业

所做的集体努力。

4.2.3.2 北美洲

在北美洲，有一个PGS倡议包含766家认证生产商，有876名生产者参与，累计认证面积达8 440公顷，凸显了PGS在该地区日益重要的地位。

在波多黎各，波多黎各PGS计划正在发展中，而生态种植认证计划涵盖了高达650名认证种植者，覆盖面积达到7 510公顷。

4.2.3.3 非洲

非洲共有37项PGS计划，涉及7 736家认证生产商和27 643名生产者，生产总面积为34 110公顷，凸显了PGS在该地区日益增加的重要性。非洲的PGS计划情况多样，充满活力，有数个国家积极参与了这些体系的开发和实施。

贝宁：VIVA MATEKPO计划正在运作，有105家经过认证的生产商，覆盖72公顷土地。

布基纳法索：BioSPG CNABio-BF计划正在运作，有1 476家认证生产商，占地180公顷。

肯尼亚：肯尼亚有机农业网络（KOAN）是该国的主要有机机构，拥有1 587家生产商，占地1 078公顷。

尼日利亚：NOAN PGS计划已开始运作，拥有706家经过认证的生产商。而纳米比亚有机协会PGS占地面积则高达26 502公顷，拥有9家经过认证的生产商。

南非：提出了丰富的PGS计划，例如，SPG FENAB的BIO SENEGAL计划，有500家生产商参与；SWISSAID坦桑尼亚PGS计划，有897家生产商参与，占地1 231公顷。

乌干达：PGS全国有机农业运动正在积极推动PGS在本国发展。

这些案例表明，非洲大陆正致力于通过广泛采用PGS实现可持续和参与式农业实践。

4.2.3.4 亚洲

亚洲在全球PGS计划中占有重要地位，共有64 531个计划，有高达160 049家经过认证的生产商和1 724 687名生产者参与其中。亚洲经认证的土地面积达到1 055 284公顷，履行了对可持续农业实践的郑重承诺。

亚洲PGS的整体情况表明，部分国家正在积极开发和实施这些体系。

柬埔寨：正在努力实施多项PGS计划，如磅同省PGS计划、波萝勉省PGS计划、自然农业村PGS计划（干丹省）和柬埔寨明爱PGS计划，表明该国对PGS的兴趣日益浓厚。

印度：正在成为PGS领域的重要参与者，Parnanetra Organic PGS、CSA PGS区域委员会、印度PGS计划和PGS有机委员会（PGS-OC）等正在运营的计划对成千上万的认证生产商产生了重大影响。

韩国：韩莎林PGS计划作为一项大规模的行动倡议脱颖而出，涉及780家生产商和2 200名生产者。

上述情况展现了亚洲各地PGS计划的多样性及其不断增长的态势，表明这些国家对可持续和参与性农业实践的决心。

4.2.3.5　欧　洲

在欧洲，16项PGS计划为1 647家生产商提供了认证，涉及3 262名生产者，认证面积为4 470公顷，反映了该地区对可持续和认证农业实践的承诺。

在欧洲，各种PGS计划正在打造可持续和有机农业实践。

比利时：VoedselteamsPGS计划有180家经过认证的生产商，表明了该国对可操作和参与性担保真实性的承诺。

西班：生态农业社会计划（SAES）与18家认证生产商合作，为该地区的可操作PGS环境作出贡献。

这些都展现了欧洲范围内以社区为基础的可持续农业实践，显示出欧洲国家发展PGS体系的趋势日益明显。

4.2.3.6　大洋洲

大洋洲有11个PGS计划，涉及724家认证生产商和3 260名生产者，认证面积为13 415公顷，凸显了该地区在促进可持续农业方面取得的进展。

在大洋洲，多个国家（地区）积极参与PGS，以促进有机农业发展。

澳大利亚：SCPA Organics计划拥有14家生产商和1 500公顷的可经营牧区。

库克群岛：有多个成功的PGS项目正在运行，例如Natura Kuki Airani项目，该项目拥有17家认证生产商和4公顷的草场。

斐济：有机Rotuma项目（占地11公顷，54家生产商）和Bula Batiki协会（占地43公顷，43家生产商）等正在推动该地区PGS不断发展。此外，斐济还开展了FRIEND斐济PGS计划（占地64公顷，293家生产商）和Cicia有机岛屿PGS计划（占地3 287公顷，

180家生产商），为改善PGS运营环境作出了重大贡献。

法属波利尼西亚和法属新喀里多尼亚：积极参与了SPG Bio Fetia和Bio Calédonia PGS等正在运行的计划。

新西兰：提出了新西兰有机农场倡议，对130公顷牧场进行了认证。

这些努力凸显了该地区在接受PGS计划以支持可持续和有机农业方面日益增长的势头。

4.2.4 关于数据的一般性说明

IFOAM国际有机联盟每3年开展一次全球PGS调查。2022年的调查渠道包括使用PGS计划全球地图、与PGS行动协调员的双边远程通信、在线查询国家数据库，以及与主管当局和PGS专家直接交流。2023年没有进行全面调查。部分PGS计划没有收到新数据，因此沿用了2022年的数据。连续5年未提交数据的PGS计划被视为不再活跃，不在当前统计范围内。2022年全球PGS统计数据见表4-2。

在国家有机法规承认PGS的国家，使用了主管当局收集和公布的数据，包括巴西、玻利维亚、智利、哥斯达黎加和印度。墨西哥和秘鲁相关部门也承认PGS，并在网上提供了得到主管当局认可的计划信息，但这两个国家有许多计划已实施多年仍未被列入官方登记名录，因此，还使用了当地PGS专家和有机农业利益相关者提供的额外数据，以及其他数据。

表4-2 2022年全球PGS统计数据

国家（地区）	获得认证的生产商数量（家）	参与的生产者数量（名）	运营的倡议（项）	正在制定的倡议（项）	PGS认证面积（公顷）
非 洲	7 736	27 643	37	13	34 110
贝 宁	472	805	2		236
布基纳法索	864	1 476	1		180
布隆迪		4 820		1	
喀麦隆	40	160	1		
埃塞俄比亚		30		1	
加 纳	36	500	1	1	120
几内亚		59		1	
科特迪瓦		35		1	

（续表）

国家（地区）	获得认证的生产商数量（家）	参与的生产者数量（名）	运营的倡议（项）	正在制定的倡议（项）	PGS认证面积（公顷）
肯尼亚	1 078	1 587	1		1 442
马 里	250	1 352	1		112
摩洛哥	55	61	1		352
莫桑比克	167	167	1		
纳米比亚	5	9	1		26 502
尼日利亚	706	706	1		45
卢旺达		158		1	
圣多美和普林西比	13	40	1		2
塞内加尔	306	500	1		382
南 非	386	4 244	14	4	523
坦桑尼亚	2 320	2 716	5	1	3 605
多 哥	573	979	3	2	603
乌干达	450	7 224	1		
津巴布韦	15	15	1		6
亚 洲	160 049	1 724 687	64 531	32	1 055 284
孟加拉国		123		1	
不 丹		100		1	
柬埔寨	26	132		7	2
中 国		1 129		3	
印 度	145 090	1 660 051	64 475		1 035 847
印度尼西亚	369	558	2		136
日 本	6	8	1		2
吉尔吉斯斯坦	1 097	3 000	1		2 667
老 挝	334	500	2	1	773
马来西亚	26	115	1		
蒙古国	6	35	2		4
缅 甸	304	304	1		379

（续表）

国家（地区）	获得认证的生产商数量（家）	参与的生产者数量（名）	运营的倡议（项）	正在制定的倡议（项）	PGS认证面积（公顷）
尼泊尔	171	301	7	5	15
菲律宾	229	715	11	9	363
韩　国	780	2 200	1		207
斯里兰卡	408	837	1	2	224
中国台湾	233	729	2		500
泰　国	10 251	52 308	15		12 432
越　南	719	1 542	9	3	1 733
欧　洲	1 647	3 262	16	8	4 470
比利时	90	224	2		
波斯尼亚		5		1	
捷　克	8	15			
法　国	1 064	2 298	3	1	250
德　国	38	38		1	2 670
意大利	237	347	2	2	1 368
西班牙	210	305	9	2	92
土耳其		30		1	90
拉丁美洲	17 787	63 797	144	6	16 214
阿根廷	20	40	1	1	170
伯利兹	12	30		1	
玻利维亚	262	1 720	45		107
巴　西	8 908	9 054	29		2 564
智　利	264	264	24		908
哥伦比亚	373	664	6		1 530
哥斯达黎加	69	74	7		187
古　巴		3 712		1	
厄瓜多尔	657	1 897	5		80
萨尔瓦多	18	18	1		
危地马拉	25	50	1		1

（续表）

国家（地区）	获得认证的生产商数量（家）	参与的生产者数量（名）	运营的倡议（项）	正在制定的倡议（项）	PGS认证面积（公顷）
洪都拉斯			1		
墨西哥	205	360	6	2	975
巴拉圭	320	1 112	2		1 655
秘鲁	6 519	44 302	16		7 487
乌拉圭	135	500	1		550
北美洲	766	876	1	1	8 440
波多黎各		10		1	
美国	766	866	1		8 440
大洋洲	724	3 260	11	5	13 415
澳大利亚	17	28	1	2	2 202
库克群岛	4	17			23
斐济	303	875	5	2	9 166
法属波利尼西亚	67	116	1		323
法属新喀里多尼亚	155	240	1		1 676
新西兰	130	130	1		
萨摩亚		190		1	
所罗门群岛	48	54	1		25
瓦努阿图		1 611	1		
合计	188 709	1 823 525	64 740	65	1 131 933

数据来源：IFOAM国际有机联盟2023年调查。

4.2.5 总　结

2023年，全球PGS的格局显示出了非凡的集体努力，64 740项计划遍布各大洲，涉及188 709家认证生产商，1 823 525名生产者参与其中。全球趋势表明，随着PGS计划的广泛采用，有机农业和基于社区的农业实践正在发生积极转变。

5 非洲有机农业现状 ①

5.1 非洲有机农业发展动态

非洲生态有机农业（EOA）持续受到农民、从业者、研究人员、决策者等各利益相关方的关注，在新冠疫情、俄乌冲突、中东地区冲突和其他环境危机造成的冲击下尤为如此。对有机和常规农业系统进行的各种研究表明，EOA具有促进粮食安全和营养状况、恢复土地退化、减轻贫困、减缓气候变化和提高复原力等提升社会经济和环境效益的较大潜力，其中部分是2023年3月举行的第一届东非生态农业会议（EAAC）的核心内容。会议发言强调了东非生态农业的发展进程和势头，以及乌干达、坦桑尼亚等国在采用有机政策方面取得的进展。

5.1.1 非洲生态有机农业倡议（EOA-I）

在非洲联盟（AU）、瑞士发展合作署（SDC）和瑞典自然保护协会（SSNC）等多

---

① 本部分作者为David Amudavi、Venancia Wambua、Alex Mutung、Chariton Namuwoza、Mgeta Daud、Olugbenga O. AdeOluwa和Francis Nsanga；翻译为正谷（上海）农业发展有限公司朱雯珺。

家机构的支持下，非洲生态有机农业倡议（EOA-I）已向非洲多地的众多小农户伸出援手。该倡议旨在2025年前将EOA纳入国家农业生产系统，以提升非洲的农业生产力、粮食安全、市场准入和可持续发展。为实现这一目标，将通过在非洲开展机构能力建设、科学创新、市场体系建设、公共政策和项目、外联及交流、高效协调、建立网络和伙伴关系等活动，推广有利于生态与有机农业的战略和方法。

5.1.1.1 非洲生态有机农业惠及250万农户

根据2023年数据，约250万名农民（42%为女性，58%为男性）获得了有关非洲生态有机农业（EOA）的信息和知识，以促进有机农业实践。此外，包括运输商、投入品供应商、市场营销人员和消费者在内的1 281名价值链参与者也获得了相关信息和知识，涵盖作物管理、土壤肥力管理、有机种子生产与管理、产品增值、市场情报以及有机标准和认证等多个领域。通过EOA-I实施伙伴和执行机构在国家及大陆层面组织的培训和实地交流活动，约10 000名农民接受并实践EOA和生态农业的能力得到了广泛提升。

5.1.1.2 非洲生态有机农业验证并向农民提供46种知识产品

通过开发和传播知识产品实现的知识管理，在推广生态有机农业（EOA）方面发挥着关键作用。在此背景下，相关方共创建了54个EOA知识产品，其中46个已经过验证、包装和传播。这些知识产品涵盖了多个领域，包括土壤肥力管理（制备优质肥料和蚯蚓堆肥）、作物保护（作物轮作、混合种植、伴生种植）、集水和水资源管理、各种农业企业的增值、有机标准和认证、牲畜管理。

5.1.1.3 非洲生态有机农业实践

据报告，非洲生态有机农业（EOA）技术及实践的采用率为94.19%，实施了EOA的9个国家都报告了积极的实践成果。其中，马里的农民采用率最高，达到99.7%；其次是坦桑尼亚（99.6%）和尼日利亚（99.0%）；乌干达的采用率最低，为86.8%。

相关方使用了各种交流途径促进农民采取EOA实践，包括知识数据库、农民实地考察、互访、培训、研讨会、交易会、社交媒体平台［尤其是YouTube、X（旧名为Twitter）和Facebook］以及其他网站，旨在通过培训部分推动者，促进他们再去培训更多的价值链参与者。

据报告，共有202名价值链参与者（128名男性、75名女性，44名青年）在价值链中采用了EOA实践方法，推广各种价值链产品，包括药草、蜂蜜、奇亚籽、小米、芝麻、蔬菜（如番茄、洋葱、福尼奥米、胡萝卜和马铃薯）和水果（包括大蕉、香蕉、菠萝和草莓）。符合有机标准的农民人数增加了375人，这使他们能够进入40个不同的有机市场。

5.1.1.4 非洲生态有机农业用地比例

2023年数据显示，在启动了EOA第二阶段的9个国家中，有机农地占比增加了37%（2020年增幅仅为6%），贝宁（41%）和埃塞俄比亚（40%）的增幅最大，乌干达的增幅最小（1%）。

5.1.1.5 非洲生态有机农业的收入增长

数据显示，2023年EOA农民的平均年收入为634美元，较2022年增长19%。肯尼亚农民的收入增幅最高，达到41%。贝宁和埃塞俄比亚农民的平均收入最高，分别为1 431.7美元和969.0美元；坦桑尼亚农民的平均收入最低，为113.0美元。这些增长可归因于基于有机市场建立的支持性机制、组建参与式保障体系（PGS）小组，以及支持农民提高有机产品产量。2023年，EOA农作物及牲畜产量增长39%，超过2022年的增幅（36%）。

5.1.1.6 非洲生态有机农业在国家层面取得的成绩

2023年11月，在EOA框架下运作的坦桑尼亚有机农业运动（TOAM）在多多马主办了第三届全国生态有机农业会议。会议汇集了来自东非地区的200名代表，旨在加快现有进程，使生态有机农业从对话过渡到国家层面的具体行动和可衡量成果。会议还讨论了政策相关问题，以及支持生态有机农业从而实现可持续发展目标（SDGs）的相应行动。会议期间，坦桑尼亚生态有机农业战略正式启动，这是东非地区生态有机农业发展的重要里程碑。

5.1.2 非洲生态有机农业区域性成就

2023年3月，非洲生物多样性信托基金（BvAT）与其地区合作伙伴肯尼亚农业及畜牧业发展部、肯尼亚有机农业网络（KOAN）、肯尼亚生物多样性及生物安全协会（BIBA-Kenya）、农业生物多样性及农业生态部门间论坛（ISFAA）以及肯尼亚参与式生态土地利用管理协会（PELUM）共同召开了第一届东非农业生态会议，汇集了500多名利益相关方，包括农民、农民协会、民间社会组织、私营企业、学者、战略合作伙伴、资助者以及国家和国际非政府组织。

EOA合作伙伴持续加强与区域经济共同体（RECs）的合作，EOA-I东非区域秘书处与东非共同体（EAC）积极合作，制定联合生态农业战略。此外，西非国家经济共同体（ECOWAS）为制定有利于西非生态农业的区域政策和资源调动提供了有力支持。

非洲联盟委员会（AUC）、南部非洲发展共同体（SADC）和EOA倡议秘书处组织了一次网络研讨会，吸引了来自南部非洲的200多个利益相关方组织。研讨会的目标是建立EOA-I南部非洲区域平台。目前，EOA-I在西非和东非有两个活跃的地区平台，正在计划加强中非地区平台，并建立北非和南部非洲地区平台。

5.1.3 非洲大陆层面的政策工作

在非洲联盟委员会农业农村发展、蓝色经济和可持续环境部（AUC-DARBE）的指导下，EOA-I主持了非洲大陆指导委员会（CSC）的相关工作，并已取得重要的工作进展，包括首次在《非洲农业发展综合计划》（CAADP）第三次两年期审查报告（2015—2021年）中报告了非洲联盟有机农业决策的现状与进展。

第四次《非洲农业发展综合计划》（CAADP）两年期审查取得了进一步进展，在可持续土地和水资源管理（包括气候智慧型农业实践）下的农地面积占比的指标中，采用与EOA/生态农业相关的3个参数（如下述）从各国收集数据，并将其纳入了当前的分析。农民种子系统（FMSS）专题组获得了非洲种子和生物技术伙伴关系平台（ASBPP）第三指导委员会的大力支持，该委员会批准开展一项范围界定研究，以审查和更新有关非洲种子系统的现有知识，尤其侧重于非正规部门和农民种子系统。这项研究得到了欧盟委员会国际伙伴关系总司（DG INTPA）①的支持和委托。

5.1.3.1 有机肥料使用量

《非洲农业发展综合计划》（CAADP）两年期审查过程中记录了肥料使用总量（包括有机肥料），但没有养分细分情况。需要注意的是，有机肥料数据与无机肥料数据均根据重量计算，而不是根据养分含量混合计算，这在记录追踪上可能更为复杂。

数据显示，47个会员国中有21个国家首次提供完整的数据集合。6个国家报告了其2022年不同种类的有机肥使用量，其中包括卢旺达（5 684千克/公顷）、多哥（623千

---

① 这项工作将由瓦赫宁根大学的"通过农业研究进行智能发展创新（DeSIRA）促进农业食品系统转型倡议"负责协调。

克/公顷)、埃及(98千克/公顷)、布隆迪(55千克/公顷)和埃塞俄比亚(38千克/公顷)等。其余15个国家报告的有机肥用量较低,介于1~3千克/公顷。还有26个国家没有关于有机肥料的数据,或2015—2022年的用量为零。

估算有机肥用量的方法有所不同,部分国家报告的是农场堆肥的使用情况,其他则报告了商品肥的使用情况。让有机肥成为主流对土壤健康和可持续发展至关重要。制定标准化的养分测量程序并对农民进行培训,可以有效改善和维持土壤健康,鉴定有机肥料的真伪,提高行业透明度。

5.1.3.2 非洲种子绩效指数和农民种子系统在国家种子政策工具和机构管理中的地位

非洲有43个国家就农民种子系统(FMSS)开展了某种形式的全国性讨论,其中18个国家进展超过70%,表明其拥有政策、战略、公告、法令、投资或计划等方面的有利条件。在其余国家,FMSS得到了政府的部分承认。

5.1.3.3 非洲采用生态有机农业实践的农地面积

有33个非洲国家(60%)有生态有机农业(EOA)或生态农业的农地占比数据,其中博茨瓦纳的EOA农地面积最大(2 560万公顷),而利比里亚的EOA农地面积最小(2公顷)。然而,各国报告该指标的方式存在极大差异。

在瑞士发展合作署(SDC)支持的9个项目国家中,马里的EOA农地面积最大(320万公顷),其次是贝宁、埃塞俄比亚和摩洛哥(各为100万公顷),然后是乌干达(50.5万公顷)、坦桑尼亚(28.6万公顷)、肯尼亚(12.3万公顷)和尼日利亚(5.8万公顷)。其他拥有大量EOA农地的国家包括突尼斯(32.5万公顷)、埃及(11.6万公顷)和南非(9.7万公顷)。EOA农地面积较小的国家包括喀麦隆(1 969公顷)、莫桑比克(1 404公顷)和赤道几内亚(510公顷)。该参数的报告率为60%,凸显了EOA数据的可获取性,但朝未来实现100%报告率的目标仍有进步余地。[①]

正如EOA-I战略计划所述,这些进展标志着2025年前将EOA纳入国家农业投资计划(NAIPs)和区域农业投资计划(RAIPs)方面所取得进展。欧盟委员会国际伙伴关系总司(DG INTPA)通过DeSIRA-LIFT计划(通过农业研究实现智能创新发展,促进农粮系统转型)提供支持,正在准备审查和制订2025—2035年的战略计划。

---

① 编者注:此处提供的部分地区数据包括野生采集。同时请注意,此处提供的部分数据与本书其他部分的数据有所不同。

值得注意的是，EOA-I战略计划与《马拉博宣言》[①]，以及《非洲农业发展综合计划》（CAADP）双年度审查报告后续发展的讨论结果保持一致，均跨越十年期（2025—2035年）。这提供了一个将EOA-I与马拉博会议成果相协调的机会。

5.1.4 非洲有机及生态农业知识中心

非洲的有机及生态农业知识中心（KCOA）是德国联邦经济合作与发展部（BMZ）[②]"没有饥饿的世界"倡议的一部分。基于EOA/生态农业的多功能且能促进可持续的特性，该项目可带来以下好处：①促进土壤健康，增加土壤中的水分和二氧化碳储量，提高农业系统的恢复能力（生态可持续性）；②增加当地市场（包括偏远地区）健康、优质食品的供应，有利于粮食安全；③建立有机和生态农业价值链，为农村人口（尤其是青年和妇女）创造就业机会，促进经济可持续发展；④通过减少对化肥、杀虫剂、化学石油燃料的依赖促进农业可持续发展，并通过减缓价格波动促进经济可持续发展；⑤通过收集、处理和传播有关EOA/生态农业知识，增强偏远地区的社群能力并为其提供发展前景，从而支持社会的可持续发展。

该项目由德国国际合作机构（GIZ）负责协调，旨在为东非、南部非洲、西非、北非和中非地区知识中心的参与者及其网络赋能，推广有机及生态农业。地区知识中心的分布如下。①西非：塞内加尔、贝宁、冈比亚、马里、尼日利亚；②东非：乌干达、肯尼亚、坦桑尼亚、卢旺达、马达加斯加；③南部非洲：赞比亚、纳米比亚、南非、马拉维；④北非：埃及、摩洛哥、突尼斯；⑤中非：喀麦隆。这5个地区知识中心通过4项主要战略进行整合：综合知识管理系统战略、传播和能力建设战略、市场系统开发和关系网战略，以及宣传战略。

迄今为止，该项目已取得以下阶段性成果：①接触到非洲500万名农民和价值链利益相关者；②与有机行业的500个组织建立了联系；③用20多种语言为20个国家创建了6 000多个知识产品；④帮助了1 700家企业获得PGS认证；⑤培训了470 000名农民及其家庭；⑥在18个国家培训了5 000名推广人员，包括150名主培训师。

非洲有机及生态农业知识中心的影响力越来越大，其非洲大陆数字知识平台成为

---

① 非洲联盟国家元首和政府首脑于2014年6月在赤道几内亚马拉博举行会议，通过了两项决定和两项宣言，直接涉及《非洲农业发展综合计划》（CAADP）以及2015—2025年非洲农业转型和粮食安全议程。有关《马拉博宣言》的更多信息详见https://www.nepad.org/caadp/publication/synthesis-of-malabo-declaration-caadp-and-other-related-au- decisions。

② 更多信息请访问https://www.bmz.de/en。

传播有机农业相关知识的平台，并促进与国际及区域性组织和网络的线上联络。

非洲有机及生态农业知识中心的举措包括但不限于：①北非有机农业和生态农业知识枢纽（KHNA）在埃及推广"气候友好农业（Farms 4 Climate）"项目，为完成有机转换的小农场进行认证，以实现大量二氧化碳节约与储存；②西非有机农业和生态农业知识枢纽（KHWA）在塞内加尔组织"周末生物"活动，促进有机食品分销，提高人们对有机农业和健康饮食的认知，并计划将活动扩展到马里、贝宁和尼日利亚；③东非有机农业和生态农业知识枢纽（KHEA）发起了"农民大篷车"活动，让经过培训的农民和推广人员参观有机农场并交流意见，推广有机农业，超过2 000名农民受惠，同时，该组织还发起了"人如其食"运动，提升人们对有机食品的认知；④南部非洲有机农业和生态农业知识枢纽（KHSA）在南非培训了20名授粉者/推广人员、18个PGS小组和345名农民作为"参与式保障系统（PGS）授粉者计划"的一部分，以支持当地粮食系统和有机农户；⑤北非有机农业和生态农业知识枢纽（KHNA）上传到非洲大陆数字知识平台的知识产品数量最多，其次是东非有机农业和生态农业知识枢纽（KHEA），该枢纽拥有最多经验证可在今后上传的知识产品。

5.1.5 非洲治理和机构发展

5.1.5.1 国家发展与合作委员会支持的新生态农业推广计划（APP）

由非洲联盟（AU）主持的非洲大陆指导委员会（CSC）继续为实施非洲联盟关于非洲有机农业的决定提供支持和监督。非洲大陆指导委员会第十九次和第二十次会议分别于2023年7月和12月在埃塞亚的斯亚贝巴和卢旺达基加利的非洲联盟委员会总部举行。

在2023年7月的会议上，非洲联盟委员会获悉，在瑞士发展合作署（SDC）的支持下，2024年4月将完成EOA第二阶段的工作。会议提出了新的生态农业推广计划（APP）的概念说明，计划将在撒哈拉以南非洲和东南亚地区实施。计划涉及新的合作伙伴，包括生态农业联盟和IFOAM国际有机联盟，并由非洲生物愿景信托基金负责撒哈拉以南非洲地区4年的拨款。

此外，非洲联盟委员会和EOA秘书处在基加利组织了第二十次非洲有机农业委员会会议，以支持2023年12月12—15日举办的第五届非洲有机大会。在会议组织工作中，非洲联盟委员会及EOA秘书处负责把控政策方向。

5.1.5.2 非洲生态有机农业（EOA）的现况及展望

尽管新冠疫情带来了重重挑战，但非盟支持下的EOA-I大陆指导委员会（CSC）持续为在非洲实施EOA-I提供战略指导和支持。非洲联盟大陆指导委员会第十七次和第十八次会议分别在南非和肯尼亚举行。

2022年，会议做出了几项重要决定和决议，其中包括建立非洲大陆EOA多方利益相关方平台，该平台将由EOA-I秘书处和非洲有机网（AfrONet）领导。此外，还制定了一项资源调动战略，将对EOA的支持扩大到东非和西非之外，将非洲大陆的5个地区全部覆盖。简化非洲有机大会的组织工作是另一项重要决定。

非洲联盟大陆指导委员会批准了非洲生物愿景信托基金在瑞士发展合作署（SDC）的支持下于2023年开展的两项研究。这两项研究旨在评估整个非洲大陆EOA-I的实施状况，并探讨青年在生态农业中的作用。

5.1.5.3 非洲有机农业现状数据

相关部门正在努力收集可靠的非洲有机农业数据，包括制定纳入报告程序的标准指标，以及委托开展一项研究以评估EOA举措，改进数据收集工作。指标包括：①有预算拨款支持的国家政策；②有机法规的存在和实施；③是否有国家标准和认证；④政府对有机行业的支持；⑤民间对EOA发展的参与；⑥本土及出口EOA市场表现。

此外，非洲联盟、瑞士发展合作署（SDC）和非洲生物愿景信托基金委托开展了一项研究，以评估非洲全域的EOA倡议、计划和项目。这项研究对非洲5个地区进行了抽样调查，以了解与非洲联盟有机农业决策相关的、符合《马拉博宣言》标准的国家农业投资计划和地区农业投资计划。该过程旨在提升未来EOA数据收集的成功率和可用性。

5.1.6 非洲有机网（AfrONet）取得的成就

非洲有机网（AfrONet）是非洲大陆有机行动者的伞形组织，成立于2012年，旨在领导、团结、链接和促进非洲有机行业发展。其工作重点包括政策对话、能力建设、信息传播以及支持有机价值链的发展和贸易。AfrONet与国家、地区和大陆的组织、运动和协会合作，推动非洲有机农业发展。作为IFOAM国际有机联盟成员，AfrONet积极与非洲大陆的主要行动者开展合作。

5.1.6.1 非洲区域性网络组织

AfrONet与南部非洲有机发展网络组织（SANOD）和IFOAM南部非洲网络

（ISAN）等区域性网络组织建立了联系。其他相关地区网络组织包括西非有机网络（WAfroNet）、中非和东非的国家有机农业运动/网络（NOAMs）以及新兴的北非集群。AfrONet已着手在埃及建立国家有机农业运动（NOAM），这是加强其在北非影响力的关键一步。埃及有机项目预计在2024年前过渡为国家有机运动，并与摩洛哥有机农业专业间联合会（FIMABIO）开展合作。这些国家有机农业运动（以及突尼斯有机农业运动）旨在创建一个充满活力的北非有机网络平台。

5.1.6.2 AfrONet会员

AfrONet有来自27个国家的国家有机农业运动/网络（NOAMs）作为其成员。2023—2028年AfrONet战略计划概述了2028年前在另外28个国家建立NOAM的路线图。为了促进这项工作，AfrONet开发了一个组建和加强NOAM的指导工具，计划于2024年开始运作。AfrONet在通过非洲有机大会召集网络组织、合作伙伴和利益相关方上发挥了关键作用。

5.1.6.3 国家有机农业运动/网络（NOAMs）评估

AfrONet对非洲大陆的国家有机农业运动/网络进行了评估，以评价其提供技术支持和加强运作的能力，为AfrONet制定2023—2028年战略计划提供了信息。

5.1.6.4 非洲即将召开的西非有机会议

第七届西非有机大会计划于2024年在塞内加尔举行，第八届大会计划于2026年在多哥举行。会议每两年举行一次，由西非有机网络负责协调。

5.1.6.5 2023年举行第五届非洲有机大会

第五届非洲有机大会于2023年12月12—15日在卢旺达基加利成功举行，有180名现场参会者和120名来自非洲及全球的线上参会者。本次大会以"通过有机农业强化非洲具有韧性的可持续粮食系统"为主题，重点讨论了促进非洲有机农业发展的关键问题。

卢旺达有机农业运动（ROAM）是此次大会的主办方，而AfrONet则继续担任众多利益相关者的召集者。大会最终提出了一项号召，以解决几个关键问题：①在非洲大陆、地区和国家层面采用参与式保障体系（PGS）；②在有机生产系统内采取质量控制措施；③在农业、贸易、环境等相关领域采取有机农业实践；④为非洲有机及生态农业研究与实验提供长期资金支持；⑤开拓有机产品的本土及国际市场；⑥禁止向非洲进口全球禁用的、不利于有机种植的高危害性农业化学投入品。

5.1.7 非洲有机农业体制创新（IIABA）项目

非洲有机农业体制创新（IIABA）项目由法国开发署（AFD）资助，于2019年12月至2023年12月在乌干达、摩洛哥和坦桑尼亚实施。创新项目包括：①确认乌干达、摩洛哥和坦桑尼亚实施了扩大有机农业规模的制度创新；②提高AfrONet及其成员组织的能力；③在伙伴国家和AfrONet内部传播有针对性的机构创新信息。

项目合作伙伴包括摩洛哥有机农业专业间联合会（FIMABio）、乌干达全国有机农业运动（NOGAMU）、摩洛哥生态农业计划网络（RIAM）、坦桑尼亚有机农业运动（TOAM）、法国农业国际合作研究发展中心（CIRAD），以及法国国家农业、食品与环境研究院（INRAE）。

IIABA建立了3个用于有机产品销售的数字平台。乌干达全国有机农业运动（NOGAMU）率先在坎帕拉和恩德培建立了本土有机市场。相关人员开发并测试了用于PGS同行评审的开源软件。该项目组织了第一次PGS讲习班，供来自非洲各地区的成员分享经验。乌干达有机认证机构UGOCERT培训了14名新检查员，重新焕发活力。通过国家有机农业运动/网络（NOAMs），由IIABA制定的NOAMs搭建与加强指南的影响力将远超过现有的27个非洲国家成员。

在政策领域，IIABA为坦桑尼亚、乌干达和摩洛哥的3项公共政策研究提供了支持，研究结果将用于编写政策简报，倡导有利于有机及生态农业的政策变革。此外，该项目还为2023年由坦桑尼亚有机农业运动（TOAM）主办的第三届全国生态有机农业会议作出贡献，促成了坦桑尼亚国家生态有机农业战略的启动。该国政府承诺将任命一名有机农业协调员，并在下一个财政年度为支持有机分部门拨款。

5.1.8 非洲有机农业研究人员网络（NOARA）

非洲有机农业研究人员网络（NOARA）（www.noara.bio）履行其使命，持续带头开展非洲有机农业研究、推广、培训和价值链开发，同时参与高层游说和宣传工作，促进有机及生态农业研究。2023年，NOARA扩大了其成员范围，欢迎来自非洲内外（包括欧洲和北美洲）的新成员加入。该组织目前拥有来自29个国家的400多名成员，致力于推动非洲的有机农业活动。

2023年，NOARA取得了数个里程碑式的成就，包括出版了《非洲有机农业和生态学杂志》（AJOAE）第6卷①。此外，第一届非洲有机研究会议记录可于https://publications.

---

① 可于https://publications.noara.bio/current-journal-editions查阅。

noara.bio/1st-afrorec查阅。

NOARA已开始着手制定以需求为导向的非洲十年有机农业研究议程。这项倡议首先提出了在非洲各国促进国家有机研究对话的路线图，以综合研究问题为引导，旨在与有机农业部门的多个利益相关方合作，以减少现存的研究差距。

同时，NOARA在主办第五届非洲有机大会大陆规划委员会上发挥了关键作用，并主导了2023年12月12—15日在卢旺达基加利举行的研究议会。该组织还与FiBL瑞士有机农业研究所合作，在2023年BIOFACH纽伦堡国际有机产品博览会的科学议程部分登台发言。此外，NOARA积极支持AfrONet申请瑞士发展合作署（SDC）的生态农业项目，并参加在中国四川西充举行的亚洲有机产业创新发展（首届）峰会。

5.1.9　总　结

非洲各地区和国家正在重新评估并重新设计其粮食系统，以应对新的全球挑战。在科学和实践证据的基础上，许多利益相关方正与发展伙伴合作，将投资重心放在促进可持续粮食系统的体系、创新和机遇，最终提升非洲大陆整体的生产力、气候韧性和营利能力。这些投资方向涵盖研究、生态可持续的实践措施，以及旨在培育有机市场的相关举措。这一切都有助于在非洲建立可持续的粮食系统。

若要实现有机行业的美好未来，各国政府、农民及其组织、发展伙伴和私营部门必须付出努力，为研究、政策制定和相关项目提供资源，为经验分享、学习与合作创造平台。这种共同努力将为非洲的减贫工作奠定基础，并确保可持续的、长期的粮食和营养安全。

5.2　非洲有机农业数据[①]

2022年，非洲有机农业各项关键指标均有所增长。

5.2.1　非洲有机农地约274万公顷，乌干达有机农地面积最大

2022年，非洲有约274万公顷的有机农地，超过全球有机农地总面积的2.8%。有

[①] 本部分作者为Jan Trávníček、Bernhard Schlatter和Helga Willer；翻译为正谷（上海）农业发展有限公司朱雯珺。

机农地面积最大的国家是乌干达（超过50.5万公顷），其次是坦桑尼亚（超过31.3万公顷）、埃塞俄比亚（超过23.8万公顷）和突尼斯（近22.8万公顷），非洲一半以上的有机农地位于这4个国家。

5.2.2 非洲有机农地面积增加

2022年，非洲的有机农地面积较2021年增加超过127 500公顷，增长4.9%。在2013—2022年的10年间，非洲有机农地面积增长了127%，超过全球有机农地的增长速度。

5.2.3 圣多美和普林西比是非洲有机农地占比最高的国家

非洲有机农地面积占非洲大陆农地总面积的0.2%，低于2022年全球有机农地占比（2.0%）。有机农地占比最高的非洲国家是圣多美和普林西比（21.1%），是全球有机农地占比超过10%的21个国家之一，同时也是占比超过20%的4个国家之一。其次是塞拉利昂和法属留尼汪，有机农地占比均超过5%。

5.2.4 非洲最主要的有机农作物是纺织作物、可可、咖啡、坚果和橄榄

2022年，非洲超过一半的有机农地用于种植多年生作物（1 603 945公顷），主要作物包括可可［312 857公顷，主要产自塞拉利昂和刚果（金）］、咖啡（264 488公顷，主要产自埃塞俄比亚）和坚果（257 737公顷，主要产自肯尼亚、布基纳法索和科特迪瓦）。

2022年，非洲约有34%的有机农地用于种植季节性作物，主要包括纺织作物（318 101公顷，主要来自坦桑尼亚）、油料作物（264 487公顷，主要来自多哥）和块根作物（66 303公顷）。

5.2.5 非洲有机生产者、加工者和进口商数据不理想

2022年，非洲有超过97.5万名有机生产者，人数最多的是乌干达（超过40万名）。全球近1/5的有机生产者分布在非洲。有机生产者相较于2021年减少了近5.9万人（下降5.7%），主要源于坦桑尼亚的生产者数量大幅减少。然而，由于非洲的相关数据主要

来自认证机构，而部分机构未能提供个人生产者数据，可以推断非洲实际的有机生产者数量应高于本报告数量。非洲共有1 302家有机进口商和1 595名有机加工者，但历年报告的情况不一致，且数据不完整。

5.2.6　非洲有机零售额数据无从考证

非洲有机零售额数据无从考证，肯尼亚是唯一能够偶尔提供相关数据的国家。然而，这并不意味着非洲不存在本土有机市场，许多国家已经在开发当地市场。

5.2.7　非洲有机产品出口增长强劲

尽管非洲本土市场的数据几乎不可考证，但自2018年起，非洲对欧盟的有机产品出口量数据是可用的，该地区是非洲主要的出口市场。非洲对美国的出口量数据可以追溯更久（自2014年起），但该数据意义不大（2022年仅占非洲对欧盟与美国有机出口总量的6%），且覆盖的出口品类不全。

数据显示，2022年非洲对欧盟和美国合计出口了超过55.5万吨有机产品，占该贸易区有机产品进口总量的11%。2018—2022年，非洲出口总量增长了近90%，远高于全球对欧盟和美国有机出口量的增长率，后者在同期仅增长了9%。

5.2.8　多哥是非洲最大的有机产品出口国

2022年，非洲最大的有机产品出口国是多哥（出口量超过16万吨，其中97%是大豆），其次是突尼斯（出口量5.9万吨，主要是橄榄油）和埃及（出口量4.1万吨，主要是马铃薯和洋葱）。

5.2.9　大豆是最重要的有机出口产品

大豆和大豆制品是非洲最主要的有机出口产品，2022年出口总量超过19.5万吨，占非洲有机产品出口总量的35%以上，其次是油脂（6.2万吨，主要是橄榄油）和香蕉（4.1万吨）。

5.2.10　相关数据图

关于非洲有机农业的更多信息，请参阅图5-1至图5-6。

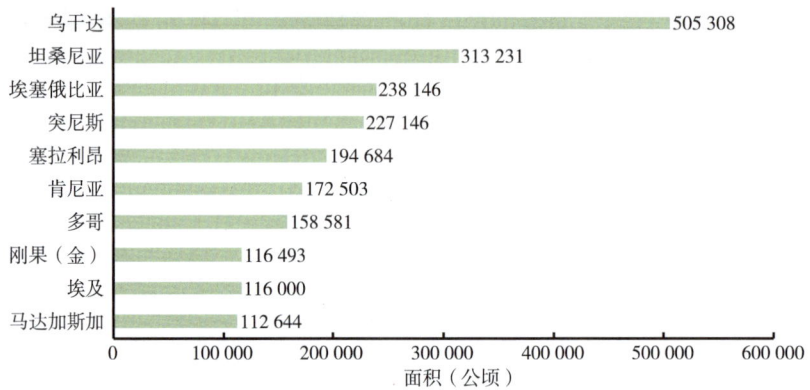

图5-1 2022年非洲有机农地面积位列前十的国家（地区）

（数据来源：2024年FiBL调查）

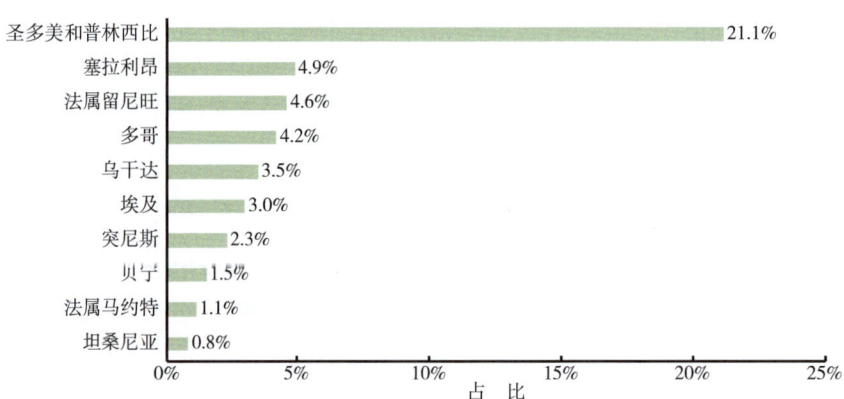

图5-2 2022年非洲有机农地占比位列前十的国家（地区）

（数据来源：2024年FiBL调查）

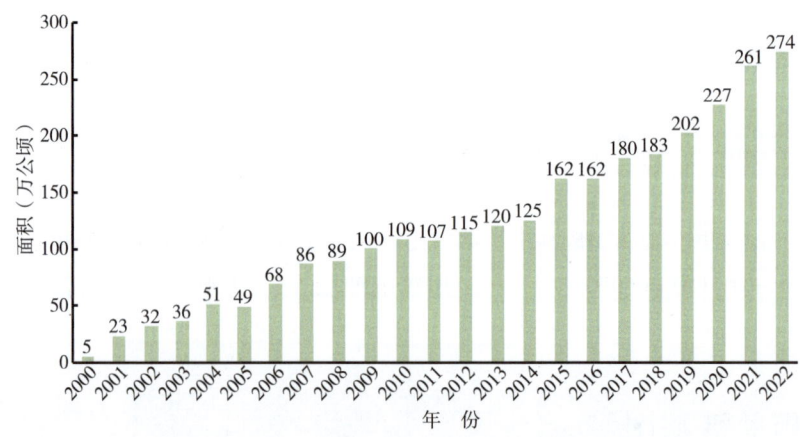

图5-3 2000—2022年非洲有机农地面积发展情况

（数据来源：2001—2024年FiBL-IFOAM-SOEL调查）

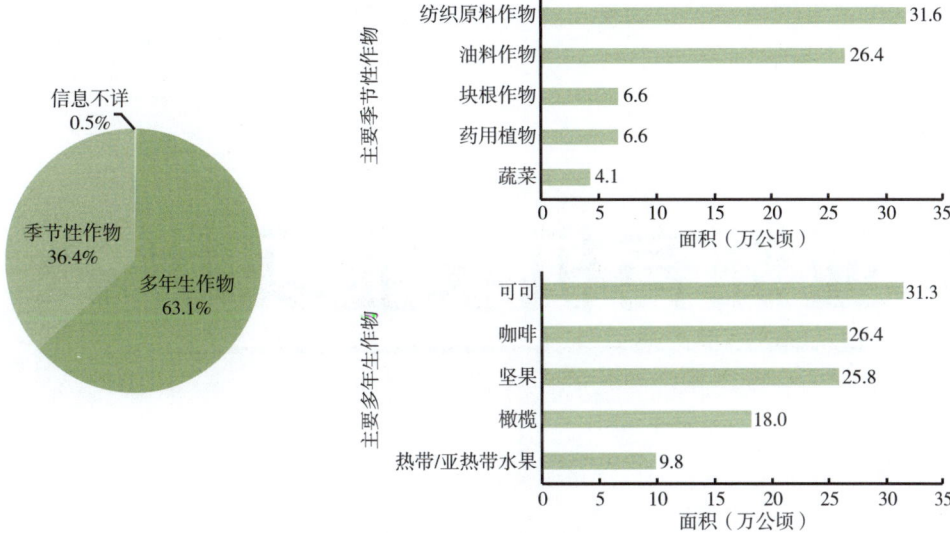

图5-4　2022年非洲有机农地使用情况

（数据来源：2024年FiBL调查）

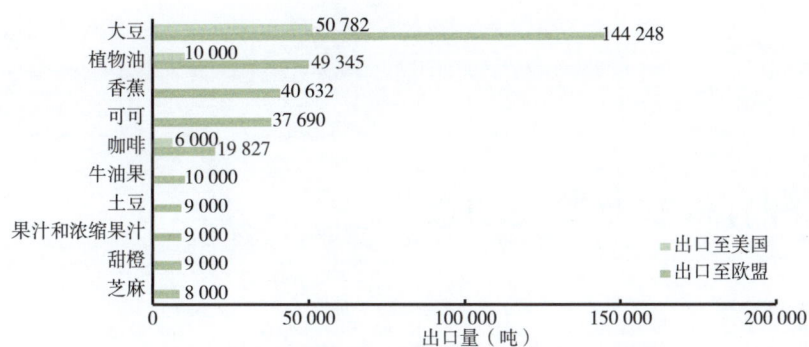

图5-5　2022年非洲出口至欧盟和美国的主要产品类别

（数据来源：TRACES/欧盟委员会/GATS/USDA调查）

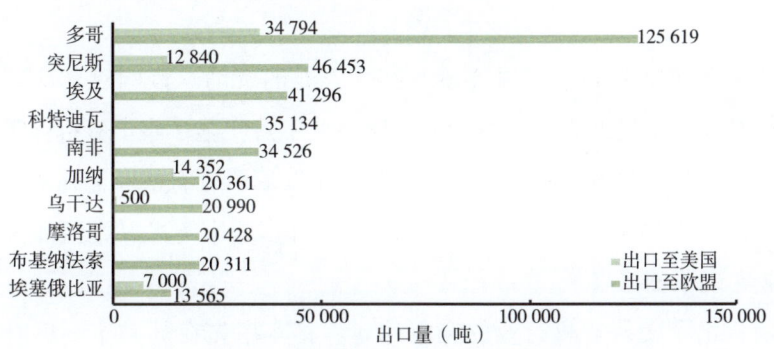

图5-6　2022年非洲对欧盟和美国的主要出口国家（地区）

（数据来源：TRACES/欧盟委员会/GATS/USDA调查）

6 亚洲有机农业现状

6.1 亚洲有机农业发展动态[①]

6.1.1 概　述

2022—2023年，亚洲有机行业再次取得重大进展。中国政府修订了《有机产品认证管理办法》，于2022年11月1日生效。此外，中国和新西兰建立了有机产品认证互认安排。

韩国政府的预算削减影响了对环境友好型农业的资助。该国对其认证程序进行了修订，以应对有机产品受到意外污染的潜在风险。不丹实施了本土有机保障体系，而印度的参与式保障体系（PGS）数量在不断增加。印度尼西亚有机联盟在本国推出了自制的PGS体系，名为"PAMOR印度尼西亚"。亚洲许多国家（尤其是孟加拉国）的有机市场私营企业实现了迅猛增长。

部分政府推出了支持有机行业的全面计划。日本率先在其47个都道府县实施了日

[①] 本部分由IFOAM亚洲有机联盟编写；翻译为正谷（上海）农业发展有限公司李华贞。

本可持续食品系统战略（MeaDRI）[①]，并将91个地方市镇认定为"有机村"。吉尔吉斯斯坦制定了《山区发展五年纲要》综合路线图，将有机农业作为重点工作。沙特阿拉伯为其有机部门开发了综合支持系统，包括法律、监督、技术及后勤。

这些进程彰显了有机农业在亚洲日益重要的地位，各国在监管、认证和市场拓展方面都取得了显著进步。

6.1.2 孟加拉国

近来，孟加拉国与有机产品相关的业务量明显激增。随着人们开始向生态友好的生活方式转变，阿育吠陀、草药、天然和有机化妆品等主要使用植物成分的产品越来越受欢迎。许多企业开始将自然元素纳入其商业生产过程。芦荟凝胶、藏红花美白凝胶、白檀面膜和藏红花山羊奶等产品因其对肤质和发质的有益作用而越来越受到追捧。

私营公司正在与新农民合作在旅游或度假区内种植有机蔬菜，为顾客提供新鲜的有机产品。一家历史悠久的公司Square Toiletries推出了两种广受欢迎的有机产品"玛雅纯天然护发油"和"马鲁拉油"，都提取自芳香药草。

部分生态旅游景点和企业家已开始涉足有机产品生产，从农场端直接向客户销售。游客不仅可以购买产品，还能在农场度过一段愉快的时光。位于吉大港山区低洼地带的有机农场和生态园公共有限公司就是成功的典范。

此外，该国还在西南部地区建立了占地面积达390公顷的有机柑橘果园，其产品目前在本土杂货店和主要城市的零售店有售。同时，也开始在丘陵地区种植有机腰果和咖啡，但尚未收获。这些进展凸显了孟加拉国有机和生态友好实践日益增长的趋势。

6.1.3 不 丹

截至2023年6月，不丹有机农业部门取得了显著进展：该国有机农地总面积已扩大到5 706公顷，体现了对可持续农业实践的决心。

本土有机认证体系（LOAS）认证和根据不丹有机标准（BOS）执行的第三方认证都在稳步增加，意味着更多农民开始参与有机实践。

该国获得不丹有机标准（BOS）认证的产品数量有所增加，共65个。其中部分通过认证的产品已进入国际市场，销往马来西亚、新加坡和欧洲等国家（地区）。在市场

---

① 更多信息详见https://www.jcpa.or.jp/english/meadri.html。

产品多样化的推动下，农作物生产、非木材森林产品的野生采集和牧区管理也都出现了增长。

该国有数个村庄被指定为有机示范村，采用了一种将有机转换与经济发展相结合的创新方法。这些村庄与市场和当地加工商建立联系，并获得了向私营部门试销和参加国际博览会的相应支持。

为支持农场转型并提高作物产量，相关部门针对农民、加工商和贸易商实施了全面的能力建设计划，使他们掌握必要的知识技能，以满足市场要求和标准，实现市场准入。

越来越多私营部门机构获得了国际有机认证，得以进入欧盟市场。

为推广有机农业，提升认知，相关部门组织了"有机田间日"活动、展览、研讨会和演示会，以帮助公众了解有机农业实践。

有机部门的机构建设包括成立3个实验室，分别专注于有机研究、微生物学和生物农药。此外，作为国家有机旗舰计划组成部分的"有机销售市场"的建成进一步巩固了有机产业。

相关部门对标准与法规进行了审查和更新，包括修订不丹有机标准（BOS）、引入有机投入品标准，以及对在不丹运营的国际认证机构进行注册。认证标志和标识也已注册并分发使用。

相关部门推出了最新版的农民日记本，现有不丹语和英语两种语言。日记本被分发给所有注册在案的有机农户，有助于其记录日常经营情况，便于通过本地有机保证体系和第三方认证进行有机检查。

不丹通过与私营部门合作，开始试行向新加坡出口新鲜蔬菜，开辟了新的贸易机会。

这些集体努力表明，不丹致力于培育一个蓬勃发展的有机农业部门，同时坚守严格的标准和法规。这种综合方法确保了有机农业实践的可持续性、市场机会和持续推广。

6.1.4 中国

国家市场监督管理总局对《有机产品认证管理办法》[①]进行了修订，自2022年11月1日起施行。这一举措旨在提高服务效率，建立标准化的认证管理规程。根据这一目标，中国合格评定国家认可委员会（CNAS）秘书处推出了认证机构认可业务管理平台[②]，

---

① 更多信息请参考《国家市场监督管理总局关于修改和废止部分部门规章的决定》（国家市场监督管理总局令第61号，2022年9月29日）。

② CNAS认证机构认可业务管理平台网址为https://cims.cnas.org.cn。

并于同日正式运行。

此外，中国有机产品认证工作组召开了两次工作会议，以"有序推进、动态调整"[①]为指导原则，对228个产品进行了评估。评估的结果是，包括蘘荷和圆叶大黄（食用大黄）在内的部分产品被纳入《有机产品认证名录》，并对特定产品进行了修改。此外，还对《有机产品认证名录》的注释进行了改进，并对产品序号进行了调整，以进一步完善目录内容。

2022年2月8日，国家认证认可监督管理委员会发布了2022年第3号公告，概述了中国与新西兰有机产品认证互认安排的实施情况。公告内容包括双方出口有机产品禁用物质清单、输往新西兰的有机产品英文认证证书格式、新西兰认证机构和有机认证标志管理等。

2022年8月30日，采用线上与线下相结合的方式，成功举办了江苏与俄罗斯经贸论坛暨俄罗斯有机产品出口研讨会。此次交流会为促进优质、环保的俄罗斯有机产品进入中国江苏市场起到了关键作用。

6.1.5 印　度

在印度政府的倡议下，由联合国大会批准的"2023国际小米年"（IYoM23），极大地推动了印度有机产业的发展。其主题"健康的小米，健康的人类"强调了这些"营养谷物"（常被称为"黄金谷物"）在营养方面的重要性。小米主要采用有机种植，水足迹极小。它们被誉为超级食品，富含蛋白质、抗氧化物质和人体必需的营养。有机小米有可能成为一种利润丰厚的经济作物，不仅营养丰富，而且可能成为解决未来全球粮食安全问题的可行方案之一。

印度实施了几项关键的政府计划来推广有机农业，包括国家有机生产计划（NPOP）、Paramparagat Krishi Vikas Yojna计划（PKVY）和东北地区有机价值链发展任务（MOVCD）。这些项目是对各项邦级倡议的补充，旨在促进有机农业发展。在当地有机农户中，参与式保障体系（PGS）的认可度在逐年提升。

为确保能够提供高质量的有机投入品，一项国家级倡议提出在国家自然农业任务（NMNF）下建立一个由10 000个印度自然农业生物投入资源中心（BRCs）组成的网络组织。

[①] 按照国家认证认可委员会发布的《有机产品认证目录变更程序》和有机工作组发布的《有机产品认证目录评审规定》执行。

根据一项新政策，各邦将获得减少化肥消耗量的相应奖励①。此外，相关部门还提出了一项具有前瞻性的计划，通过建立500座新的"变废为宝"工厂（包括200座沼气压缩厂和300座社区或集群工厂）②，以提高农业对气候变化的适应力。该举措与在印度推广有机肥的目标一致，有助于可持续和环境友好型农业实践。

6.1.6 印度尼西亚

截至2023年年中，印度尼西亚有机联盟成功建立了名为"PAMOR印度尼西亚"的参与式保障体系（PGS）。这一开创性举措取得了显著发展，目前由18个PAMOR单位组成，涵盖超过54个运营商，共有747名农民（包括416名男性和331名女性），共同管理并耕种着超过101公顷的有机农地。此外，这项工作为地方治理也带来了正面影响，促成了10项有机农业相关立法法案的实施。其中，一项在省级颁布，另两项则是在县级实施。

与此同时，根据国家食品局提供的信息，《印度尼西亚有机农业标准》的修订工作于2023年年底前完成，对有机种子生产和商业化标准进行重要更新，确保其符合不断发展的农业实践和标准。此外，修订后的标准还将扩大其认可范围，包括自然生长和水产养殖的产品。根据《印度尼西亚良好水产养殖规范》（IndoGAP），这些产品将被视为有机产品。这种综合方法反映了印度尼西亚对推进有机农业发展的决心，同时也确保了其在不断变化的农业环境中能够保持步调。

6.1.7 伊　朗

伊朗农业部与伊朗有机协会（IOA）合作积极制定政策，计划在该国的弱势地区种植有机药用植物。这项工作以国家和国际有机标准为坚实基础。为确保成功拓展市场，必须开展全面的市场调研，并时刻关注不断变化的趋势和法规。

由有机产品供应者、科学家、学生、营养学家和媒体代表出席的专门会议得到了伊朗商会和伊朗有机协会的大力支持。2023年6月举行的第三十届国际农业产业、食品和机械展览会（伊朗农业食品2023年博览会）设立了有机展馆，为有机生产商提供展示其产品的机会。IOA还举办了"健康生活"专业展览、网络研讨会和小组讨论等活动，旨在为相关部门人员建立更广泛的网络。

---

① PM-PRANAAM：总理（PM）恢复、认识、滋养和改善地球母亲计划。
② 印度政府制定了多种规划，以提高农业对气候变化的适应能力。

除了遍布伊朗15个省的60多家有机连锁店外，部分知名在线零售商也在不断努力，以增加消费者获取有机产品的机会。伊朗有机协会负责核查这些寻求在线平台合作机会的有机生产商和供应商。尽管有机农业取得了令人瞩目的发展，但该国仍需要应对诸多挑战。

在伊朗有机协会和IFOAM伊朗有机联盟的支持下，第十三届伊朗有机节于2023年12月13—21日在德黑兰举行。

6.1.8 伊拉克

此前，由于政府政策的误导，伊拉克严重依赖化肥。在此期间，该国开始转向快速、高产的化学农业。然而，这种方法对土壤健康造成了损害，其农业部开始探索以有机农业作为替代方法。

由于与土耳其的政治争端以及底格里斯河和幼发拉底河水量的减少，伊拉克农民开始采用堆肥方法来节约灌溉用水。

伊拉克农业部采取了以有机农业为重点的方法，在各省建立了项目。纳杰夫农业部门开发的项目通过堆肥处理植物废料，并添加特定的生物制剂。项目采用露天堆肥，是处理有机废料最有效的生物过程之一。

相关部门利用棕榈树叶、树干和树根等成分，与作为氮源的新鲜农家肥混合，更大规模地生产优质肥料。私营部门也开始生产固体、液体有机肥和生物肥。利用棕榈、小麦和水稻废料生产的有机肥已获得伊拉克市场的认可。制备液体肥料和提取腐植酸和富里酸的创新方法也在探索之中。

2014—2023年的10年间，有机肥作为一种环保的植物养分替代来源，在伊拉克得到了广泛推广。它的好处包括增加土壤微生物数量、减少温室气体排放以及恢复因过度使用化肥而恶化的土壤肥力。

伊拉克的许多现代农场都采用了有机农业实践。例如，萨拉赫丁省巴拉德市约有1 000公顷的有机农地。此外，巴格达北部杜贾尔的所有果园区（面积达8 000公顷）都已过渡到有机农业。伊拉克中部，包括纳杰夫省和巴比伦省，有18 000公顷的小麦种植地采用液体有机肥。

近年来，尤其是2022—2023年，随着农民认识到有机农业对土壤的益处，有机农业在伊拉克越来越受到重视，农民对取得有机认证的兴趣也日益浓厚。

截至2023年年底，农业公司使用有机肥的比例大幅增长，农民使用有机肥的比例从20%上升至28%。2022—2023年，销售有机产品的企业从22家激增至76家。其中部分企业同时涉足蚯蚓堆肥生产，巴格达公司和Al-Dujail公司获得了伊拉克政府颁发的许可证。

6.1.9　日　本

日本有机食品市场在2022年始终维持增长态势，其规模显著扩大，达到2 240亿日元（16亿欧元），较2017年进行的上一次数据估算大幅增长21.1%[1]。此外，消费者行为也发生了显著变化，32.6%的消费者每周至少购买一次有机食品，较2017年调查显示的17.5%有了大幅提升。来自消费者小组的其他数据[2]表明，2022年日本有机食品销售额（不包括无条形码——JAN码的产品）增长了8.4%[3]。尽管带条形码的有机产品规模在2020年（17.7%）和2021年（19.0%）出现了显著增长，但其增速在2022年有所放缓。在政府强有力的政策支持下，私营部门在扩大有机食品市场方面也取得了长足进步。2023年4月，零售商和有机食品制造商合作成立了日本有机加工食品联盟，致力于促进利用本土原料进行有机加工[4]。

2022年，日本《通过创新实现脱碳和恢复力的措施》（MeaDRI）的颁布是一个重要的里程碑，该法规现已进入实施阶段。截至2023年3月，所有47个都道府县都已制定基本计划，以实施MeaDRI。

日本农林水产省（MAFF）积极支持地方政府通过"有机村"计划在本地推广有机农业。截2023年至8月31日，已有91个市镇获得"有机村"称号，较2022年（55个）大幅增长。这一进展使2025年实现100个"有机村"的计划或将提前完成，并为2030年前创建200个"有机村"铺平了道路。在此框架内，地方政府制定了"有机农业实施计划"以扩大有机生产，并为有机食品的分销、加工和消费提供支持。公共部门也开始认识到公共采购的重要性和益处，从而将有机食品引入公共厨房[5]。

"有机校餐运动"的势头正在迅速增长。2023年6月15日，由30名国会议员组成的团体发起了跨党派议会联盟，致力于支持有机校餐。该团体的目标是在全国小学和初中

---

[1] 更多信息可查询2023年9月日本农林水产省发布的《Yuki nogyo wo meguru jijo》（日文）。
[2] 相关数据为谷口阳子在香川大学Ayako Kawai领导的"日本有机市场研究"项目中获得的数据，该项目由英国FCDO资助。
[3] 2022年，日本畜牧产品（359%）、冰激凌（309%）、甜点和酸奶（110%）、乳制品（72%）、酱菜和腌制食品（68%）、涂抹酱（66.9%）、软饮料（60%）和糖果（52%）的销售额出现大幅增长。
[4] 2023年6月，日本领先的连锁超市永旺株式会社宣布，打算将其自有品牌"绿眼有机"系列的销售额增加两倍。另一家大型连锁超市LIFE Corporation开设了第九家"BIO-RAL"店，这是该公司致力于有机和天然概念的新店态（《日本农业新闻》，2023年7月4日）。
[5] 更多信息详见https://afu-shokudo.studio.site/。

推广有机校餐，同时在日本全域推广有机农业，提供有益于儿童健康的食品①。

6.1.10　哈萨克斯坦

哈萨克斯坦的有机产业自21世纪初开始持续增长，第一批本土有机生产商开始向欧盟国家出口产品。2015年颁布《有机生产法》后，有机产品出口的增长势头大幅提升。2017年，包括国家有机生产标准在内的一系列标准和法规获得通过。目前，《有机生产法》正在修订过程中。

哈萨克斯坦的有机生产仍以出口为主，主要针对欧盟市场。主要的有机出口产品包括小麦、亚麻籽、油料作物和大豆。其他出口产品还包括豌豆、荞麦、小麦草、亚麻、鹰嘴豆、燕麦、小米、春小麦、荠蓝、苏丹草、小扁豆、红豆草和春大麦②。这些有机产品严格按照出口市场的质量标准制作和加工，由出口市场国家认可的外国认证机构（CB）进行认证及检查。

尽管哈萨克斯坦的本土有机市场仍处于起步阶段，但其拥有巨大的增长和发展潜力。该国拥有广阔的种植区、辽阔的牧场和有利的气候条件，作为人均国内生产总值（GDP）为11 476.6美元③的中上等收入国家，哈萨克斯坦完全有能力将其充分利用。预计该国对有机产品的本土需求增长主要集中在较大的城市中心。

6.1.11　沙特阿拉伯

以环境、水和农业部为代表的沙特阿拉伯政府坚定地致力于培育和推进有机农业，积极提供必要的资源和支持，以确保其可持续发展。此外，相关部门齐心协力，提高当地社区对采用有机农业实践重要性的认识。这些努力促进了环境保护和自然资源保护，并解决了食品安全和消费者福祉的关键问题。

为实现这些目标，沙特阿拉伯建立了一个综合系统，包含法律、监督、技术和后勤部分，包括了有机生产部（ODP）、沙特阿拉伯有机农业协会（SOFA）、国家有机农业中心（NCOA）等重要实体。在农业部门内部，有机生产部是负责立法和技术事务的权威机构，负责监督和监管有机部门，并制定有机农业发展计划和政策。此外，它还

---

① 更多信息可参考《日本农业新闻》2023年6月15日《国会两党核心小组将在全国范围内推广有机学校午餐》，详情可登录https://www.jacom.or.jp/nousei/news/2023/06/230615-67361.php。

② 哈萨克斯坦国家认证中心2021年的数据。

③ 数据来源于世界银行2023年发布的《世界银行在哈萨克斯坦》，更多信息可查询https://www.worldbank.org/en/country/kazakhstan/overview。

直接监督控制认证活动，确保该部许可的认证机构坚持最高标准。尽职尽责地监督保护了消费者免受欺骗性商业行为的侵害，同时也增强了人们对本地有机食品的信心。

沙特阿拉伯有机农业协会（SOFA）在推动整个国家的有机农业发展上发挥了关键作用，与农业部合作开展宣传活动，并向社区提供重要服务。此外，它还是有机农户和生产者的总组织，在各个后勤领域提供必要支持，包括市场营销援助和收获后的操作指导。

在这些集体努力下，沙特阿拉伯有机产业取得了显著的增长和发展。2022年，该国有机农地面积扩大到23 315公顷，与2017年相比显著增长了37%。此外，2022年的有机总产量超过9 529.8万吨，较2017年增长了80%，主要的有机作物包括橄榄、椰枣和谷物。

6.1.12　吉尔吉斯斯坦

2022年，吉尔吉斯斯坦颁布了与国际标准接轨的最新有机生产法。与之前仅涉及农业领域的法律不同，新版法律将其范围扩大到有机产业的各个方面，包括运输、储存、营销、包装和标签。此外，还纳入了参与式保障体系（PGS），作为质量保障体系的替代方案。吉尔吉斯斯坦总统正式批准了该文件。

一项旨在2027年前促进吉尔吉斯斯坦有机生产的国家计划已进入最后定稿阶段。相关部门起草了一份全面的路线图，以指导实现2023—2027年《山区发展五年纲要》。2023年9月，吉尔吉斯斯坦议会下属的发展机构协调委员会举行了一次重要会议，讨论并制定了一系列环境友好型项目（统称为"绿色项目"）的发展战略，其中包括扩大和推广"有机艾玛克"（OA）模式、促进蚯蚓堆肥的生产和利用，以及高效滴灌系统的利用。

6.1.13　蒙古国

2016年，蒙古国政府成功通过并实施了《有机食品法》。目前，议会正在进行审查以扩大该法的适用范围，覆盖到纤维等非食品类产品。

蒙古国有23个参与性保障体系（PGS）计划和2个第三方认证机构负责对有机食品进行合格评估。食品、农业和轻工业部（MOFALI）负责维护在线有机食品登记和数据库①，以有效跟踪有机产品的认证状态。

截至2022年12月，蒙古国有超过180家生产商积极从事有机农业，总面积达932.5公顷。这些专业生产商向市场供应了170吨蔬菜和8吨动物产品。然而，这还不到该国粮

---

① 详见www.organic.gov.mn。

食和农业总产量的1%。蒙古国已设定目标，在2030年前将有机认证农产品的比例提升至5%。

国际有机认证服务机构已对蒙古国的两家认证机构进行了初步认证，预计将于2023年11月公布结果。此外，相关部门对中国和蒙古国有机法规的等效性进行了比较评估，并由此提出了具体的法规修改建议，旨在加强国际合规性，尤其是对于蒙古国的主要贸易伙伴中国。蒙古国有机产业的一个显著成功案例是MonPellets LLC公司的有机羊毛肥料，这种从羊毛副产品中衍生出的创新产品在国际肥料市场上获得了广泛认可。MonPellets LLC公司向德国和美国出口了60吨有机羊毛肥料。

6.1.14 巴基斯坦

巴基斯坦致力于通过多管齐下的方式促进有机农业发展，包括推广资源保护技术、利用生物防治技术进行作物生产和保护、实施有机法规、建立认证程序和专门的认证实验室对有机产品进行检测和认证。

在政府层面，巴基斯坦积极鼓励在全国推广有机农业实践和可持续土地资源管理。巴基斯坦农业研究理事会（PARC）与国家农业研究中心和国家粮食安全与研究部合作，走在推广有机农业的最前列。此外，国际农业与生物科学中心（CABI）正在起草有机农业政策，并积极参与能力建设工作，在俾路支省的巴尔汗和拉斯贝拉地区举办讲习班，并实施了一项景观行动计划。

此外，一些非政府组织和私营实体也为在巴基斯坦推广有机农业作出了巨大贡献。它们通过建立全面的供应链、倡导政策干预和提供必要的培训，在支持有机社区方面发挥着举足轻重的作用。尽管有机农业在局部地区，尤其是在旁遮普省北部、开伯尔普赫图赫瓦、俾路支省东部、阿扎德克什米尔、信德省和吉尔吉特—巴尔蒂斯坦等地区的发展势头越来越好，但仍然迫切需要加大力度，在全国范围内推广有机实践，以涵盖多种作物和多个地区。

6.1.15 菲律宾

菲律宾农业与渔业标准局（BAFS）通过在线网站列举了该国根据《国家有机农业计划》（NOAP）获得认证的有机农场[①]。截至2023年9月，根据该计划获得认证的有机

---

① 请注意，根据FiBL对全球有机农业的调查，2022年，5家国际认证机构报告的有机农业面积超过20万公顷，而这并不在菲律宾《国家有机计划》的覆盖范围内。

农地总面积为1 074公顷。然而数据显示，由于第三方认证程序复杂且费用高昂，许多有机农场没有更新其为期一年的认证。参与式保障体系（PGS）因此被作为替代认证方法引入该国。

自菲律宾引入PGS以来，已有12个PGS团体获得了认证。Tublay有机农户合作社（TOFPA-COOP）是第一个获得认证的PGS团体。菲律宾的每个主要岛屿群，包括吕宋岛、米沙鄢群岛和棉兰老岛，都有经过认证的PGS认证机构（PGS-OCBs）。第八区（东米沙鄢）拥有最多的PGS-OCBs和最大的PGS认证有机农地面积。

2022年，菲律宾有42.8公顷的农业用地在PGS实施的第一年转换为经认证的有机农地。截至2023年9月18日，在不到一年的时间里，经认证的有机农场面积又增加了99.2公顷。农业与渔业标准局的目标是2024年前在全国范围内认证和认可47个PGS核心小组。

为了在本土实现有机农业制度化，菲律宾国家有机农业委员会（NOAB）与地方政府部门（LGUs）合作，在其管辖范围内实施有机农业，协助制定地方法令以促使有机农业实践落地。

6.1.16 韩　国

韩国环境友好型农业[①]的预算削减正在成为现实，预计2024年预算将减少110亿韩元（约合780万欧元）。尽管受到韩国公众的高度赞誉，但"孕妇和新生儿母亲环保食品套餐"[②]的预算仍被全部取消。此外，政府对公共膳食的控制也呈收紧趋势。例如，首尔市政府以"效率"为理由出台了整合日托中心膳食计划的政策，而这之前属于首尔各行政区的自治范围。政府的这些行动不断引起公众的关注，因为他们担心公共部门的有机食品消费会放缓，"城乡共存的价值观"会受到侵蚀，而这种价值观对韩国有机食品行业的发展是不可或缺的。

另外，环境友好型农业认证有时会因"意外的农药污染"而被取消。这种污染往往由外部环境因素造成，并非农民有意使用农药。2023年5月进行的部分修订要求，在出现意外农药污染的情况下，必须由环境友好型认证机构进行重新检测。此外，在检测到化学合成农药时，如果不是农民故意或因过失使用，则将转向实施纠正措施，而非直接取消认证。同时，相关部门建议修订该法规的执行令，将"未检出"的农药残留限量降低到一般农产品残留限量的1/20以下。重点正在转向改善农民在生产过程中采取的做

---

　① 根据韩国的规定，有机农业属于"环境友好型农业"。
　② 详见https://www.fao.org/family-farming/detail/en/c/1631252/。

法，而不是仅仅依靠检测合成杀虫剂和化肥等化学物质。

尽管2023年韩国有机行业面临种种挑战，农民和消费者在6月2日共同庆祝了一年一度的"有机日"①，包括在首尔市中心举行纪念仪式并举办农贸市集。此外，超过8 000名农民在全罗南道海南郡举行的"2023年全国有机农民日"期间与公众交流。

6.1.17 斯里兰卡

斯里兰卡拥有丰富的农业历史，但化学投入品的大量使用导致农民面临健康、贫困乃至自尽等严重问题。回归自然的耕作方式将有利于土壤和环境修复。

截至2022年，斯里兰卡经认证的有机农地面积已扩大到68 072公顷，占该国农地总面积的2.4%。就获得认证的有机农地总面积占比而言，斯里兰卡已跻身全球前十位。斯里兰卡也是亚洲主要的有机产品出口国。然而，2023年经认证的有机土地面积有所减少，原因可能在于认证成本上升和货币贬值等多方因素。

为解决这一问题，当地社会企业发起了有机参与式保障体系（PGS），为本土市场提供有机食品。此外，一群志同道合的有机食品爱好者成立了PGS理事会，这项进一步促进斯里兰卡有机农业发展的举措值得赞赏。

6.1.18 土耳其②

土耳其《农业生产规划条例》于2023年9月14日生效。该条例在作物生产规划中强调有机农业，并以地区支持的形式向有机农户提供补贴。此外，还提供了小金额的低息农业贷款，以及生态友好型耕作方法和栽培技术方面的援助。

除蜂蜜外，土耳其大部分有机出口产品是以植物为基础的原材料和市场适应性强的加工产品。纺织品、果干、坚果、谷物、豆类、棉花、药用和芳香植物，以及面粉、果汁、番茄酱和冷冻水果等加工食品构成了对外贸易的主体。欧盟和美国是主要市场，也有少量动物产品销往其他地区，如海湾国家。根据有机完整性数据库③，土耳其共有936家获得国家有机产品认证证书的经营者，其中146家从事有机棉生产。

该国本土市场对新鲜水果、蔬菜、肉类、乳制品、鸡蛋，以及面包、面粉、意大利面和婴儿食品等加工食品的需求十分强劲。

---

① 韩语中"有机"与"6月2日"同音。
② 请注意，在本报告中的其他部分将土耳其划归欧洲，因为它是欧盟候选国。
③ 详见https://organic.ams.usda.gov/integrity。

6.1.19 越　南

2023年上半年，随着越南政府实施《越南有机发展计划（2020—2030年）》，越南的有机生产和市场均出现了显著增长。到2030年年底，越南的有机农地面积预计将达到农地总面积的2.5%（2021年仅为0.6%）。

尽管没有官方统计数据，但根据国家标准（TCVN 11041），越南有机农业生产面积正在稳步增长。各省都设立了有机发展计划支持主要的有机生产活动，包括提供免费认证和培训。

然而，该国有机产业也面临着挑战，包括缺乏数据、培训机会、投入品未按国家规定实行标准化、进口投入品成本高昂导致有机产品价格较高等。这反过来又影响了消费和市场，尤其是在全球经济困难和家庭支出减少的情况下。此外，越南没有针对海外认证机构和获得国际认证的有机生产商的法规，导致消费和市场动态更加复杂。行业目前面临的主要挑战是确保越南有机市场的透明度，维持消费者对本土有机产品的信心。

为解决这些问题，越南有机农业协会正在与Naturland①合作，在2025年前持续提供有机实践培训项目，旨在提高本国有机农业培训和指导的质量。

6.1.20　2023年IFOAM亚洲有机联盟

第六届亚洲有机大会在菲律宾考斯瓦根召开，主题是"有机农业构筑世界和平——粮食安全对和平发展至关重要"。来自24个国家与地区的3 000多名与会者参加了本次会议。会议主题突出了菲律宾的考斯瓦甘镇通过有机农业从冲突走向和平并减缓饥饿的成功历程。

活动期间，亚洲地方政府有机联盟（ALGOA）主席职位由韩国槐山郡移交至菲律宾有机农业市、镇和省联盟（LOAMCP）。此外，ALGOA还成立了青年民选官员网络，旨在团结40岁以下的民选官员，制定政策和项目，促进当地有机农业发展。

另一项重要成果是创建了有机农业发展教育与研究网络（E-ROAD），其目标是建立一个与高等教育机构合作的平台，在亚洲实施有机农业课程并协调研究工作。

针对荒漠化问题，IFOAM国际有机联盟与中国圣牧有机奶业有限公司在中国内蒙古自治区巴彦淖尔市共同举办了第一届国际沙漠与旱地有机农业大会。来自10个国家的演讲者分享了有机农业发展的最佳实践，并成立了国际沙漠与旱地有机农业网络（DOAN）。

---

① 总部设在德国的协会，通过有机耕作方法促进环境保护和自然资源保护。

IFOAM亚洲有机联盟与中国台湾地区花莲县共同举办的第二届世界有机青年峰会迎来了全球24个国家和地区的60多名青年代表和400名当地与会者。峰会以"青年在有机行业的机遇"为主题，对有机行业当前的问题和前景进行了讨论。

展望2024年，IFOAM亚洲有机联盟计划推出一项全球有机奖，协办关于学校膳食和公共采购的国际会议，并在IFOAM国际有机联盟推出"PGS 20周年"之际举办全球PGS峰会。此外，还将与其成员合作，为在中国台湾地区举行的第二十一届IFOAM世界有机大会组织会前会议及会外活动。

6.1.21 相关国家数据提供者名单

孟加拉国

Dr. Mohammad Khurshid Alam，Principal Scientific Officer，Bangladesh Agricultural Research Institute（BARI），Bangladesh

Dr. Shaikh Tanveer Hossain，Director，Policy and Strategy，IFOAM-Organics Asia

不丹

KesangTshomo，Organic Sector Development Specialist，Programme Manager，National Organic Flagship Programme，Department of Agriculture，Ministry of Agriculture and Forests，Bhutan

中国

Professor Dr. Yuhui Qiao，China Agricultural University，Beijing，China

印度

Dr. Thomas Jacob，Advisor，PDS Organic Spices

Dr. A.K. Yadav，Senior Consultant，National Horticulture Board（NHB），Government of India

印度尼西亚

Dr. Wahyudi David，Faculty Member of Food Science and Technology，University Bakrie，Indonesia

伊朗

Dr. M. Reza Ardakani，Professor，Agroecology and Organic Farming，Azad University，Karaj，Iran

伊拉克

Dr. Jwad Enad Mahdi，Director of the National Center for Organic Agriculture，Ministry of Agriculture，India

2024年世界有机农业概况与趋势预测

日　本
　　Prof. Dr. Yoko Taniguchi, Associate Professor, Setsunan University, Japan
　　MiyoshiSatoko, Executive member, Organic Congress Japan

哈萨克斯坦
　　Raushan Zhazykbayeva, International Legal Expert, Kazakhstan

沙特阿拉伯
　　Department of Organic Production, Ministry of Environment Water and Agriculture, Kingdom of Saudi Arabia

吉尔吉斯斯坦
　　Tinatin Doolotkeldieva, Kyrgyz-Turkish Manas University, Plant Protection Department, Bishkek city, Kyrgyzstan
　　Asan Alymkulov, Program Development Manager, BIO-KG Federation of Organic Development

蒙古国
　　Davaa Tungalag, Senior Analyst, Department of Coordination for Food Production Policy Implementation, Ministry of Food Agriculture and Light industry

巴基斯坦
　　Dr. Noshin Ilyas, Associate Professor, Department of Botany, Faculty of Sciences。PMAS Arid Agriculture University Rawalpindi, Pakistan
　　Dr. Zuhair Hasnain, Assistant Professor, Department of Agronomy, Faculty of Crop and Food Sciences, PMAS Arid Agriculture, University Rawalpindi Pakistan

菲律宾
　　Bernadette F. San Juan, Director of the National Organic Agriculture Program, The Philippines

韩　国
　　Manchul Jung, Director, Korea Institute for Rural Affairs and Local Governance, Republic of Korea
　　Jennifer Chang, Executive Director, IFOAM-Organics Asia, Republic of Korea

斯里兰卡
　　Achala Samaradiwakara, Co-Founder and Managing Director, Good Market Sri Lanka

土耳其
　　Özge Çiçekli, General Secretary, Association of Ecological Agriculture Association, Türkiye

越　南

Dang Thi Bich Huong - Vice president and General Secretary of the Vietnam Organic Agriculture Association（VOAA），Hanoi，Vietnam

6.2　亚洲有机农业数据①

6.2.1　2022年亚洲有约883万公顷有机农地，印度面积最大

2022年，亚洲有约883万公顷的有机农地，占全球有机农地面积的9.2%。其中，印度的有机农地面积最大（约472.6万公顷），其次是中国（约290万公顷）、泰国（超过24.1万公顷）和菲律宾（近22.9万公顷），亚洲91%以上的有机农地位于以上4个国家。

6.2.2　东帝汶是亚洲有机农地占比最高的国家

亚洲有机农地面积占农业用地总面积的0.5%，低于全球2.0%的有机农地占比。亚洲有机农地占比最高的国家是东帝汶（8.5%），其次是印度（2.6%）和斯里兰卡（2.4%）。

6.2.3　有机农地面积增加超过230万公顷

2022年，亚洲有机农地面积较2021年增加超过230万公顷，增长了35.9%。2013—2022年的10年间，亚洲有机农地面积增长了161%，远超全球有机农地面积的增长速度。

6.2.4　主要有机农作物是谷物、纺织作物和油料作物

2022年，亚洲近40%的有机农地用于种植季节性作物（3 498 356公顷）。种植面积最大的是谷物（以小麦和水稻为主，1 807 067公顷）和纺织作物（634 054公顷），主要种植在印度；此外，还有油料作物（611 075公顷），主要种植在中国。

亚洲约12%的有机农地用于种植多年生作物，种植面积最大的是椰子（250 263公顷），主要种植在菲律宾；其次是茶叶和马黛茶（217 750公顷）以及坚果（152 265公

---

① 本部分作者为Jan Trávníček、Bernhard Schlatter和Helga Willer；翻译为正谷（上海）农业发展有限公司李华贞。

顷），主要种植在中国。

6.2.5 印度有机生产者数量最多

2022年，亚洲有近272.9万名有机生产者，大部分位于印度，该国也是全球有机农民数量最多的国家（近248.1万名）。全球超过60%的有机生产者位于亚洲。相较于2021年，亚洲有机生产者数量增加了近94.7万名（增长53.1%），主要源于印度有机生产者的大幅增加（增加946 553名）。亚洲共有940家出口商和12 969家加工商。

6.2.6 亚洲有机食品市场信息尚不充分

亚洲市场的有机零售额数据尚不充分，只有10个国家（地区）提供了相关数据，其中只有中国、日本、沙特阿拉伯和韩国提供了2022年的最新数据，亚洲有机零售总额超过150亿欧元。然而，这并不意味着其他国家没有本土市场，许多国家（地区）已经在当地建立了有机市场。

6.2.7 有机产品出口

尽管市场数据并不充分，但自2018年就能够获取亚洲对欧盟的有机出口量的数据，该地区是亚洲最主要的出口市场。亚洲对美国的出口数据可追溯更久（自2014年起），但该数据意义不大（2022年仅占亚洲对欧盟和美国有机出口总量的16.5%），并且覆盖的品类不全。

数据显示，2022年亚洲对欧盟和美国出口了近614 384吨有机产品，占其有机产品进口总量的12.5%。自2018年以来，该数据每年都在持续减少，总计减少32.9%（330 158吨）。

6.2.8 中国是最大的出口国

亚洲对美国和欧盟的主要出口国是中国（出口量超过19.9万吨，主要是饼粕、大米和糖），其次是印度（出口量近17.6万吨，主要是饼粕和大米）和巴基斯坦（出口量超过5.1万吨，主要是大米）。

6.2.9 饼粕是最重要的出口产品

饼粕是亚洲最重要的有机出口品类，出口总量超过195 895吨，占亚洲有机产品出口总量的近32%（其中主要是大豆饼粕，超过195 738吨），其次是大米（108 815吨）和糖（32 339吨）。

6.2.10 相关数据图

关于亚洲有机农业的更多信息，请参阅图6-1至图6-6。

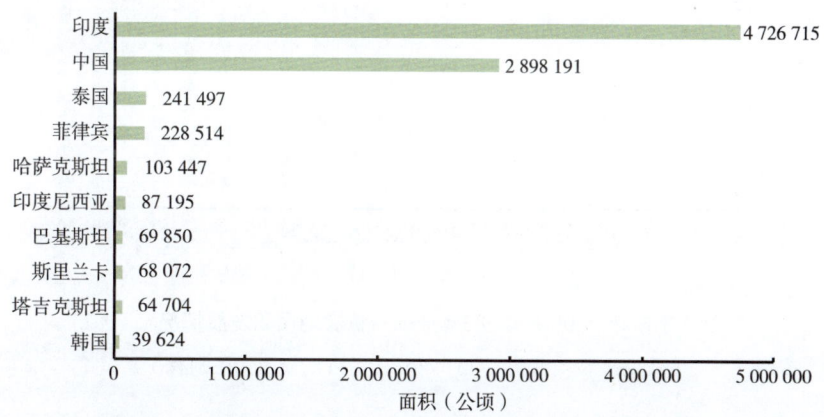

图6-1 2022年亚洲有机农地面积位列前十的国家（地区）

（数据来源：2024年FiBL调查）

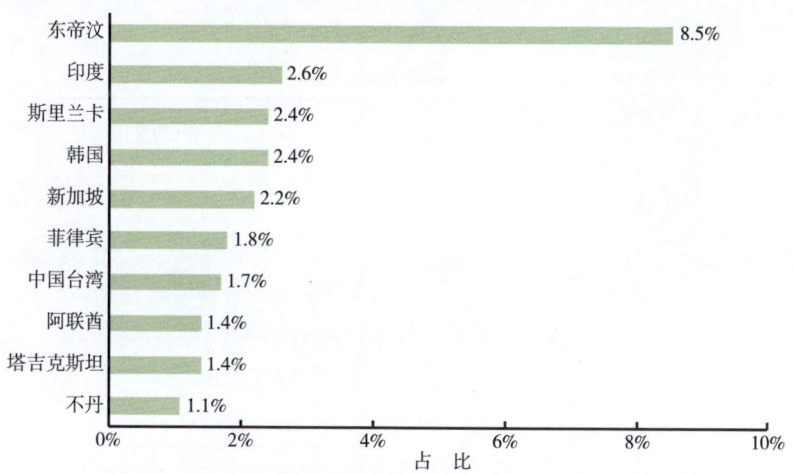

图6-2 2022年亚洲有机农地占比位列前十的国家（地区）

（数据来源：2024年FiBL调查）

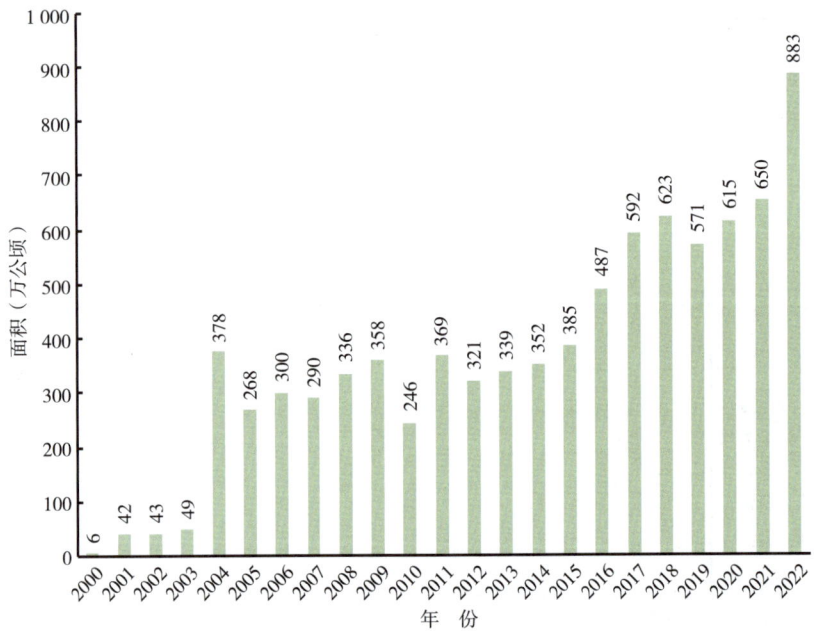

图6-3　2000—2022年亚洲有机农地面积发展情况

（数据来源：2001—2024年FiBL-IFOAM-SOEL调查）

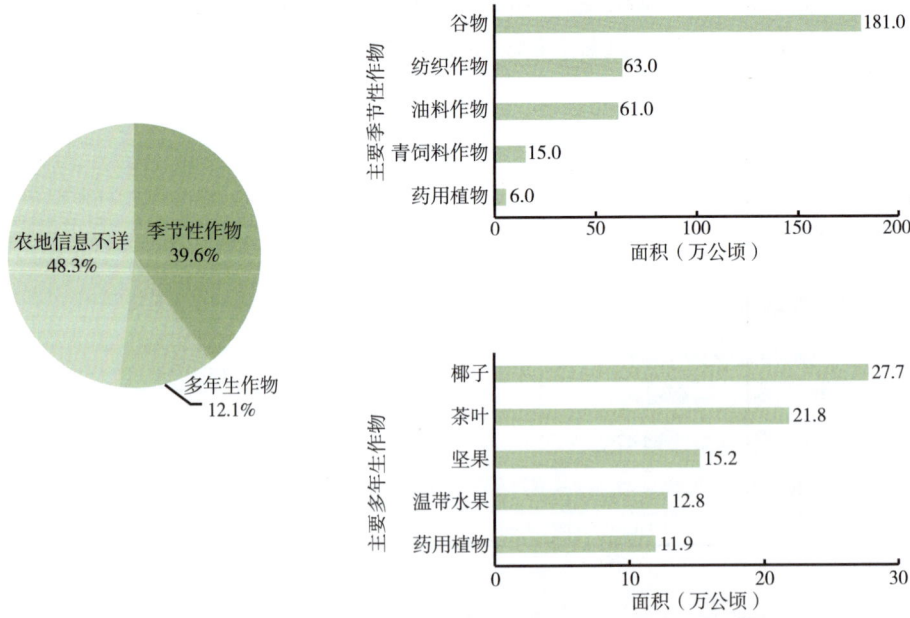

图6-4　2022年亚洲有机农地使用情况

（数据来源：2024年FiBL调查）

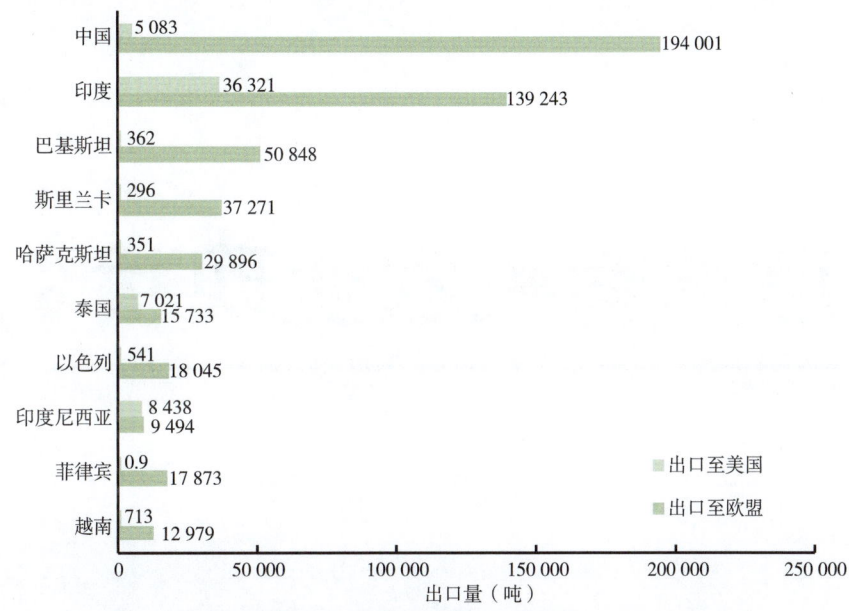

图6-5 2022年亚洲对欧盟和美国的主要出口国家（地区）

（数据来源：2024年GATS/USDA调查、2024年TRACES/欧盟委员会调查）

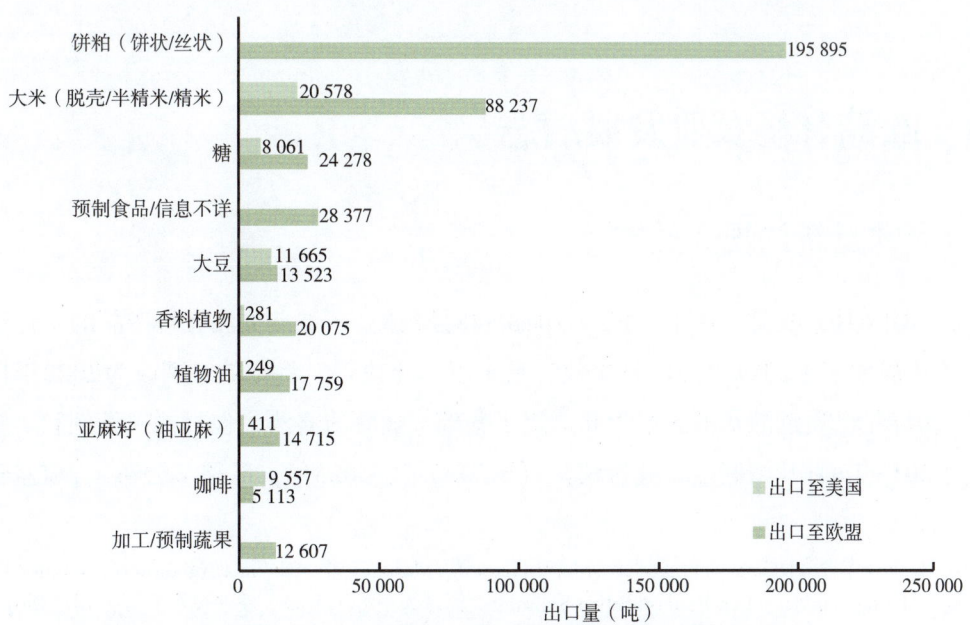

图6-6 2022年亚洲出口至欧盟和美国的主要有机产品类别

（数据来源：2024年GATS/USDA、TRACES/欧盟委员会调查）

7 欧洲有机农业现状

7.1 欧洲有机农业发展动态[①]

7.1.1 欧盟新法规开始实施

2018年6月,欧盟出台了(EU)2018/848号条例[②],重点关注有机产品的生产和标签。该法规原定于2021年1月1日生效,后推迟一年执行,将生效日期改为2022年1月1日[③]。2018年已通过的基本法案为此奠定了基础。随后的立法,包括授权条例和实施条例,于2018年6月开始制定,并持续修订至2023年。2023年,欧盟又公布了7项监管法

[①] 本部分作者为Helene Schmutzler、Maria Gernert、Maria Zintl、Ohemaa Agbolosoo-Mensah、Laura Sauques、Hanna Winkler、Lea Bauer和Silvia Schmidt;翻译为正谷(上海)农业发展有限公司广州分公司黎榛。

[②] 欧洲议会和理事会2018年5月30日通过了关于有机生产和有机产品标签的(EU)2018/848号条例,废除(EC)834/2007号条例。更多信息请查询http://data.europa.eu/eli/reg/2018/848/oj。

[③] 欧洲议会和欧盟理事会2020年11月11日通过了(EU)2020/1693号条例,修订关于有机生产和有机产品标签的(EU)2018/848号条例的适用日期和该条例提及的某些其他日期(与欧洲经济区相关的文本)。更多信息请查询http://data.europa.eu/eli/reg/2020/1693/oj。

案，其中包括针对有机宠物食品的标签要求[①]。

截至本书撰写之时，全套法规包括基本法规（EU）2018/848（经21个授权法案修正或补充）、11个实施法案和1个与宠物食品标签规则有关的法规。

2023年，相关部门对两个二级监管法案进行了定期修订。实施条例（EU）2021/1165[②]（包含有机生产中使用的授权产品及物质清单）和实施条例（EU）2021/2325[③]（根据先前有机法规的相关条款，建立基于等效协议互认的第三国和第三国下属机构清单）在该年度分别进行了两次修订。

针对管控的其他技术细节也得到了完善。相关部门制定了标准格式，用于成员国关于在有机生产中使用未经许可的产品或物质而导致污染的事件而开展的官方调查报告。此外，还对基本法案规定的证书范本进行了调整。这一系列变动是为了配合近期的技术进展，使欧盟内部的管控机构和当局能够通过欧盟范围内的TRACES系统签发证书，使用合规的电子印章作为数字签名[④]。

欧盟有机法规框架中，国际贸易是三大要点之一。承认在第三国运营的管控机构和管制部门，授权其根据新的合规制度进行有机监管是关键的一面。该制度要求在第三国直接按照欧盟要求生产和管控计划进口到欧盟的有机产品，而不是依靠有机认证等效协议[⑤]。

7.1.2 新的国际贸易和进口体系

与大部分现有有机认证等效协议的第三国的重新谈判仍在进行中，预计将持续至2026年。目前，欧盟已与智利和瑞士签订了贸易协定，并与英国于2023年12月达成一

[①] 2023年10月18日通过了关于有机宠物食品标签的（EU）2023/2419号条例，更多信息请查询https://eur-lex.europa.eu/eli/reg/2023/2419/oj。

[②] 欧盟委员会2021年7月15日通过了（EU）2021/1165号实施细则，授权在有机生产中使用某些产品和物质，并确定其清单。更多信息请查询https://eur-lex.europa.eu/eli/reg_impl/2021/1165/oj。

[③] 欧盟委员会2021年12月16日通过了（EU）2021/2325号实施细则，根据欧洲议会和理事会（EU）2018/848号条例，确定了根据欧洲理事会（EC）834/2007号条例第33（2）和（3）条款获得认可的第三国名单以及管制当局和管制机构名单，以便向欧盟进口有机产品。更多信息请查询https://eur-lex.europa.eu/eli/reg_impl/2021/2325/oj。

[④] 2022年11月24日通过了（EU）2023/207号委员会授权条例，修订欧洲议会和理事会（EU）2018/848号条例，涉及证明符合有机生产规则的证书范本。更多信息可查询https://eur-lex.europa.eu/eli/reg_del/2023/207/oj。

[⑤] 2023年6月30日（EU）2023/1686号委员会委托条例，修订（EU）2021/1698号委托条例，涉及有资格对第三国获得有机认证的经营者和经营者群体以及有机产品实施监管的监管当局和监管机构进行认可的若干程序要求，以及对其监管的若干要求。更多信息可查询https://eur-lex.europa.eu/eli/reg_del/2023/1686/oj。

致，确保现有协议可继续实施，因此将无须与这3个国家重新谈判。

目前，欧盟正在与其他持有有机认证等效协定的第三国进行谈判，如阿根廷、澳大利亚、加拿大、哥斯达黎加、印度、以色列、日本、新西兰、韩国、突尼斯和美国。此外，与墨西哥和哥伦比亚的谈判也已启动。重要的是，被认可为等效的管控机构需要在2025年前完成过渡。这意味着欧盟新的有机法规将从那时起适用于第三国，同时将在欧盟边境实施新的进口规则。

7.1.3 欧盟共同农业政策（CAP）

7.1.3.1 现行的欧盟共同农业政策（CAP）

2021年11月23日，欧洲议会在全体会议上批准授权法案和实施法案后，正式通过了现行的《欧盟共同农业政策》（CAP）条例。截至2021年12月31日，大多数成员国已提交了本国的CAP战略计划（SPs）草案。作为回应，欧盟委员会发布了CAP 2023—2027条例。这些条例和战略计划自2023年1月1日起生效，有效期至2027年12月31日。更新后的CAP为成员国实施其政策目标提供了更大的空间。

CAP在促进欧盟内部向大规模发展有机农业过渡上发挥了关键作用。然而，其在这方面的有效性取决于是否有能力为有机农户提供强有力的支持，并认可他们付出的额外努力与投入。然而，在应对当前社会日益紧迫的环境挑战上，新的CAP结构似乎尚有不足。这一架构主要依赖于"生态计划"，占第一支柱预算的25%。尽管生态计划本可以成为激励环境友好型农业的宝贵机会，但这些计划仅对成员国具有强制性，而个体农户则是自愿选择。同时，各会员国可自行其制定生态计划的定义及标准，导致不同国家之间的目标及执行差距悬殊。

CAP绿色框架的另一个重要组成部分是引入直接付款条件，其中包括9项良好农业和环境规范（GAECs）。第二支柱35%的预算用于农业环境与气候措施（AECM）。

7.1.3.2 《欧洲绿色协议》与欧盟共同农业政策（CAP）

随着2019年《欧洲绿色协议》及2020年5月欧盟农场到餐桌战略和生物多样性战略[①]

---

① 欧盟委员会2020年于布鲁塞尔发布《公平、健康和环保食品体系的"从农场到餐桌"战略》，详细信息请查询https://eur-lex.europa.eu/resource.html?uri=cellar:ea0f9f73-9ab2-11ea-9d2d-01aa75ed71a1.0001.02/DOC_1&format=PDF。欧盟委员会2021年欧盟委员会致欧洲议会、理事会、欧洲经济和社会委员会以及地区委员会关于发展有机生产行动计划的信函》，详细信息请查询EUR-Lex - 52021DC0141R（01）- EN - EUR-Lex（europa.eu）。

的发布，欧盟委员会为达成2030年前实现可持续粮食系统的目标采取了重要措施，为该系统转型确立了明确目标。（EU）2021/2289实施条例规定，成员国必须"阐明本国为实现农场到餐桌战略和生物多样性战略中提出的欧盟2030年目标所作出的贡献"。这一要求使欧盟委员会能够评估拟议的CAP战略计划，以及欧盟环境和气候立法及承诺的一致性及其影响。

然而，IFOAM欧洲有机联盟在2022年就CAP国家战略计划现状所做的简报显示，许多成员国在发展和支持有机农业方面的雄心不足。若不在CAP战略计划可能进行的年度修订期间对其措施及预算进行重大调整，这些计划就不可能实现到2030年欧洲有机农地占比达到25%的总体目标。计划实施第一年的成效似乎证实了这一趋势，因为有机农户注意到，从传统农业向有机农业转换相对优势似乎有所下降。反之，采用环境效益较低的变革性耕种方式对应的激励措施似乎更为有利。

7.1.4 可持续粮食系统立法与绿色声明

7.1.4.1 可持续粮食系统立法框架的未来

欧盟委员会原计划根据农场到餐桌战略的要求，在2023年年底前公布可持续粮食系统立法框架提案，即"可持续粮食系统法"。这一立法倡议被视为农场到餐桌战略的关键措施之一，旨在为可持续粮食系统确立一个具体的定义。此外，欧盟委员会还计划纳入有关可持续公共采购和可持续标签的相关规定。

"可持续粮食系统法"被视为向可持续粮食系统过渡的关键驱动力，它增加了市场对可持续食品的需求，并将可持续性纳入了所有与食品相关的政策，解决了需求方与产业链中游的问题。欧盟委员会尚未如期公布这项拟议立法，目前也没有明确的公布日期。

7.1.4.2 关于证实绿色声明的指令及其对农业食品行业的影响

2023年3月，欧盟委员会提出了一项指令，旨在通过证实绿色主张来打击"漂绿"，迈出了重要的一步。欧洲有机运动对该目标表示赞同。然而，该指令对产品环境足迹（PEF）方法的依赖性值得关注，该方法是环境总局（DG ENV）花费10多年开发的一种工具。尽管该指令承认PEF存在局限性，尤其是在农业食品方面，但却自相矛盾地提倡在评估产品的环境影响时使用PEF。关键问题在于，基于生命周期评估（LCA）建立的PEF并不适用于全面评估复杂的农业食品系统对环境的影响。它没有考虑到杀虫剂的影响、农业对生物多样性和动物福利的影响等关键因素，从而使天平更倾向集约化生产系统的产品。

该指令对农业食品行业的影响是多方面的。尽管符合（EU）2018/848条例的有机产品仍在其范围之外，但其影响远超出了有机领域。从积极方面看，该指令引入了一套严谨的流程，在产品进入欧洲市场前对其环境声明进行严格验证。此举旨在遏制市场传播未经核实且尚存疑的环境声明，同时规范环境标签，避免泛滥，仅承认最具可信度的标签。

有机运动支持该指令的总体目标，但强调PEF方法并不适用于评估农业食品（包括化妆品和纺织品）对环境的影响。

欧洲议会将在选举前与欧盟理事会于2024年第一季度就该指令进行讨论，并计划于2024年年上半年通过该指令。这些讨论标志着欧洲市场打击"漂绿"，提倡透明公开的环保声明的努力正处于关键时刻。

7.1.5 农业部门的气候立法

干旱、洪水等由气候变化带来的影响日益加剧，对农业生产造成了不利影响，而温室气体（GHG）排放量在过去10年中却没有减少。与此同时，欧盟的农地和草场仍在持续排放温室气体，而非成为碳汇。为了应对这些迫在眉睫的挑战，欧盟正在加紧努力扭转这一令人担忧的趋势，包括修订《土地利用、土地利用变化和林业法规（LULUCF）》［（EU）2018/841］和《责任共担条例（ESR）》［（EU）2018/842］，为成员国制定新的目标。这些目标旨在加快减排，包括农业领域的非二氧化碳排放，并提升土地部门的碳去除能力。

在农业气候行动领域，碳证书和碳市场愈发受到关注。尽管已经存在农业碳证书，但由于缺乏共同标准，欧盟委员会提出了一项统一的欧盟碳去除认证框架，其中包括碳农业。该认证框架旨在建立碳证书的自愿标准。2023年11月，欧洲议会和欧洲理事会通过了各自对该提案的立场，并启动了三方谈判。欧洲议会对欧盟委员会的提案进行了大幅修正，主要是明确了碳农业必须对保护和恢复生物多样性及生态系统作出积极贡献，并扩充了碳农业的定义，使其包含减排。

碳农业的定义和衡量碳证书的方法或将对有机农业部门产生影响。由于有机农户已经在实施对环境有益的管理方法，改善土壤健康并加强碳封存，对于先行者来说，进一步提升碳库的空间可能有限。然而，在碳市场中，证明其附加空间对于从碳证书中获取利益至关重要。并且，若只关注碳与温室气体排放，则将忽视农业对环境的广泛影响，尤其是在生物多样性和生态系统功能方面。

《欧盟自然恢复法》是将气候和生物多样性保护纳入考量的立法范例。尽管该法案，尤其是其农业目标遭到了强烈反对，并引发了一场声势浩大的运动，但欧洲议会和理事会仍在2023年11月达成了最终协议。与欧洲议会的立场相反，欧盟委员会提议的最终文本纳入了农业生态系统的修复目标，包括修复农业使用的有机土壤，特别是经过排水的泥炭地，以及增加农地土壤中有机碳存量的目标。该协议已获得欧洲议会环境、公共卫生和食品安全委员会（ENVI）的批准，接下来须在欧洲议会全体会议上进行表决，并获得欧洲理事会的批准。随后，成员国将有责任实施全面、系统的解决方案，如有机及生态农业实践，以修复农业用地的自然环境。

7.1.6 在欧盟层面解决土壤健康问题

与空气和水相比，欧盟在土壤相关的法规上有明显缺失。由于某些成员国的反对，2006年制定此类法规的尝试以失败告终。此后，欧盟地区的土壤健康状况持续恶化，目前约有70%的土壤被列为不健康土壤[①]。2023年7月，欧盟委员会在解决土壤健康问题和引入欧盟土壤相关立法上迈出了重要一步。

不同于预期的"土壤健康法"，欧盟委员会提出了一项土壤监测与修复指令。该指令的主要目标是在欧盟范围内建立一个统一的土壤监测系统。然而，它并没有为成员国修复不健康土壤提供明确且具有法律约束力的目标。

尽管如此，这仍是欧盟朝正确方向迈出的关键一步，标志着其在监管框架中将土壤与空气和水同等对待的转变。健康的土壤对可持续生产营养丰富的食物而言至关重要，同时，在提供包括水净化、碳封存在内的多项生态系统服务上发挥着关键作用。土壤健康是有机农业的基石，有机农民在改善农地土壤健康和肥力方面一直处于领先地位。

接下来，欧洲理事会和欧洲议会将在2024年春季确定各自的立场，为这些机构之间的谈判铺平道路。这一阶段对于塑造未来欧盟土壤法规和土壤保护而言至关重要。

7.1.7 新基因组技术（NGT）

继2023年6月发布有关新基因组技术（NGT）的立法提案后，截至2023年11月，欧盟机构内部的政策进程正在不断推进中。

该提案的主要目标是修改有关转基因作物（GMOs）的监管框架，其中涉及欧盟目前在生物安全、选择自由和消费者信息方面预防性方法的转变。

提案草案将NGT植物分为两类："第一类NGT植物"和"第二类NGT植物"。"第一类NGT植物"将受到比"第二类NGT植物"更宽松的监管。"第二类NGT植物"仍受转基因法规监管，但在风险评估、检测方法方面有些许变化，重点在于获得更

---

① 数据来源于欧洲环境局发布的《欧洲环境：2020年状况与展望》。

具可持续性的NGT植物。这两类植物仍禁止在有机农业中使用。

2023年6月，有机行业一致重申有机生产过程中不应使用转基因作物（GMO），包括新基因组技术（NGT）的产物，因为基因编辑技术不符合有机农业的原则、预防原则和消费者的期望。

在2024年6月的欧洲议会选举之前，欧盟机构面临着建立更宽容的NGT监管框架的巨大压力，而有机运动在这一进程中具有重要的利害关系。欧洲理事会轮值主席国西班牙致力于在其领导期间取得实质性进展，频繁召开工作组会议和部长级会议，以期在2023年年底就提案的部分内容进行表决。

在欧洲议会内部，NGT提案属于环境、公共卫生和食品安全委员会（ENVI）的职权范围，并在部分具体条款上与欧洲议会农业委员会（AGRI）共享权限，预计将于2024年1月对该提案进行全会表决。

7.1.8　农药可持续使用法规（SUR）

2023年，IFOAM欧洲有机联盟一直积极参与有关农药可持续使用法规（SUR）拟议条例的讨论。减少化学合成杀虫剂的使用是保护生物多样性和自然资源的当务之急，而生物多样性和自然资源是可持续农业系统的奠基石。在此背景下，IFOAM欧洲有机联盟持续强调有机农业在向更加可持续的农业实践过渡中的关键作用，因为有机农业不受化学合成杀虫剂等外部投入的影响。

令人意外的是，2023年11月22日欧洲议会全会投票否决了SUR的提案，并投票反对将该提案发回议会委员会进一步审议。因此，许多人认为欧洲在减少农药使用上的计划实际已被搁置。

这一结果凸显了有机农业的重要性，有机农业是实现不依赖化学合成杀虫剂的可持续农业的必经之路。议会未能就SUR达成一致的结果进一步表明了支持并扩大有机农业实践与体系的必要性，其可以作为环境友好型和可持续农业的典范，提供不过度依赖化学合成品的另一条可行路径。

7.1.9　相关研究

有机农业研究一直是欧洲和各国研究计划以及国家有机行动计划的资助对象。自20世纪90年代中期以来，在欧盟研究与创新框架计划内，针对有机食品与农业研究项目的资助呈增长趋势。这些资金极大促进了有机农业领域知识与实践的发展，提倡农业可持续发展和环境管理。

7.1.9.1 跨国合作

CORE Organic Cofund资助网络[①]于2022年更名为CORE Organic Pleiades网络[②]，由27个国家与地区的41个合作伙伴组成，并于2023年秋季首次公开征集项目。

与欧洲有机及生态农业研究与创新技术平台（TP Organics）[③]及该部门其他主要利益相关方的合作发挥了至关重要的作用，确保代表农民、行业和民间社会的跨国组织的观点和疑虑被纳入考量，并在相关倡议和政策中有所体现。

7.1.9.2 通过Organic Eprints资料库和有机农业知识平台获取研究成果

开放式资料库Organic Eprints[④]成立于2002年，是传播研究成果的共享知识库，共有超过35 000个条目，CORE Organic和许多其他项目的成果都在Organic Eprints上存档。Organic Eprints也是有机农业知识平台（www.organic-farmknowledge.org）所使用的数据库，该平台为有机农业从业者提供相关资料[⑤]。其于2023年新增了许多工具，并提供了新的使用语言。

7.1.9.3 2023年科学日和有机创新日

TP Organics的科学日活动于2023年2月16日在纽伦堡国际有机产品博览会（BIOFACH）期间举行，主题是"可持续有机食品创新实验室"，呼应了2024年欧洲地平线计划的主题之一。本次活动汇聚了研究人员、政策制定者、食品生产与加工企业、零售公司、认证人员、审计人员等广泛的观众群体，与会者就如何建立潜在有机食品创新实验室进行了讨论与分享。这些实验室旨在加强整个价值链，尤其是加工、包装、分销和供应环节。本次活动还包含创新展示环节，例如，SuperCoop Berlin超市和来自约旦的

---

① CORE Organic Cofund是一个支持有机农业和食品系统领域研究与创新的资助网络。它是欧洲多个国家的一项合作，旨在共同资助和协调以有机农业为重点的研究项目。
② CORE这个名称代表"欧洲跨国有机食品和农业系统研究协调"，更多信息详见https://projects.au.dk/coreorganicpleiades/about。
③ 更多信息详见https://tporganics.eu。
④ 更多信息详见www.orgprints.org。
⑤ 2018年12月，欧盟"地平线2020"资助项目OK-Net Ecofeed启动了有机农场知识扩展平台www.organic-farmknowledge.net，该平台最初是在另一个欧盟资助项目OK-Net Arable的框架内建立的。该平台旨在促进欧洲农民之间的信息交流并分享实用的解决方案。有机农业知识平台一直在努力发展，不断更新工具和材料，扩大其覆盖范围，并通过不同渠道以各国语言提供其内容。2022年，该平台被翻译成多种新语言（如希腊语和捷克语），新增了约100个条目以及视频和电子学习课程。自2022年以来，有机农场知识平台与欧洲地平线项目（如Biofruitnet和OrganicTargets4EU）密切合作，并将所有项目的研究成果上传到网站。

创新有机公司Good Food Mood Co.，该公司是有机生态系统项目的一部分。会议的详细回顾可在TP Organics的官方网站上查阅①。

2023年10月25—26日，TP Organics的年度公共活动有机创新日（Organic Innovation Days）在布鲁塞尔举行，这也是欧盟唯一针对有机与生态农业研究及创新的活动。本次活动的主题是"公民驱动的欧洲粮食系统转型"。活动中，TP Organics与"粮食转型2030"项目（FoodSHIFT 2030）开展了合作。"粮食转型2030"隶属于欧盟"地平线2020"项目，旨在重塑欧洲粮食系统，实现低碳、可循环的未来，其重点在于减少肉类消费，推广植物基饮食。活动的第一天集中讨论了如何通过研究与创新确保欧洲及全球长期的粮食安全，活动第二天则召开了"粮食转型2030"最终政策会议，会议的详细回顾可在TP Organics的官方网站上查阅②。

7.1.9.4 欧洲地平线计划

欧洲地平线③是欧盟目前主要的研究与创新资助计划，2021—2027年的总预算为955亿欧元。欧洲地平线的第六集群"食品、生物经济、自然资源、农业和环境集群"④的总预算为89.52亿欧元，旨在减少环境退化，阻止和扭转陆地、内陆水域和海洋生物多样性的减少，并通过对城市和农村地区的经济及社会变革，更好地管理自然资源。

欧洲地平线的首个工作计划（2021—2022年）资助了3个有机专项项目⑤。其2023—2024年工作计划中有7项有机专项提案，这些提案与欧洲有机食品和农业行动计划一致。工作计划承诺将30%或以上指定用于农业、林业和农村地区研究与创新的预算分配给有机部门或其相关的事项。

欧洲地平线引入了一套名为"欧盟使命（EU Missions）"的创新工具。其中，"欧洲土壤协议"有一个引人瞩目的愿景，即在2030年前创建100个生活实验室和示范农场，引领该地区向更健康的土壤转变。TP Organics一直在积极推动这项任务，作出了极大贡献。

---

① 详见https://tporganics.eu/tp-organics-science-day-at-biofach-2023-event-review/。
② 详见https://tporganics.eu/organic-innovation-days/。
③ 官方网站为https://commission.europa.eu/funding-tenders/find-funding/eu-funding-programmes/horizon-europe_en。
④ 更多信息请查询https://ec.europa.eu/info/research-and-innovation/funding/funding-opportunities/funding-programmes-and-open-calls/horizon-europe/cluster-6-food-bioeconomy-natural-resources-agriculture-and-environment_en。
⑤ 关于欧洲地平线2023—2024年工作计划的更多信息请查询https://research-and-innovation.ec.europa.eu/funding/funding-opportunities/funding-programmes-and-open-calls/horizon-europe/horizon-europe-work-programmes_en。

2022年，TP Organics发表了一份全面的立场文件，概述了与土壤相关的有机实践研究需求[①]，朝目标迈出了重要的一步。此外，TP Organics（及其官方合作伙伴IFOAM欧洲有机联盟）在新的欧洲研究与创新（R&I）伙伴关系中发挥着关键作用[②]，该伙伴关系重点关注农业生态生活实验室和研究基础设施[③]。TP Organics主要对第二工作包作出了贡献，其核心是促进科学与政策间的对话。

此外，TP Organics还是FOODPathS项目的顾问委员会成员，该项目正在积极筹备"FutureFoodS"可持续粮食系统伙伴关系[④]。这两个项目都计划于2023年年底或2024年年初启动，资金由欧盟委员会及其成员国共同提供。

TP Organics在制定这些伙伴关系的战略研究和创新议程方面都发挥了重要作用，积极参与了制定工作。这些议程目前处于最终审定阶段，这标志着TP Organics为推动欧洲可持续粮食系统的研究与创新作出了重大贡献。

7.1.10 欧洲有机大会：实现《欧洲绿色协议》之路

欧洲有机大会[⑤]由IFOAM欧洲有机联盟和Ecovalia联合举办，在西班牙担任欧盟理事会主席国期间于2023年9月在西班牙科尔多瓦召开，主题是"有机创新可持续粮食系统"。本次活动为与会者提供了围绕重要有机话题进行深入讨论的宝贵平台。作为知识共享论坛，欧洲有机大会旨在解决有机行业当前面临的挑战，并从行业各方面的典范案例研究和开拓性叙述中汲取灵感。包括欧盟委员会、欧洲议会和地方政府代表在内的高层代表一致肯定了欧洲2030年前实现25%有机土地目标的重要性，认为这是解决方案的重要组成部分。

许多发言者重申了有机部门的系统性方法，强调其有能力应对气候变化、生物多样性丧失和供应链公平等复杂挑战。他们强调，有机农业为解决这些多方面的问题提供了一种手段。

---

① TP Organics发布的文件为《在"欧洲土壤协议"任务中发挥有机产品的潜力：代表团2023—2024年工作计划的优先主题》，关于该文件的更多信息请查询网址https://tporganics.eu/wp-content/uploads/2022/02/TPO_RnI_HorizonEU_SoilMission_Position_202202.pdf。

② 详情请参阅2022年TP Organics发布的《欧洲的有机生活实验室和灯塔农场》，更多信息请查询https://tporganics.eu/wp-content/uploads/2022/10/TPO_Study_Organic_Living_Labs_2022.pdf。

③ 欧洲生态农业生活实验室和研究基础设施研究与创新（R&I）伙伴关系的更多信息请查询https://research-and-innovation.ec.europa.eu/research-area/agriculture-forestry-and-rural- areas/ecological-approaches-and-organic-farming/partnership-agroecology_en。

④ 关于FOODPathS的更多信息请查询https://www.foodpaths.eu/European R&I Partnership for Sustainable Food Systems: https://scar-europe.org/index.php/food-main- actions/food-systems-partnership。

⑤ 关于欧洲有机大会的更多信息请查询https://www.europeanorganiccongress.bio/。

在关于植物育种技术的小组讨论中，与会者强调了健康和多样化的农业食品系统在促进气候适应性方面的重要性。小组成员强调，新基因技术（新转基因作物）相关的可持续性主张仍处于推测阶段，尚有农药抗药性增加、生物多样性丧失、专利激增等潜在风险，可能会导致种植和育种者难以获取种子。而有机育种则利用大自然中的现有资源，增强了现有品种和生态系统的气候适应能力。专家小组认为，欧盟法规必须强制整个生产链实现可追溯，并为消费者做好相应的产品终端标签，从而确保非转基因和有机生产不会受污染。这被认为是实现真正"共存"的唯一途径。

欧洲有机大会指出了一些值得关注的地区性倡议，如葡萄牙的新伊达尼亚生物区（2023年欧盟有机奖得主）和法国的地区性有机标签。市场方面，零售商就如何促进供应链公平、增加有机产品销售和鼓励消费者选择有机产品提供了宝贵意见。

欧洲有机大会鼓励各级政府机构推进可持续公共采购，承认这对食品生产者、消费者以及生态系统的恢复有多重好处，并建议有机部门利用欧盟的推广政策，提高欧洲有机产品的知名度。欧洲有机目标（OrganicTargets4EU）项目①因其创建模型以帮助实现欧盟2030年前有机农地占比达到25%的目标而受到表彰。无论采用哪种模式，项目参与者一致认为有机行业的发展应坚持有机农业的核心原则。

7.2　欧洲和欧盟有机农业数据②

2022年，欧洲有机产业的发展在关键指标上呈现出不同趋势。尽管有机农地面积和生产者数量有所增加，但零售额和欧盟有机产品进口量却有所减少。若要实现欧盟委员会2020年在农场到餐桌战略中提出的2030年前有机农地占比达到25%的目标，有机农地和市场都需要以更快的速度增长。

7.2.1　生产和市场亮点

7.2.1.1　有机农地

2022年，欧洲有1 845万公顷的土地采用有机方式管理（欧盟为1 690万公顷）。法国以近288万公顷的有机农地面积位居欧洲地区首位，其次是西班牙（约268万公顷）、意大利（约235万公顷）和德国（约186万公顷）。欧洲一半以上的有机农地位于以上4个国家（图7-1和图7-2）。

---

① 关于欧洲有机目标的更多信息请查询https://organictargets.eu/。
② 本部分作者为Helga Willer、Bernhard Schlatter、Jan Trávníček和Diana Schaack；翻译为正谷（上海）农业发展有限公司广州分公司黎榛。

7 欧洲有机农业现状

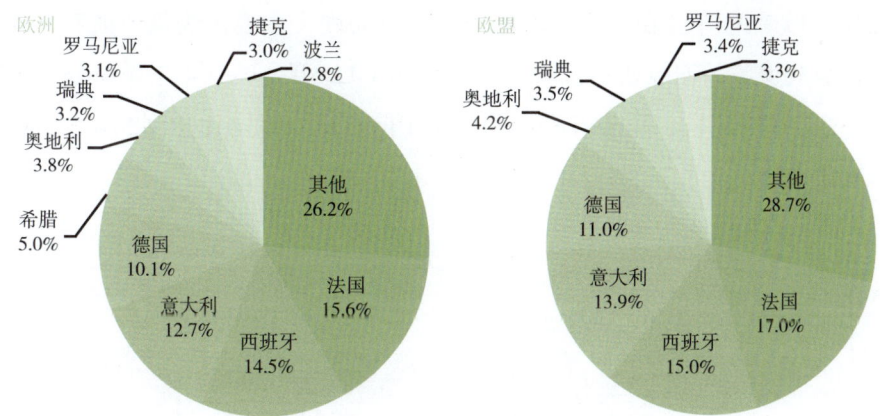

图7-1 2022年欧洲及欧盟各国家（地区）有机农地分布情况

（数据来源：2024年FiBL-AMI调查）

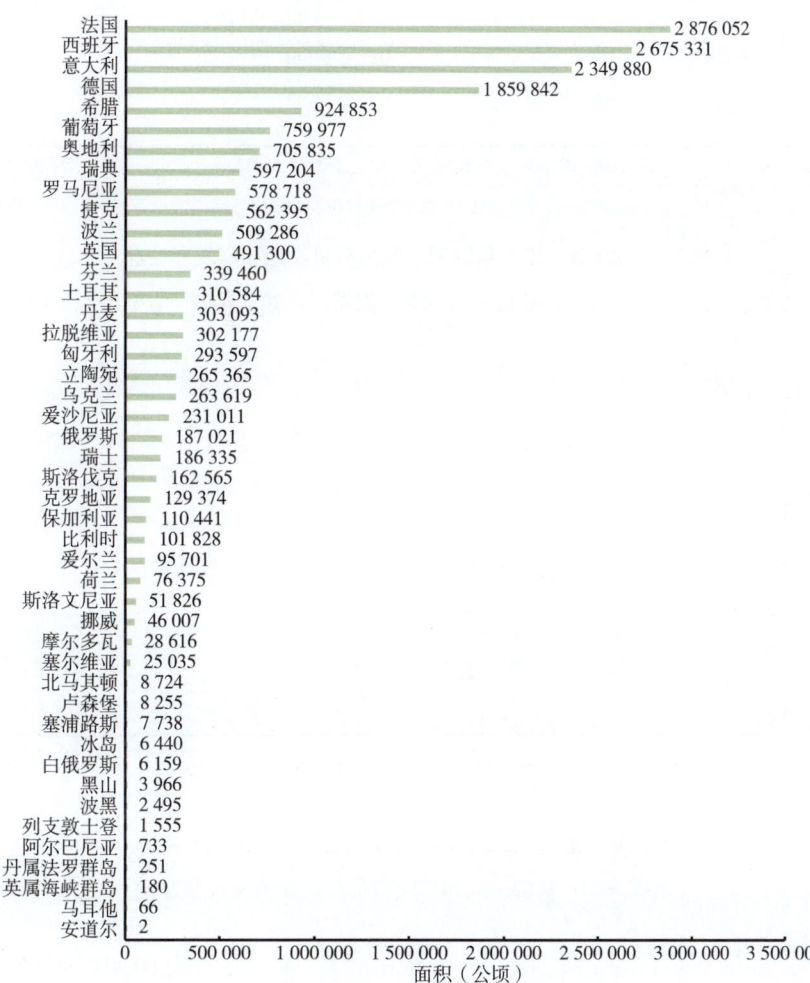

图7-2 2022年欧洲各国家（地区）有机农地分布情况

（数据来源：2024年FiBL-AMI调查）

2022年，欧洲的有机农地面积仅增加了66万公顷（主要因为俄罗斯和乌克兰有机农地面积显著减少），而欧盟有机农地面积增加了125万公顷，年增长率分别为3.7%和8.0%（图7-3和图7-4）。若想实现欧盟2030年前有机农地占比达到25%的目标，年增长率需要达到10%。

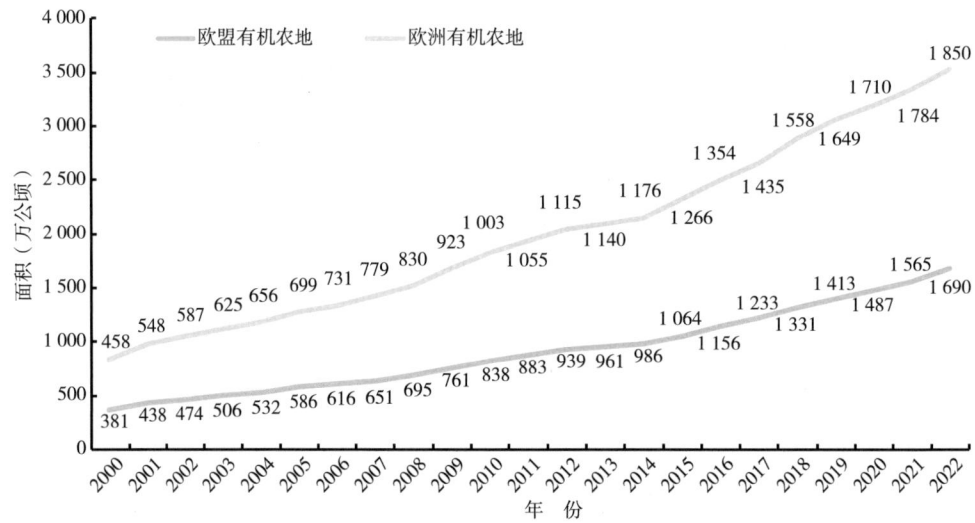

图7-3　2000—2022年欧洲和欧盟有机农地面积发展情况

（数据来源：2006—2024年FiBL-AMI调查，数据涵盖2022年的所有欧盟成员国）

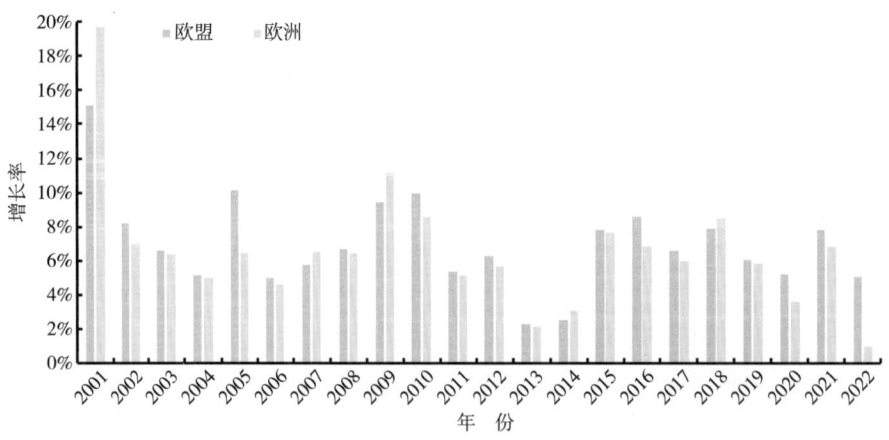

图7-4　2001—2022年欧洲和欧盟有机农地增长率

（数据来源：2002—2024年欧盟统计局和国家数据库）

2022年，欧洲有机农地占农业用地总面积的3.7%，欧盟为10.4%。从欧洲和全球来看，列支敦士登的有机农地比例最高（43.0%），其次是奥地利（27.5%，为欧盟最高)。此外,已经非常接近欧盟有机农地占比目标的欧盟成员国有爱沙尼亚(23.4%)和瑞典(19.9%)(图7-5)。

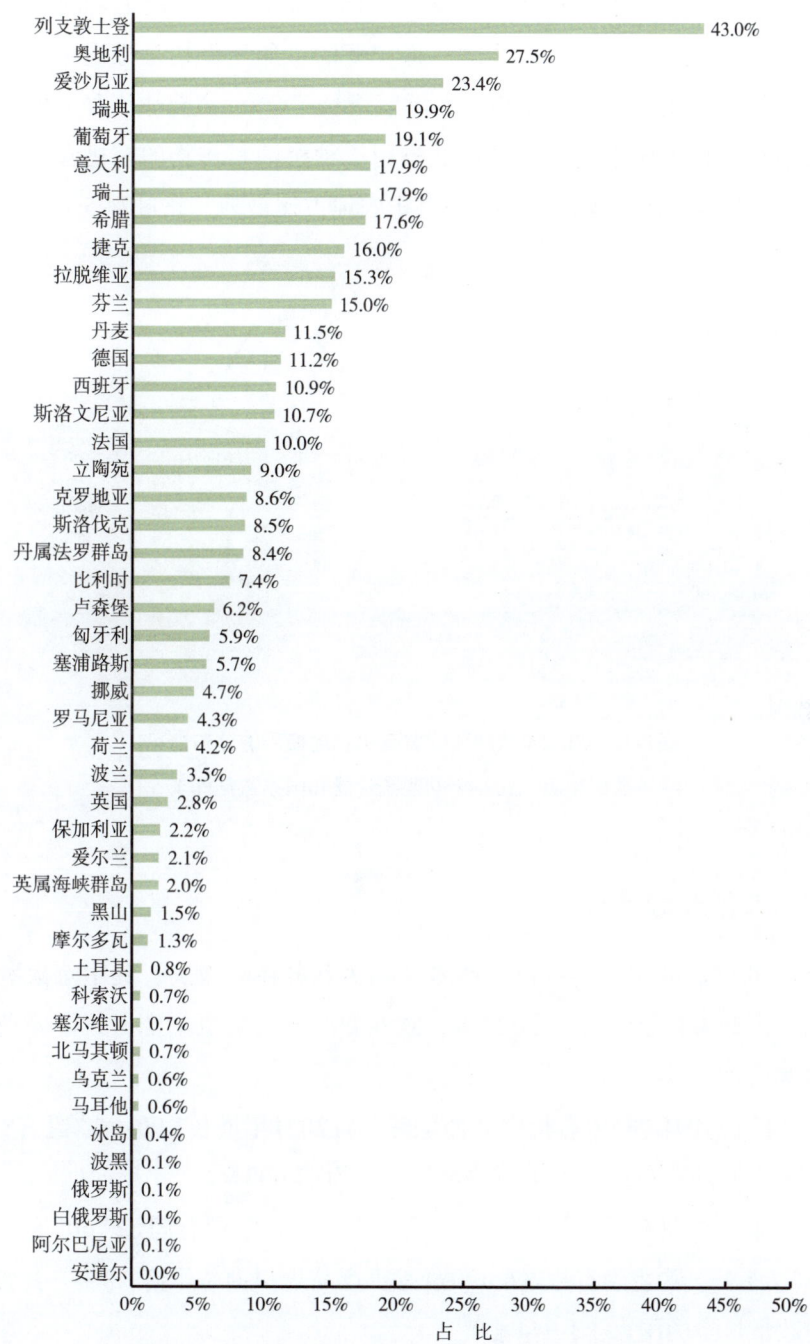

图7-5 2022年欧洲各国家(地区)有机农地占比情况

(数据来源:2024年FiBL-AMI调查)

无论在欧洲还是欧盟，季节性作物用地都是最重要的土地利用类型（欧洲和欧盟均占有机农地面积的45%），其次是多年生草场（牧区）（欧洲为40%，欧盟为41%）和多年生作物用地（欧洲和欧盟均为13%）（图7-6）。欧洲最主要的季节性作物是谷物（290万公顷，欧盟为260万公顷），最主要的多年生作物是橄榄（60万公顷）。2021—2022年增长最快的是油料作物，在欧盟增长了6%，主要原因是人们担心俄乌冲突或将导致油料作物供应中断。然而，欧洲用于种植油料作物的有机农地面积有所减少，主要源自俄罗斯。在欧盟，干豆类的有机农地占比最高（超过24.5%）。

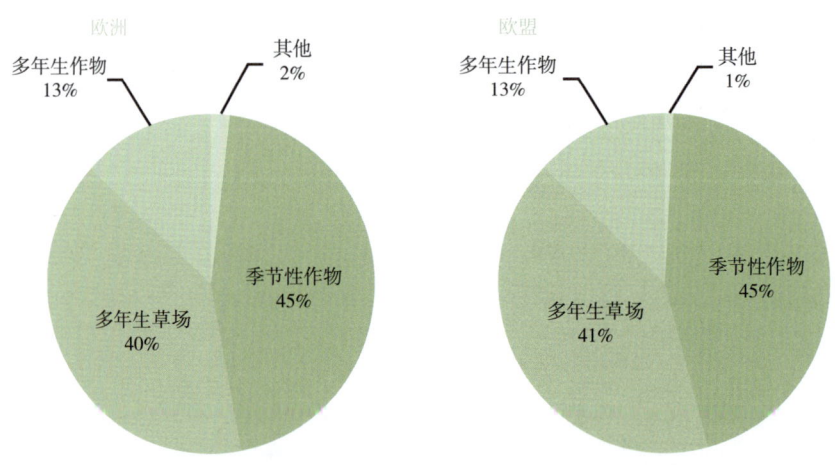

图7-6 2022年欧洲和欧盟有机农地使用的分布情况

（数据来源：2024年欧盟统计局和国家数据库）

7.2.1.2 有机行业经营者

2022年，欧洲有48.0万名有机生产者（41.9万名在欧盟），其中意大利（82 593名）居首位（图7-7和图7-8）。2022年，欧洲和欧盟的有机生产者数量分别较2021年增长了7.5%和9.5%。

2022年，欧洲有91 775家有机产品加工商，较2021年增长3.9%；欧盟有85 956家，增长3.4%。意大利的有机产品加工商数量最多，为23 602家。

相较于往年，欧洲有机产品进口商数量有所减少，欧洲有超过7 600家有机产品进口商（下降2.6%），欧盟则有超过6 400家有机产品进口商（下降1.8%）。德国是有机产品进口商数量最多的国家（1 944家）。

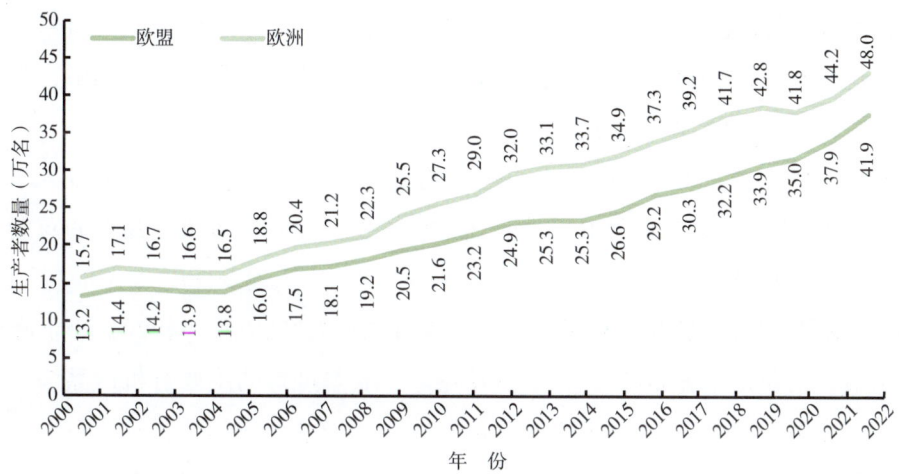

图7-7　2000—2022年欧洲和欧盟有机生产者数量发展情况

（数据来源：2024年欧盟统计局和国家数据库）

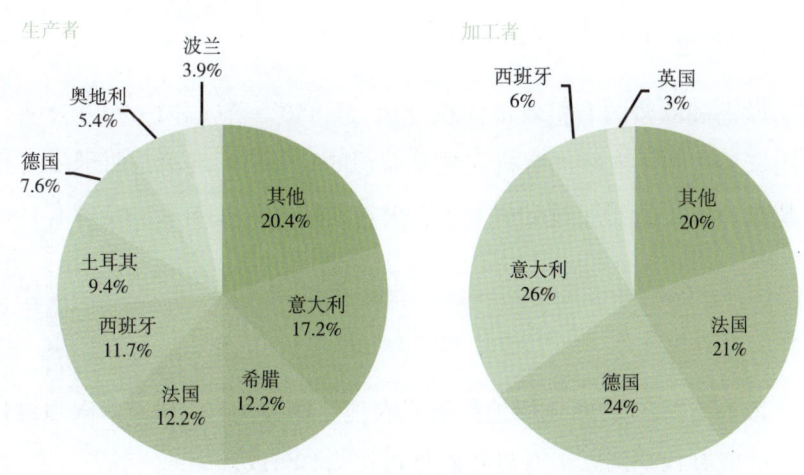

图7-8　2022年欧洲各国家（地区）有机生产者和加工者分布情况

（数据来源：2024年欧盟统计局和国家数据库）

7.2.1.3　零售额

2022年，欧洲有机产品零售额为531亿欧元（欧盟为451亿欧元），欧盟是仅次于美国的第二大有机产品单一市场。德国是欧洲最大、世界第二大有机产品市场，零售额达到153亿欧元。

2022年，欧洲和欧盟有机市场均呈下降趋势，下降率分别为2.2%和2.8%。部分国家（如爱沙尼亚、荷兰和奥地利）的零售额有所增加。2013—2022年的10年间，欧洲和欧盟有机市场价值已增长超过1倍。

全球范围内，欧洲国家的有机食品市场销售占比处于领先地位。其中，丹麦的有机市场份额最高，为12.0%，奥地利达到11.5%，瑞士为11.2%。

2022年，欧洲消费者在有机食品上的人均支出为64欧元（欧盟为102欧元），该数字在2013—2022年的10年间翻了一番。瑞士和丹麦消费者在有机食品上的花费最多，分别为437欧元和365欧元。

2022年欧盟有机产品进口数据显示，其进口总量为273万吨，较2021年下降5.1%。欧盟市场最大的供应国是厄瓜多尔（35万吨）。欧盟进口的主要有机产品为热带水果（87万吨，主要为香蕉），其进口量下降了3.4%，而油料作物（包括大豆）的进口量则有所上升。荷兰是欧盟进口量最大的国家，也是其他欧洲国家的转口贸易国。

7.2.2 有机农地面积、占比和增长情况

7.2.2.1 有机农地

2022年，欧洲和欧盟的有机农地面积分别为1 850万公顷和1 690万公顷。有机农地面积最大的国家是法国（占欧洲有机农地总面积的16%），其次是西班牙、意大利和德国，欧洲有超过一半（欧盟超过60%）的有机农地位于这些国家。全球有19%的有机农地位于欧洲。

7.2.2.2 有机农地占农业用地总面积的比例

2022年，欧洲有3.7%的农业用地是有机农地，欧盟为10.4%，首次超过10%。欧洲有16个国家（欧盟有14个国家）有机年农地占比为10%或以上。

欧洲有机农地占比最高的国家是列支敦士登（43.0%，同时也是全球最高），其次是奥地利（27.5%）、爱沙尼亚（23.4%）和瑞典（19.9%）。

7.2.2.3 有机农地面积的增长

2022年，欧洲的有机农地增加了66万公顷（增长3.7%），欧盟增加了125万公顷（增长8.0%）。对增长率贡献最高的国家是希腊、意大利和法国，合计增加超过60万公顷。反之，俄罗斯和乌克兰的有机农地面积显著减少，合计减少了60万公顷。相对增长率最高的国家（地区）是希腊、科索沃和保加利亚，相对下降率最高的是俄罗斯（下降71%）和乌克兰（下降37%）（图7-9和图7-10）。

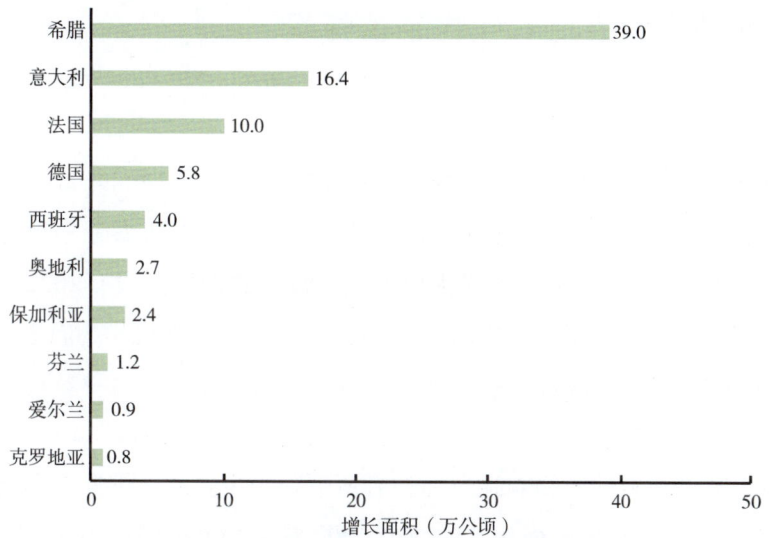

图7-9　2022年欧洲有机农地增长面积位列前十的国家（地区）

（数据来源：2024年FiBL-AMI调查）

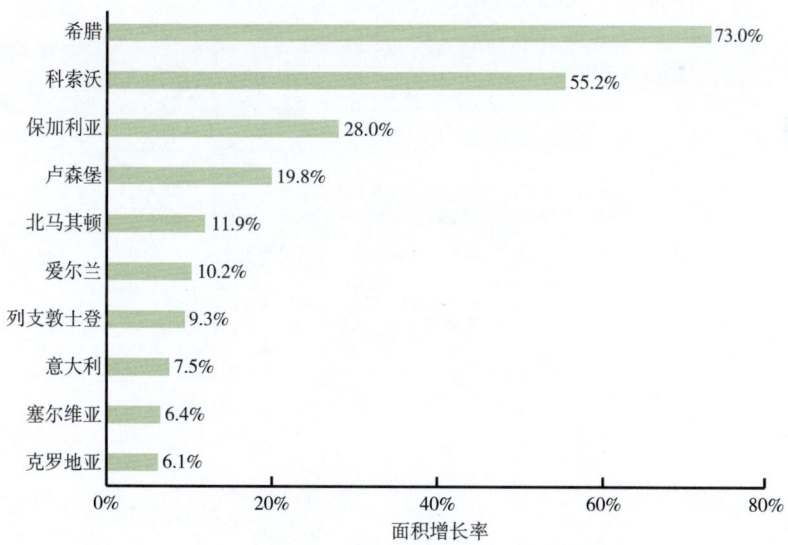

图7-10　2022年欧洲有机农地增长率位列前十的国家（地区）

（数据来源：2024年FiBL-AMI调查）

7.2.2.4　有机农地转换期情况

在欧洲1 850万公顷的有机农地中，有至少1 200万公顷已经完成有机转换（欧盟的1 690万公顷中有1 080万公顷已完成转换）。

7.2.3 土地利用和有机农作物种植情况

7.2.3.1 按土地利用类型分类的有机农地

所有欧洲国家的土地利用和农作物均有详细的数据，自2004年以来，欧洲所有类型的农业用地面积均稳步增长。然而在2022年，欧洲的非有机农业用地总面积有所减少，主要源于俄罗斯和乌克兰。需要指出的是，部分欧洲国家没有2022年土地利用和作物的最新数据。此外，欧盟统计局不再提供处于转换期的有机作物农地面积，只能使用往年转换期的数据进行估算。

季节性作物农地在有机农地中占据着相当大的比例，欧洲有840万公顷，欧盟则有760万公顷。欧洲季节性作物农地总面积有所下降，主要源于俄罗斯和乌克兰（有机谷物、油料作物和干豆类种植面积）的减少。欧洲有740万公顷的多年生草场（牧区）（欧盟为690万公顷）。欧洲多年生作物农地总面积的13.6%用于种植有机多年生作物（240万公顷），欧盟为17.8%（220万公顷）（图7-11和图7-12）。2022年欧洲各类型有机农地位列前十的国家（地区）见图7-13。

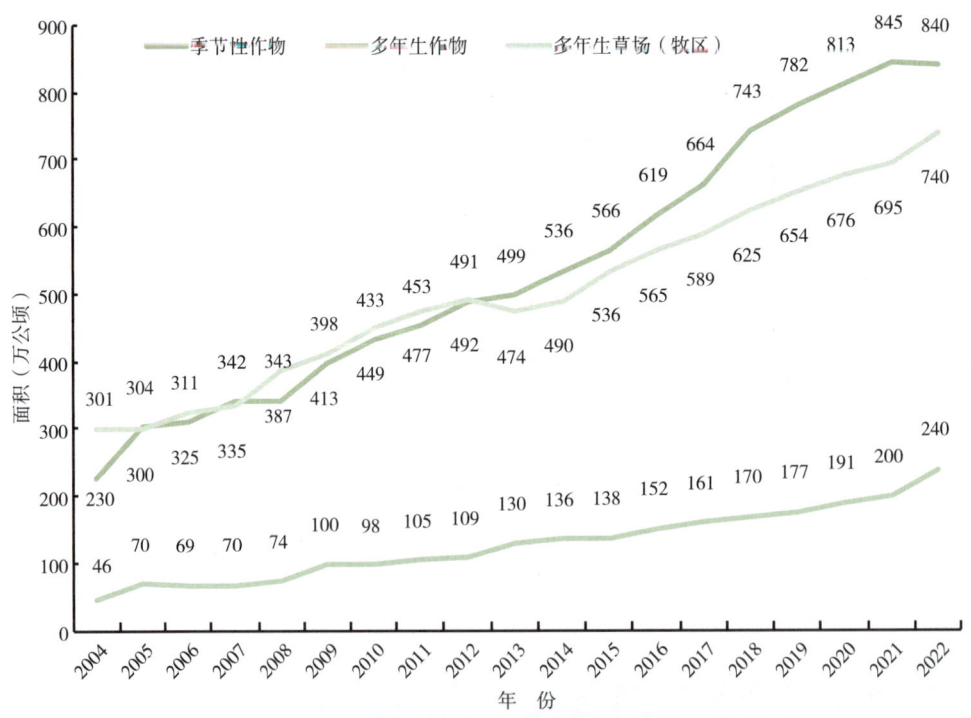

图7-11 2004—2022年欧洲各类型有机农地面积增长情况

（数据来源：2024年FiBL-AMI调查）

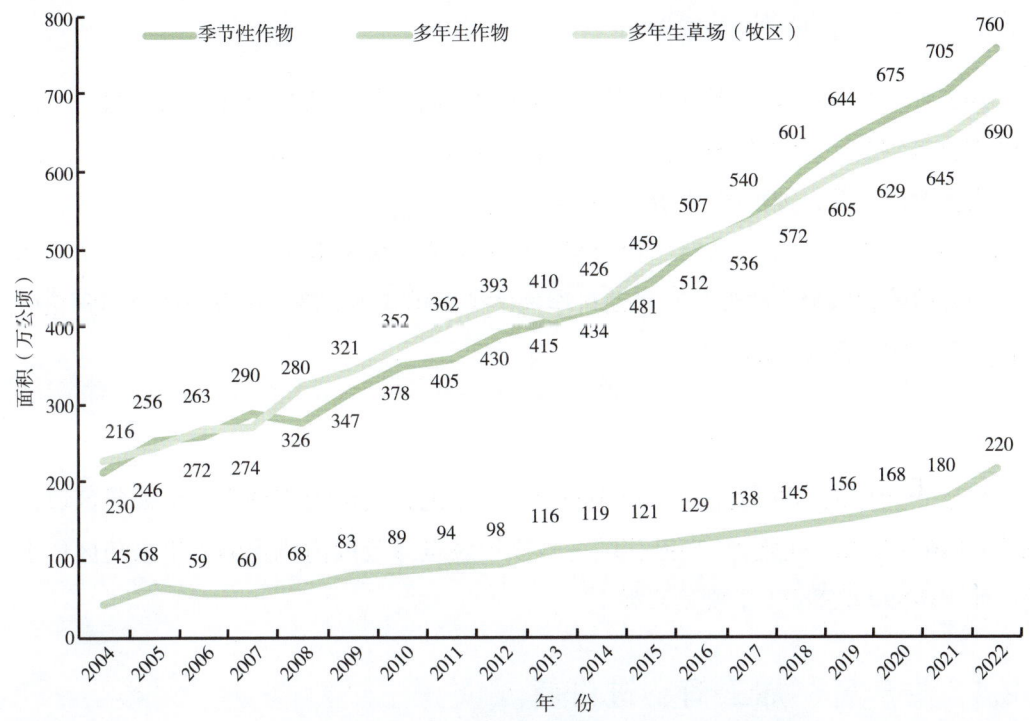

图7-12 2004—2022年欧盟各类型有机农地面积增长情况

（数据来源：2024年FiBL-AMI调查）

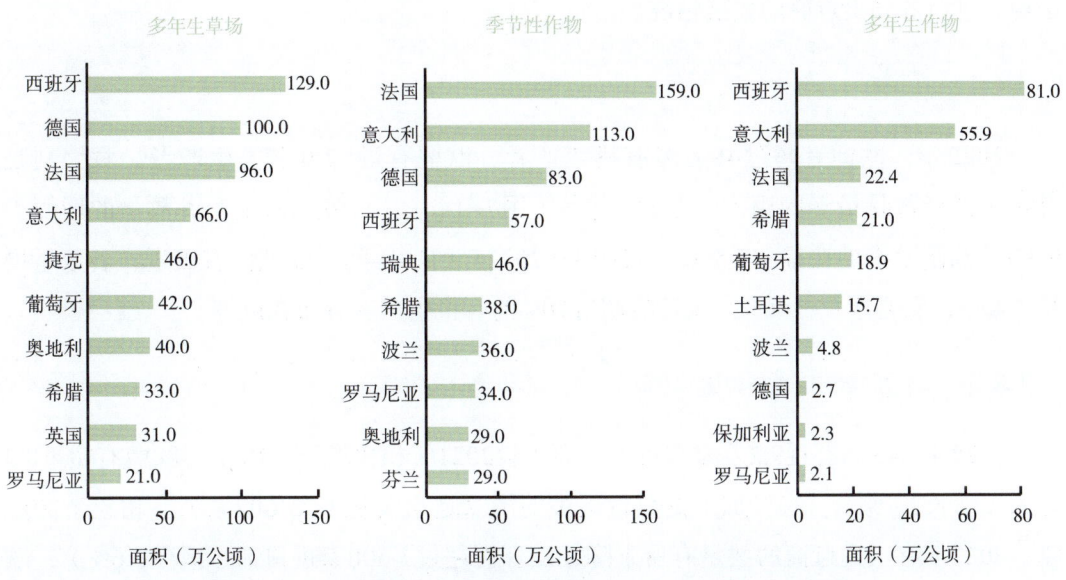

图7-13 2022年欧洲各类型有机农地位列前十的国家（地区）

（数据来源：2024年FiBL-AMI调查）

7.2.3.2　有机农地种植作物情况

2021年,欧盟所有主要的季节性和多年生作物种植面积均有所增长。最主要的季节性作物是谷物,其在欧洲的种植面积为290万公顷(欧盟为260万公顷)。最主要的多年生作物是橄榄,种植面积为60万公顷。

2021—2022年,欧盟油料作物的增长最为显著,增长率为6%;但由于俄罗斯和乌克兰的种植面积减少,欧洲的有机油料作物种植面积有所下降。干豆类的有机种植面积占比最高,在欧盟超过24.5%。

7.2.3.3　其他有机用地

除了农业用地,欧洲还有一些其他的有机用地,其中大部分为野生采集区域,面积达1 130万公顷(欧盟为730万公顷)。欧洲及全球范围内最大的野生采集区位于芬兰,面积达690万公顷(主要是浆果)。

7.2.4　生产者、加工商、进口商

尽管大多数欧洲国家有关于有机生产者的数据,但加工商和进口商的数据却很少,出口商的相关数据则更少。近年来数据的可用性有所改善,但仍无法清楚地了解加工商、进口商和出口商的发展情况。

7.2.4.1　有机生产者

2022年,欧洲有超过48万名有机生产者,欧盟有近42万名有生产者。意大利是有机生产者数量最多的国家,超过8万名(图7-14)。欧盟有机生产者数量的增幅为9.5%,高于欧洲的增幅(7.5%)。2013—2022年的10年间,欧洲的有机生产者数量增长了45%,欧盟增长了66%。全球有超过10%的有机生产者分布在欧洲。

7.2.4.2　有机加工商和进口商

2022年,欧洲有近9.2万家有机加工商(较2021年相比增长3.9%),欧盟有超过8.5万家(增长3.4%)。有机加工商数量最多的国家是意大利(23 602家)。相较于2021年,2022年有机进口商的数量有所下降,欧洲有超过7 600家进口商(减少2.6%),欧盟有超过6 400家进口商(减少1.8%)。德国是有机进口商最多的国家(1 944家)。

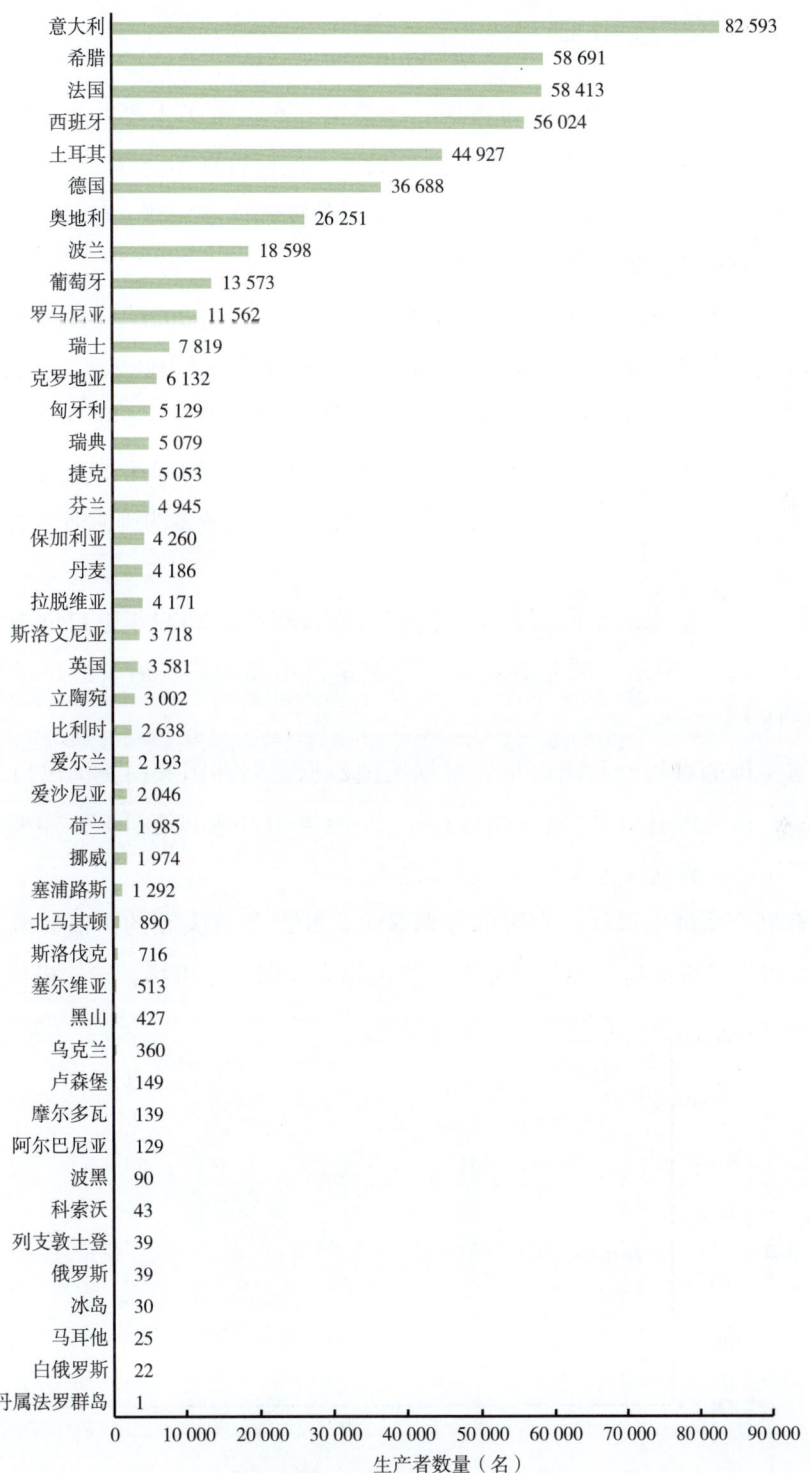

图7-14 2022年欧洲各国家（地区）有机生产者数量

（数据来源：2024年FiBL-AMI调查）

7.2.5 有机产品进出口

欧盟作为全球第二大单一有机市场，已经第五次提供了主要有机进口产品和主要进口国的数据。此外，美国提供了其出进口数据（包括数量和金额），但尚未覆盖所有品类。部分欧洲国家提供了进出口额数据。由于数据统计不完整，很难推断出欧洲和欧盟的进出口总额和增长率。

进口量：2022年，欧盟共进口了273万吨的有机农产品，较2021年下降5.1%（图7-15）。

进口国：欧盟进口量最大的国家是荷兰（2022年进口量为100万吨），其次是德国和法国。需要注意的是，大部分进口到德国的有机产品被再次销往其他欧盟国家（图7-16）。

供应国：厄瓜多尔是欧盟最大的有机农产品供应国，2022年供应量为35万吨，超过欧盟有机产品进口总量的10%（图7-17）。供应量增长最多的国家是多哥，增加了近6万吨（主要是大豆）。

产品品类：热带水果是欧盟最重要的有机进口产品，2022年进口量为90万吨（占进口总量的1/3，其中最多的是香蕉），其次是饼粕和大豆，后者进口量增长了超过46%（图7-18）。

欧洲对美国的有机产品出口量：根据美国数据，欧洲国家向美国出口了至少28万吨有机产品，占美国有机进口总量的13%，其中约6万吨来自土耳其。需要注意的是，美国有机产品进口数据仅包含部分产品及品类。

欧洲有机产品进出口额：有限的数据显示，2021年意大利的出口额最高（29亿欧元），法国的进口额最高（28亿欧元），德国作为欧洲最大市场，未能提供相关数据。

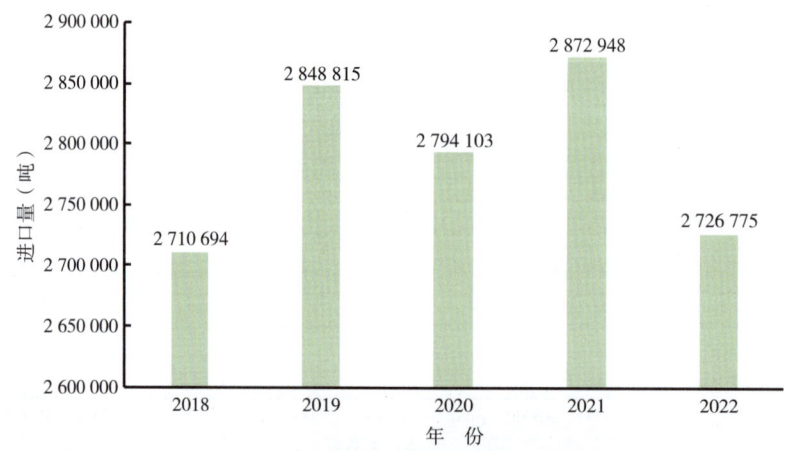

图7-15　2018—2022年欧盟有机产品进口发展情况
（数据来源：TRACES/欧盟委员会调查）

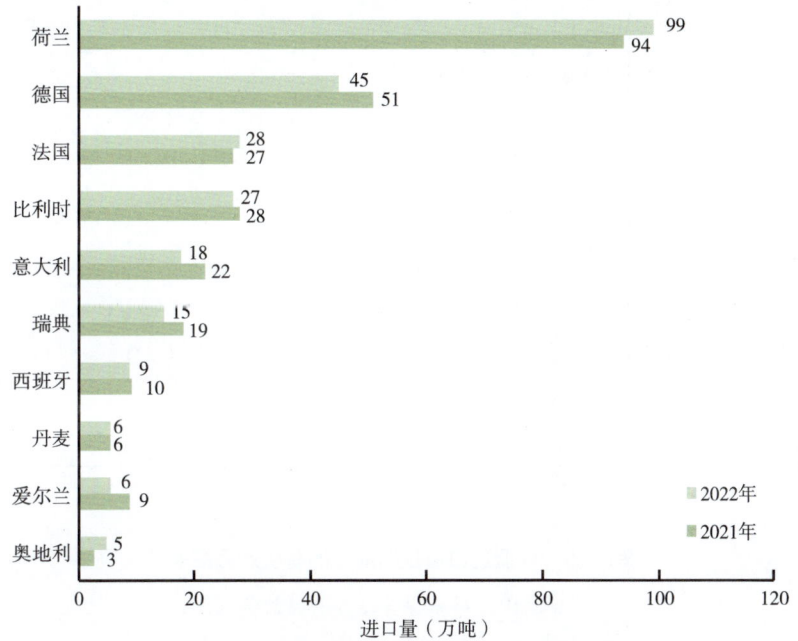

图7-16 2021—2022年欧盟有机产品进口量位列前十的国家（地区）

（数据来源：TRACES/欧盟委员会调查）

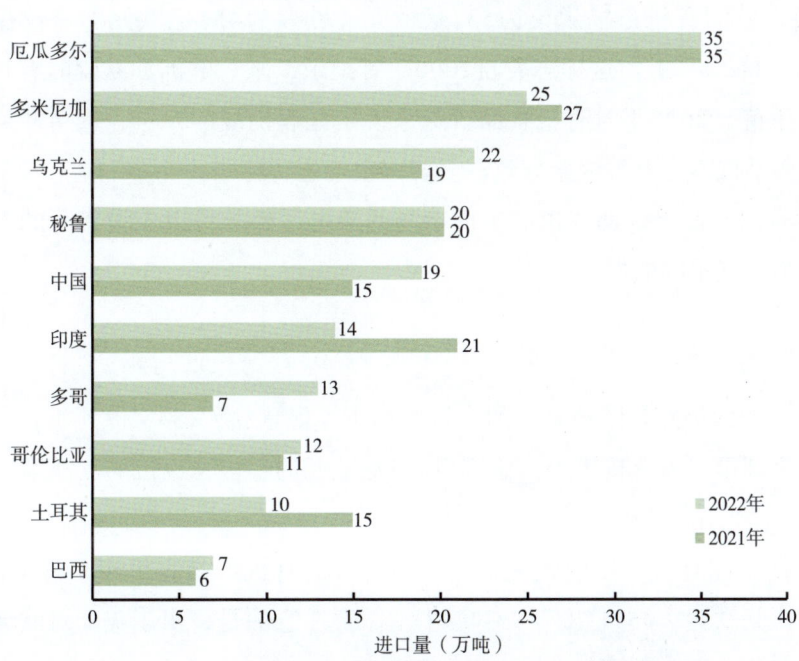

图7-17 2021—2022年欧盟从各国家（地区）进口情况

（数据来源：2024年FiBL-AMI调查）

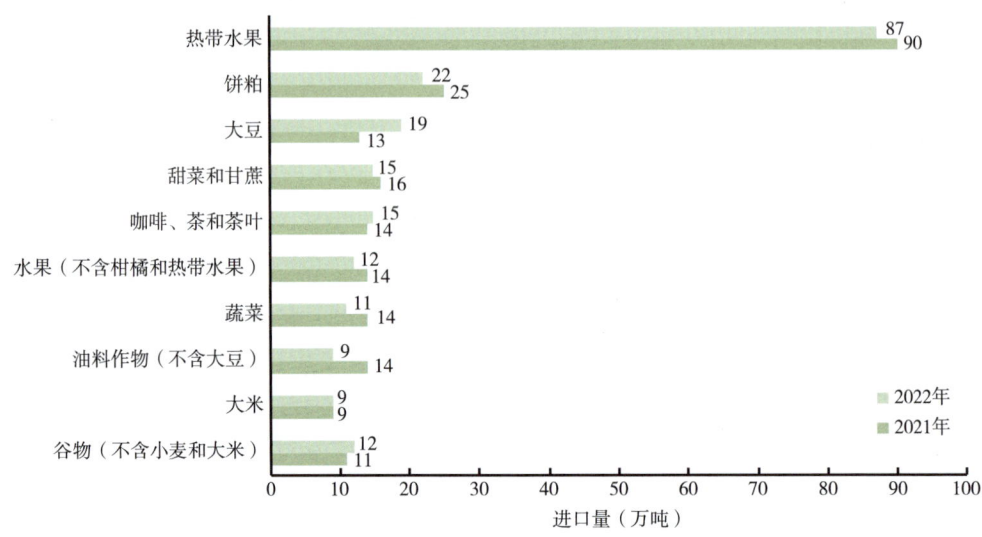

图7-18　欧盟进口量位列前十的有机产品品类

（数据来源：TRACES/欧盟委员会调查）

7.2.6　有机产品零售额

2022年，欧洲有机市场规模为531亿欧元（欧盟为451亿欧元），较往年下降了2.2%（欧盟下降2.8%）。这标志着自2000年有记录以来，欧洲和欧盟的有机产品零售额首次出现下降。2022年对有机食品行业来说是充满挑战的一年，俄乌冲突、高昂的能源成本、生活成本上升等因素导致许多国家出现通货膨胀。

并非所有国家都能定期提供其国内市场的数据，由此可以假设实际的有机市场规模要大于本书所展示的数据。

7.2.6.1　有机市场规模

2022年，德国仍然是欧洲最大的有机市场（零售总额为153亿欧元），同时也是仅次于美国的全球第二大有机市场。法国以121亿欧元的零售总额位居欧洲第二（图7-19和图7-20）。

美国占据全球有机市场的领先地位，有43%的有机产品零售额来自美国（586亿欧元），其次是欧盟（451亿欧元，34%）。需要注意的是，由于美元对欧元的汇率走强，欧盟在全球有机市场的占比较往年有所下降。

从区域来看，欧洲占全球市场的39%（531亿欧元），北美洲占48%（644亿欧元）。在与往年数据比较时，同样需要考虑欧元对美元汇率波动的问题。

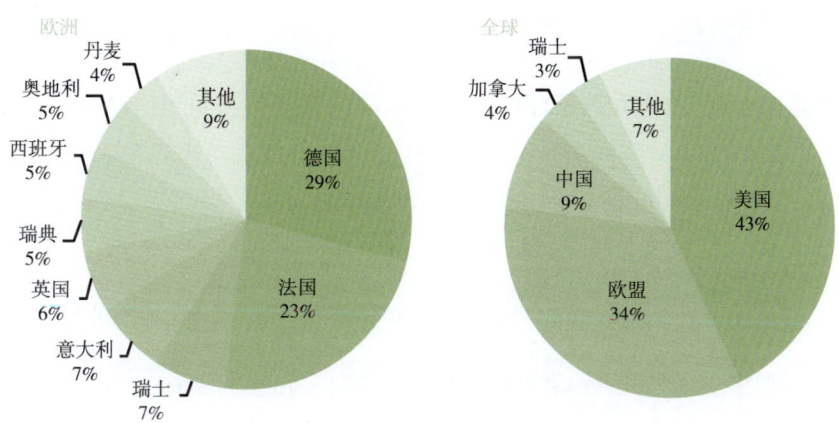

图7-19 2022年欧洲各国家（地区）零售额和全球单一市场零售额分布情况
（数据来源：2024年FiBL-AMI调查）

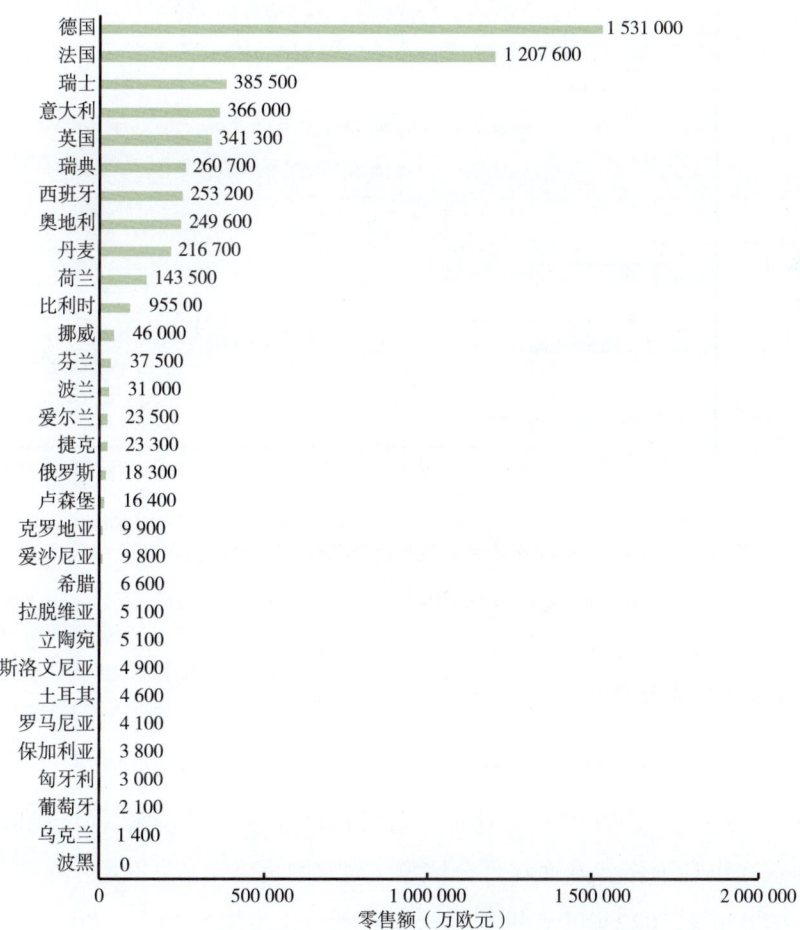

图7-20 2022年欧洲各国家（地区）零售额情况
（数据来源：2024年FiBL-AMI调查）

7.2.6.2 有机市场份额

有机食品的市场份额反映了有机市场在该国的重要性。同往年类似，2022年丹麦仍然是有机市场份额最高的欧洲国家（12.0%，也是全球有机市场份额最高的国家），其次是奥地利（11.5%）和瑞士（11.2%）（图7-21）。

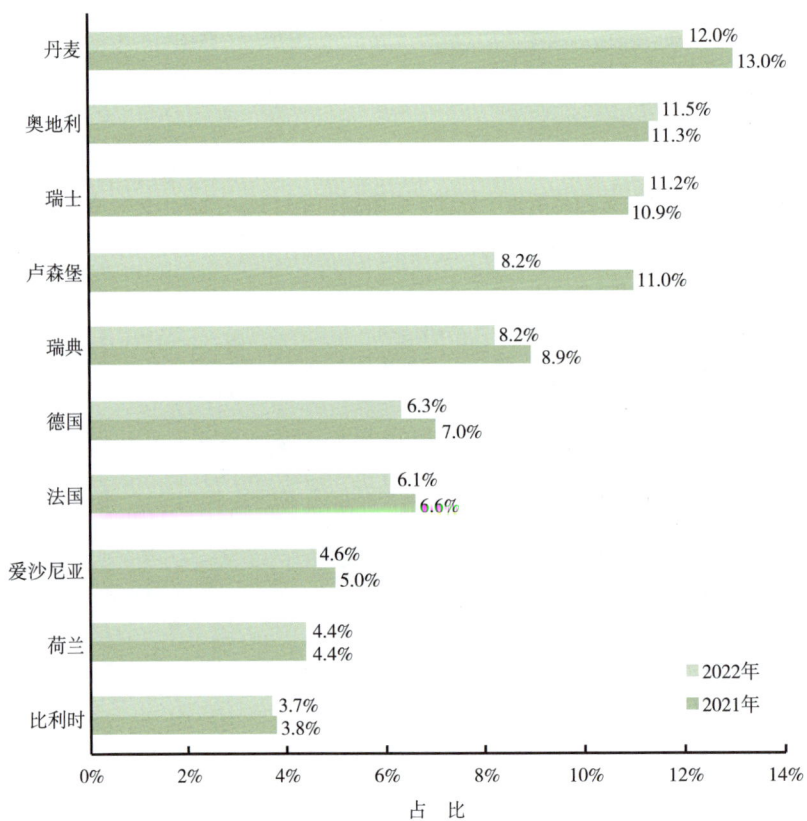

图7-21 2021—2022年欧洲有机产品零售额占比最高的国家（地区）

（数据来源：2024年FiBL-AMI调查）

7.2.6.3 有机市场的增长

2022年，欧洲的有机零售总额为530.7亿欧元（欧盟为451.0亿欧元），下降了2.2%（欧盟下降了2.8%）（图7-22）。这标志着自2000年有记录以来，欧洲和欧盟的有机产品零售额首次出现下降。然而在部分国家，如爱沙尼亚（6.0%）、荷兰（4.4%）和奥地利（4.1%），其2022年的有机零售总额有所增长（图7-23）。2013—2022年，欧洲和欧盟的有机零售总额增长超过1倍。

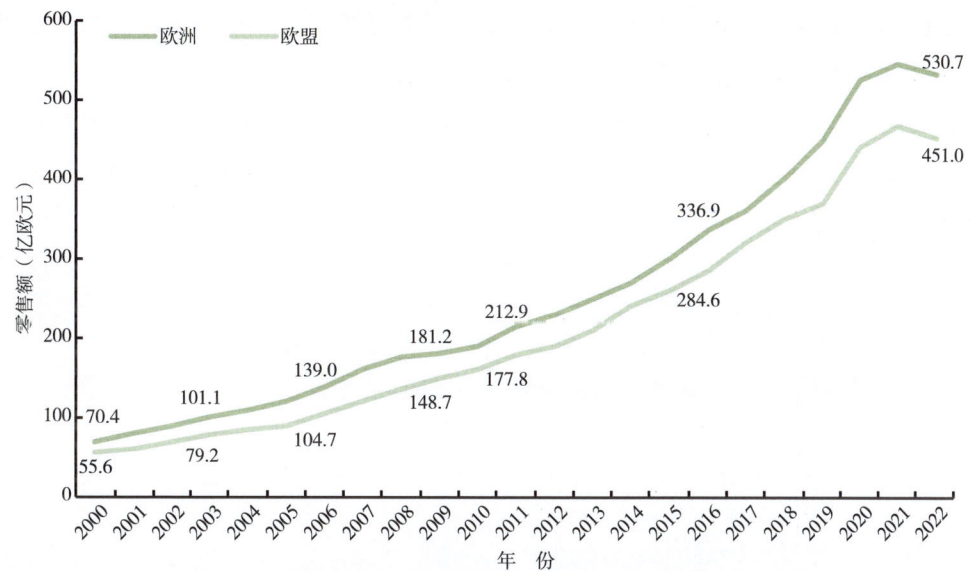

图7-22 2000—2022年欧洲和欧盟有机产品零售额增长情况

（数据来源：2004—2024年FiBL-AMI调查）

注：因部分年份数据不精准，故图中未标注其数值。

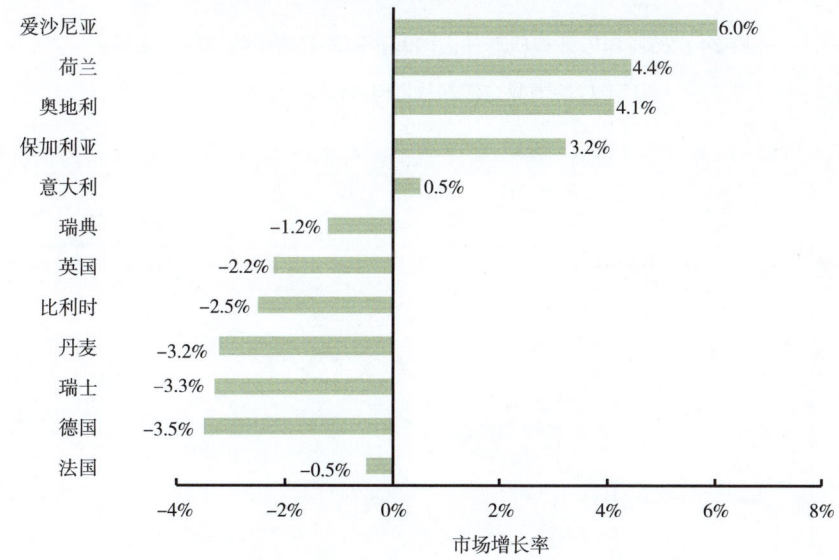

图7-23 2022年欧洲有机市场增长率最高的国家（地区）

（数据来源：2024年FiBL-AMI调查）

7.2.6.4 有机食品人均消费

和往年一样，2022年欧洲有机食品人均消费额最高的国家是瑞士（437欧元），其次是丹麦（365欧元）。瑞士也是全球有机食品人均消费额最高的国家。2022年，欧洲有7个国家有机食品人均消费额超过100欧元（图7-24）。

近年来有机食品人均消费额的增长充分证明了消费者对有机食品的兴趣持续升温，尽管其数据在2022年有所下降。欧洲的有机食品人均消费额达到64欧元，欧盟则达到102欧元（图7-25）。

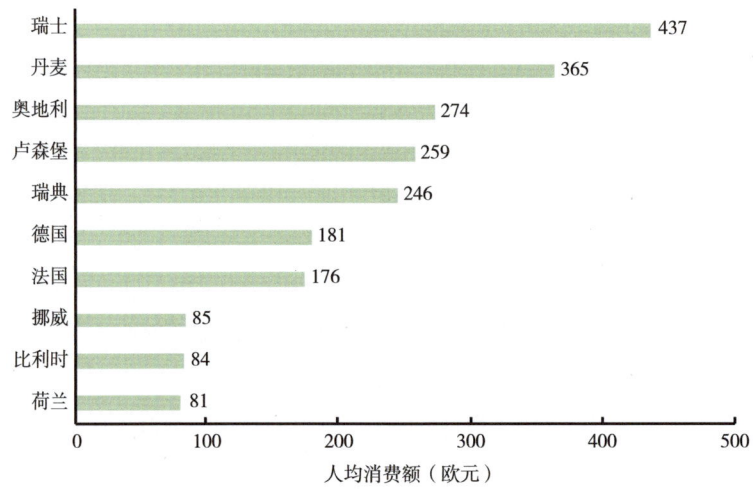

图7-24　2022年欧洲有机产品人均消费额位列前十的国家（地区）

（数据来源：2024年FiBL-AMI调查）

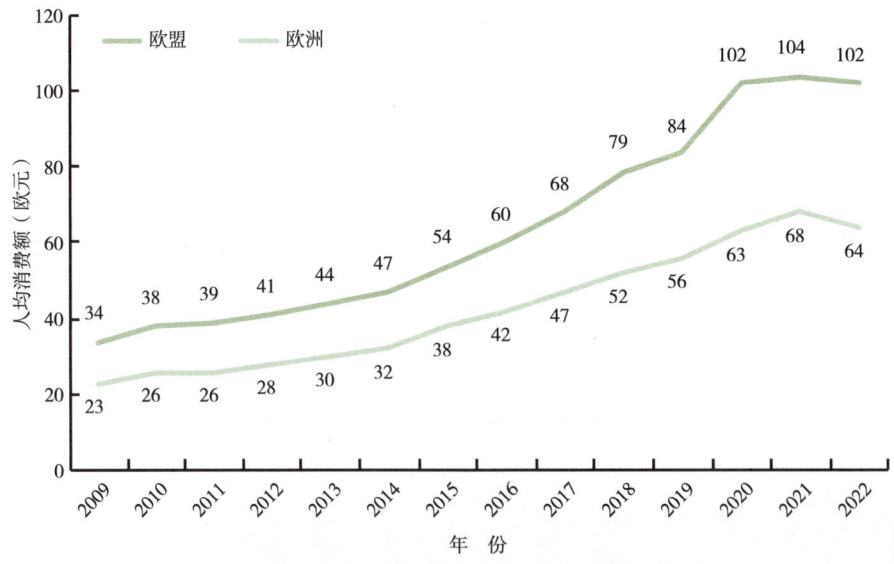

图7-25　2009—2022年欧洲及欧盟人均消费额发展情况

（数据来源：2024年FiBL-AMI调查）

7.2.6.5 有机产品及类别与整体市场的比较

尽管有机食品的市场份额是一个重要指标，但同时也需要关注单一品类所占据的市场份额。在许多国家，有机鸡蛋在零售市场中占据了惊人的比例，是单一有机产品的成功零售案例之一。丹麦和瑞士市场上销售的鸡蛋（以价值计量）超过30%为有机鸡蛋。从品类来看，有机蔬菜水果始终维持了最高的市场份额，在许多国家超过10%。

7.2.6.6 有机农业的营销渠道

部分国家提供了根据营销渠道细分的零售数据。有机市场整体数据中会尽可能地减掉餐饮销售数据。图7-26表明，不同零售营销渠道（不包括餐饮及膳食服务）的重要性因国家而异。常规零售店（包括折扣店）在2018—2022年的增长最为强劲。部分国家的常规零售店销售额有所下降，但大部分提供了数据的国家的折扣店销售额有所上升。

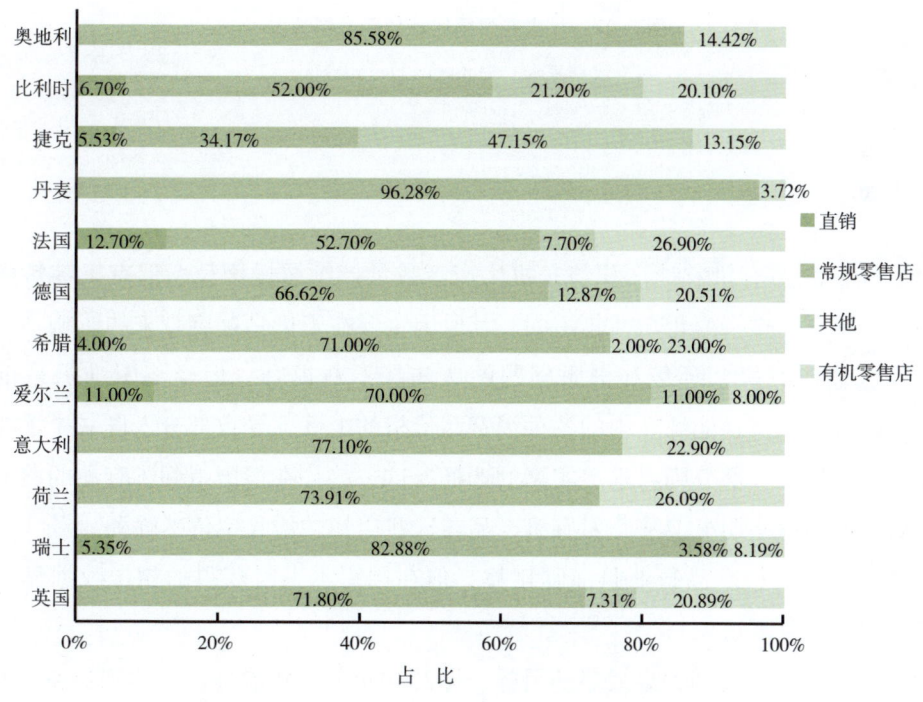

图7-26　2022年欧洲部分国家的有机产品销售渠道

（数据来源：2024年FiBL-AMI调查）

值得注意的是，相较于零售额，2022年部分国家的有机餐饮销售额增长更为强劲。鉴于2021年全球仍受到新冠疫情的影响，2019年和2022年的数据对比更具代表性。丹麦的有机餐饮销售额在2019—2022年大幅增长了18%，超过了同期零售额9.2%的增幅（图7-27）。尽管许多国家的有机餐饮及膳食服务销售数据有限，但在丹麦观察到的趋势表明，在法国、英国等其他国家或许也出现类似的趋势。

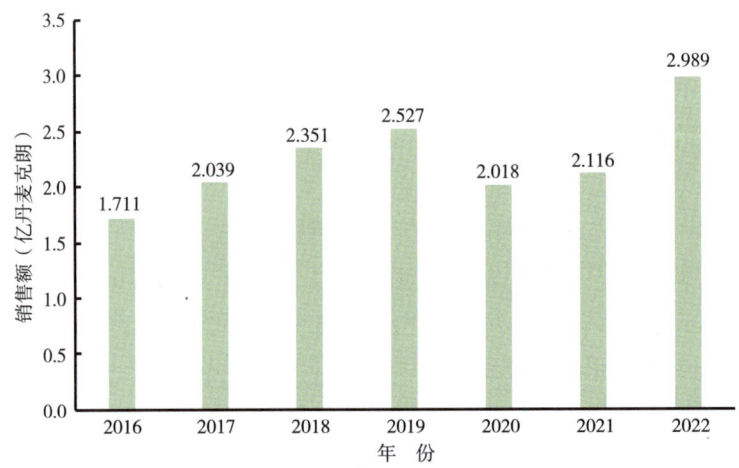

图7-27　丹麦有机餐饮销售额发展情况

（数据来源：Statistics Denmark）

7.2.7　展　望

2022年，欧盟有机农地面积与有机生产者数量持续缓慢增长，但有机零售额和进口量则有所下降。这一变化与往年不同，其原因主要在于俄乌冲突带来的影响。

尽管人们对有机、环境和健康问题的认知在不断提升，但经济困难仍是重中之重。收入的减少和包括能源在内的各种消费品价格的上涨，导致部分人群减少了在有机产品上的花销，另一部分则寻求更实惠的选择。这一趋势在德国得到了有趣的验证：尽管折扣店的商品价格明显上涨，但有机产品在这些店铺的增长率依然强劲。

展望未来，有机食品行业将面临挑战，但在撰写本书时获得的初步数据显示，部分市场展现出了复苏迹象。

为了实现欧盟农场到餐桌战略的目标，即2030年前有机农地占比达到25%，需要及时采取适当的支持措施。

7.2.8　致　谢

本部分的部分数据收集工作由欧盟OrganicTargets4EU项目完成，该项目由欧盟（批准号101060368）和瑞士联邦教育科研与创新国务秘书处（SERI）（批准号22.00155）资助。本部分的观点和意见仅代表笔者个人，并不代表欧盟、欧洲研究执行机构（REA）或瑞士联邦教育科研与创新国务秘书处（SERI）的观点和意见。欧盟或任何其他授权机构均不对此负责。

此外，本部分的部分数据来源于欧洲有机数据网络项目（Organic Data Network）。欧盟根据研究、示范和技术发展第七框架向欧洲有机数据网络项目提供了资金支持（第289376号批准协定）。笔者向所有为本部分内容提供数据和信息的人员致以衷心感谢。

8 拉丁美洲和加勒比海地区有机农业现状

8.1 拉丁美洲和加勒比海地区有机农业发展动态①

8.1.1 欧盟有机法规和美国国家有机计划的变化

2023年，拉丁美洲和加勒比海地区有机生产面临的主要挑战之一是其主要出口市场欧盟和美国的法规变化。

在拥有多元市场的出口国，经营者必须遵循多项有机法规。即便两者都在美国进行销售，哥斯达黎加的生产者要比美国的生产者在有机生产方面受到更多限制。由于同时销往多个市场能够降低风险，拉丁美洲的生产者尝试遵守所有的有机法规，以便在欧洲、日本、韩国或美国市场打开销售窗口。因此，尽管其中部分法规可能每5年才变更一次，但这些额外增加的变化都可能加重生产者的负担。法规修订固然重要，但也需考量其对行业的影响，尤其是不应使这些变更过于频繁。正如某次认证检查中，笔者向一

---

① 本部分作者为Gabriela Soto；翻译为正谷（北京）农业发展有限公司吴子男。

位尼加拉瓜的咖啡生产者解释一项法规变动时，他说道："你们每次来都把我的手绑得更紧，然后要求我用双手去耕作。"

8.1.2 种植者团体认证要求的变化

有机法规的主要变化之一是种植者团体的认证要求。尽管自2000年起，种植者团体的监管已被纳入该地区的国家法规（包括哥斯达黎加、尼加拉瓜、洪都拉斯、危地马拉、墨西哥、哥伦比亚、厄瓜多尔和秘鲁），但这是首次被纳入美国和欧盟的法规中。最近增加的大多数要求在该地区的国家法规中已实施数年，如建立内部控制系统（ICS）、强制可追溯性，以及质量平衡操作等。

根据美国国家有机标准委员会（NOSB）2002年的建议，国家有机计划（NOP）的《加强有机执法》（SOE）条例[①]就种植者团体部分新增了一些内容，相关人员普遍认为这不会影响已遵守国家条例运营的群体。然而，欧盟法规的变化，特别是对种植者团体的定义（欧盟2018/848号法规第36.1 [d] 条款，即具有法人资格），以及其对2023年常见问题[②]的说明已经对有机行业产生了负面影响。

若要了解这一变化如何实际影响种植者团体，可以回顾哥斯达黎加的两个案例：甘蔗和咖啡。该国在教育和培训上投入了大量时间和资源，说服大型咖啡和甘蔗合作社接受并推广有机农业。大约2019年，部分大型合作社最终决定组织由40～50位有机生产者组成的小型经营者或种植者团体。其影响很快显现出来，合作社的推广员需要准备病害管理和植物营养管理的备选方案。相关部门也向传统农民说明了这些新策略，他们开始实施更加可持续的耕作方法。即使是一小群有机农民，也能帮助传统生产者改善方法。然而，2023年哥斯达黎加政府向两家合作社通报了欧盟有机法规的变化，于是这两家合作社都停止了有机认证，并解散了有机小组。

设立一个新的法人实体并非易事，合作社需要向其成员解释这一变化。相关工作通常需要在全体会议上进行，通过投票来分拆组织以设立新的法人实体。新设立的法人

[①] 《加强有机执法》（SOE）是美国农业部自2002年以来对有机法规进行的最大一次更新，于2024年3月19日生效。这次全面更新将影响有机食品供应链的方方面面，其中生产商和加工商将经历最重大的变化。新的SOE规则要求几乎所有有机产品的生产商和加工商获得有机认证，以继续在其产品上使用美国农业部有机印章。这与以前的有机法规相比有了明显的变化，以前的有机法规对有机产业的这一部分几乎没有监督。欲了解更多信息，请访问OCIA网站https://ocia.org/2023/10/27/faq strengthening-organic-enforcement/。

[②] 欧盟委员会2023年在欧盟委员会网站上发布了《关于有机法规的常见问题》，详见https://agriculture.ec.europa.eu/system/files/2023-11/organic-rules-faqs_en.pdf。

实体必须注册为独立的法人，以支付税款、卫生许可证和地方政府许可证。然后，合作社必须为每个法人实体分别举办全体会议。这一切都将花费时间和资源，需要花费大量的额外费用并办理许可证。成为一个独立的法人需要做许多工作。在甘蔗和咖啡合作社的案例中，合作社成员认为这么做不值得，因此解散了有机团体。

另一个例子是哥斯达黎加原住民区域的一个生产者协会，该协会已成立30年，主要由Bribri和Cabecar族原住民成员组成，他们以有机方式种植香蕉和可可。尽管当地语言并没有"记录"或"认证"之类的词汇，但他们自1995年起就已经获得有机认证，因此这些词现在已被普遍使用。最新法规的变化迫使他们拆分了现有组织。只有少数成员属于传统生产者，但由于农场靠近大型传统香蕉种植园，穿过这些种植园的河流季节性洪水影响了该协会的土地，致使其无法获得有机认证。该协会组织了一次全体会议，试图向生产者解释这一新要求，但结果不出所料：绝大多数人都无法理解，导致该协会的主席、董事会成员以及内部控制体系的所有人都被免职。这场危机对该协会造成了极大的削弱。拥有能够进行国际市场营销的本土生产者协会，是大量投资所取得的重要成功，而目前临近崩溃点的局势，对所有相关人员来说都是巨大的打击。

此外，还有一个近期的案例，涉及一家种植多种作物的大型合作社，包括菠萝、香蕉、咖啡和生姜。这家合作社的有机生产者数量高于传统生产者数量，导致合作社分裂成两个独立的团体。据该合作社总经理估计，这一分裂过程的成本达到了20 000美元（约合19 000欧元），几乎使该组织面临破产。

所有这些来自哥斯达黎加的案例都表明，2023年实施的有机种植者团体必须拥有独立法人实体的要求对有机生产造成了严重影响。不仅是有机生产本身，其对农民的福祉也是巨大打击。因此，可以预测欧盟的这项有机新规将给全球有机生产带来负面影响。

8.1.3　有机行业的国际协议

2023年2月，加拿大和墨西哥签署了谅解备忘录，承认彼此的有机法规具有同等效力，包括植物产品、加工食品、畜牧和畜牧产品。

阿根廷和哥斯达黎加正在与欧盟重新谈判第三国协议，原协议将于2026年12月到期。在最近一次美洲有机农业委员会（CIAO）会议上，阿根廷通报称，他们正在编写种植者团体的定义和要求，以符合欧盟的（EU）2018/848条例。

第三国协议对各国有机行业的形象和当地认证机构的认证成本具有积极意义。不过，新协议仍有改进空间。例如，自2002年以来，由于与欧盟的协议，哥斯达黎加禁止进口有机产品并在本国销售，致使该国有机产业发展放缓。阿根廷也出现了类似的情况。

8.1.4 美洲有机农业委员会生产主管机构会议

2023年10月，美洲有机农业委员会生产主管机构会议在多米尼加召开，西班牙、加拿大、美国以及葡萄牙的Agrobio等组织参与了本次大会。美洲有机农业委员会（CIAO）主任罗梅尔·贝坦库尔提出了一些共同关注的问题，包括欧盟有机新规或将拆散生产者组织从而瓦解其所取得的重大成就，有助于有机生产的相关研究尚有不足，以及CIAO作为一个团体进行谈判时所具有的优势。

事实证明，集体谈判策略有利于解决某些困难，如与欧盟风险清单相关的问题。此清单涵盖各种产品，包括柑橘和咖啡，并涉及多个国家。集体谈判策略的目的是在整个过程中提高透明度。

8.1.5 预计该地区有机生产将减少

2023年，对几家认证机构的咨询调研表明，欧盟新规对种植者团体的影响将不言而喻。许多团体将停止欧盟认证，转而专注于美国市场，或完全退出有机行业。

多年来，有机行业从其严格的管控中受益匪浅。但重要的是，管控策略必须足够明智，以确保不会阻碍有机行业本身，以及全球农村社区的发展。

8.2 美洲有机农业委员会[①]

8.2.1 美洲有机农业委员会概况

美洲有机农业委员会（CIAO）是由美洲各国农业部长通过美洲农业合作研究所（IICA）创建的专门机构，旨在促进美洲有机产品的生产和贸易、加强该地区的有机农业实践，已成为成员国与国际有机行业主要参与者间开展合作的基本支柱。

CIAO在促进和加强美洲有机农业实践方面发挥着重要作用，其主要活动包括推广该地区有机产品的生产、加工、营销和消费，旨在提升生产者和消费者对有机产品益处的认知。此外，它还致力于协调各国之间的法规，确保其拥有一致的质量标准，从而促

[①] 本部分作者为Gabriela Lacaze和Juan Manuel Gámez；翻译为正谷（北京）农业发展有限公司吴子男。

进贸易。该组织还提供培训和技术援助，组织讲习班和研讨会，对有机生产链中的主要参与者进行培训，并提供技术支持以改进生产和认证体系。它是各国交流经验和知识的平台，同时寻求与国际组织结盟，以加强有机农业在全球的地位。

CIAO由来自美洲19个国家的成员国代表组成，负责监管和推广工作，确保各国能够积极且公平地参与决策。这种民主结构使不同规模或发展水平的所有国家，都能在制定政策和行动时拥有发言权和投票权。西班牙和葡萄牙也作为常驻观察员加入了CIAO。此外，CIAO与国际有机行业的主要参与者保持着多项合作协议，包括FiBL瑞士有机农业研究所和IFOAM国际有机农业运动联盟。

CIAO是促进和发展美洲有机农业的重要机构，通过其各种职能和活动，努力确保以可持续、公平且环境友好的方式开展有机产品的生产与贸易，其工作体现了该地区各国对更绿色、更可持续的未来的承诺。

8.2.2　FiBL瑞士有机农业研究所与美洲有机农业委员会关于数据收集的谅解备忘录

2019年，FiBL瑞士有机农业研究所与美洲有机农业委员会（CIAO）签署了一份谅解备忘录，涵盖各自在全球有机农业监测方法、数据工具及分析产品传播方面的职权。该协议包含了关于全球有机农业统计原则的信息交换。

这种伙伴关系确保了FiBL在本书中发表的有关CIAO成员国的信息能够作为受到有机农业监管机构认可的官方数据。CIAO成员国将FiBL的工作视为收集、整理、分析及发布标准化全球有机生产数据的唯一全球参考。他们高度重视这些信息，将其视为各自国家内部工作的基本资源，并对FiBL年度数据收集工作的贡献表示高度满意。

8.3　拉丁美洲和加勒比海地区有机农业数据[①]

8.3.1　2022年，拉丁美洲和加勒比海地区有约954万公顷有机农地，阿根廷的有机农地面积最大

2022年，拉丁美洲和加勒比海地区有约954万公顷的有机农地，全球9.9%的有机农

---

① 本部分作者为Jan Trávníček、Bernhard Schlatter和Helga Willer；翻译为正谷（北京）农业发展有限公司吴子男。

地位于该地区。

阿根廷是该地区有机农地面积最大的国家（近410万公顷），其次是乌拉圭（超过270万公顷）、巴西（近100万公顷）和墨西哥（超过40万公顷）。该地区超过86%的有机农地位于这4个国家。

8.3.2 乌拉圭的有机农地占比最高

2022年，拉丁美洲和加勒比海地区的有机农地面积占该地区农地总面积的1.3%，低于2022年全球有机农地占比（2.0%）。有机农地占比最高的国家（地区）是乌拉圭（19.6%），其次是多米尼克（11.6%）和法属圭亚那（11.1%）。

8.3.3 有机农地面积增加近5.3万公顷

2022年，拉丁美洲和加勒比海地区的有机农地面积比2021年增加了近5.3万公顷（增长0.6%）。2013—2022年的10年间，该地区的有机农地面积增长了42%，较全球有机农地面积的增长速度慢了许多。

8.3.4 主要农作物是咖啡、可可和谷物

2022年，拉丁美洲和加勒比海地区只有6.3%的有机农地用于种植季节性作物（604 459公顷），主要作物是谷物（143 711公顷，主要位于玻利维亚）、甘蔗（91 553公顷，主要位于巴拉圭和阿根廷）和油料作物（57 038公顷，主要位于玻利维亚）。

多年生作物的种植面积约占该地区有机农地总面积的10.7%，主要的作物是咖啡（421 965公顷，主要位于秘鲁、墨西哥和哥伦比亚）、可可（200 760公顷，主要位于多米尼加和秘鲁）以及热带和亚热带水果（102 446公顷，主要位于墨西哥、厄瓜多尔、多米尼加和秘鲁）。

该地区近75%的有机农地是多年生草场（牧区），面积为7 120 297公顷，主要分布在阿根廷、乌拉圭和巴西。这3个国家的有机多年生草场（牧区）面积占该地区有机草场总面积的97.2%。

8.3.5 有机生产者、加工商和进口商

2022年，拉丁美洲和加勒比海地区有超过270 000名有机生产者，其中秘鲁的有机

生产者数量最多，为107 868名。全球6%的有机生产者位于该地区。相较于2021年，该地区有机生产者数量减少了8 174名（下降2.9%）。该地区共有1 178家出口商和9 658家加工商。

8.3.6 有机零售额数据几乎无从考证

该地区的有机零售数据几乎无从考证，然而，这并不意味着该地区没有有机产品市场，许多国家正在开发本土市场。

8.3.7 欧盟和美国超过56%的进口有机产品来自拉丁美洲和加勒比海地区

欧盟是该地区的主要出口市场。自2018年以来，能够获取其对欧盟的有机出口量数据。该地区对美国的出口数据自2014年起就可查阅，然而，美国的有机进口数据并未涵盖所有品类。

数据显示，2022年拉丁美洲和加勒比海地区向欧盟和美国出口了近280万吨有机产品，占欧盟和美国有机产品进口总量的56.4%。2018—2022年的5年间，该地区的出口量增长了超过25.8%，增速远高于全球同比数据，后者在同一时期仅增长了9%。

8.3.8 厄瓜多尔是最大的出口国

2022年，拉丁美洲和加勒比海地区最大的出口国是厄瓜多尔（出口量超过593 000吨，其中94%为香蕉），其次是墨西哥（出口量近536 000吨，主要是香蕉、蔬菜和牛油果）和秘鲁（出口量近344 000吨，主要是香蕉和咖啡）。

8.3.9 香蕉是最主要的出口产品

香蕉是该地区最主要的出口产品类别，2022年出口量超过1 208 000吨，占该地区有机产品出口总量的近44%，其次是糖（400 467吨）和咖啡（187 530吨）。

8.3.10 相关数据图

关于拉丁美洲和加勒比海地区有机农业的更多信息，请参阅图8-1至图8-6。

8 拉丁美洲和加勒比海地区有机农业现状

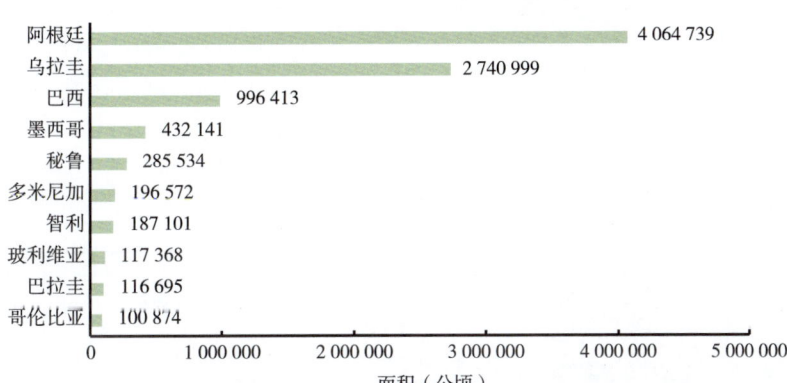

图8-1　2022年拉丁美洲和加勒比海地区有机农地面积位列前十的国家（地区）

（数据来源：2024年CIAO-FiBL调查）

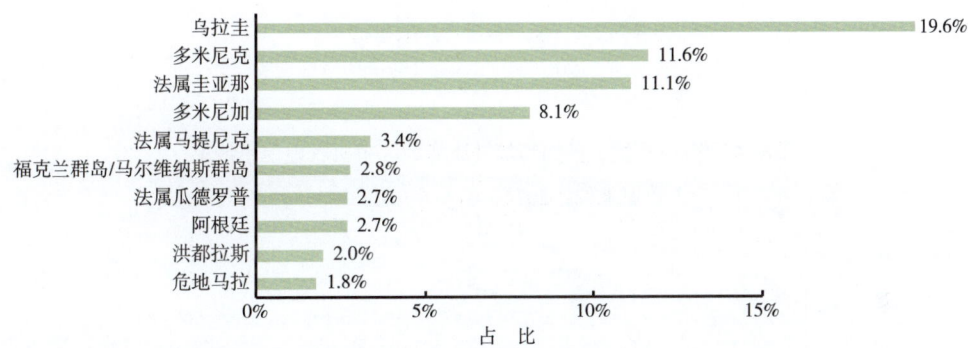

图8-2　2022年拉丁美洲和加勒比海地区有机农地占比位列前十的国家（地区）

（数据来源：2024年CIAO-FiBL调查）

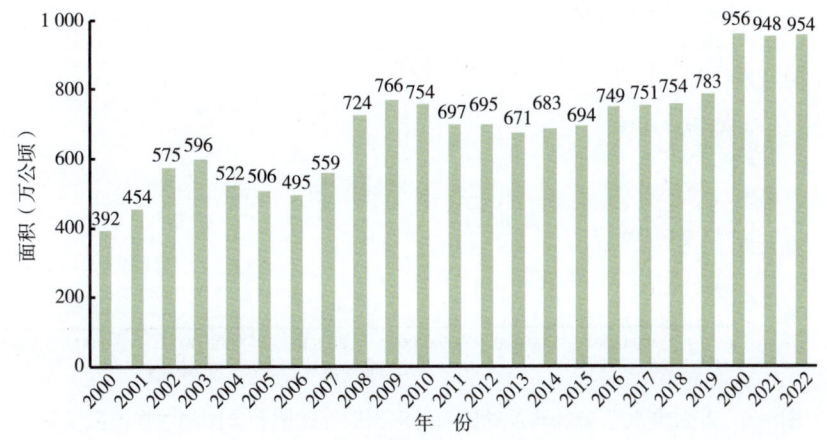

图8-3　2000—2022年拉丁美洲和加勒比海地区有机农地面积发展情况

（数据来源：2002—2024年CIAO-FiBL-IFOAM-SOEL调查）

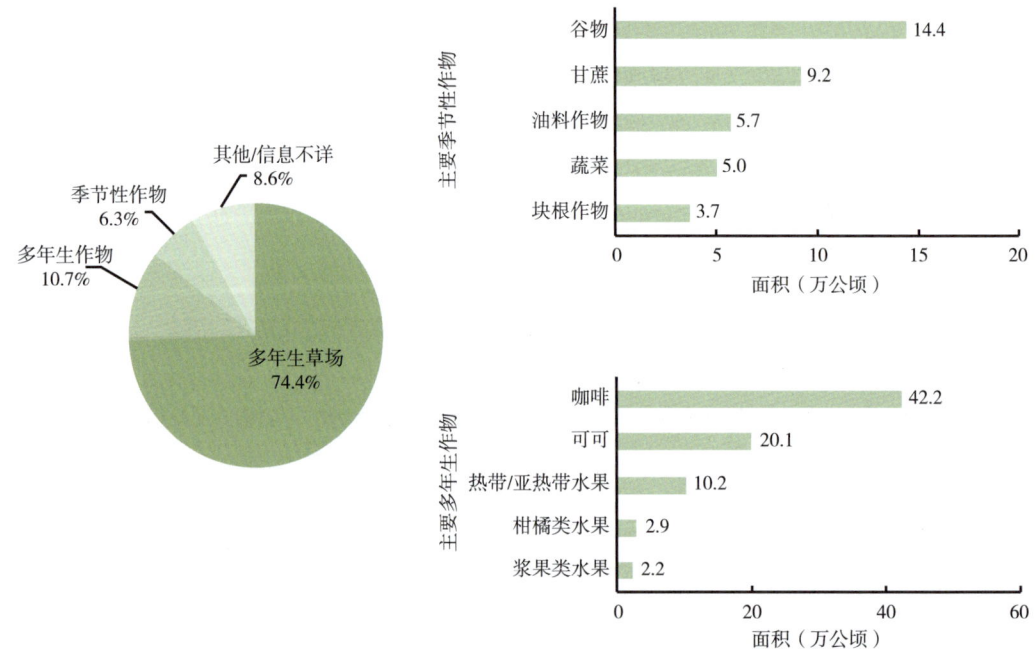

图8-4 2022年拉丁美洲和加勒比海地区有机农地使用情况

（数据来源：2024年CIAO-FiBL调查）

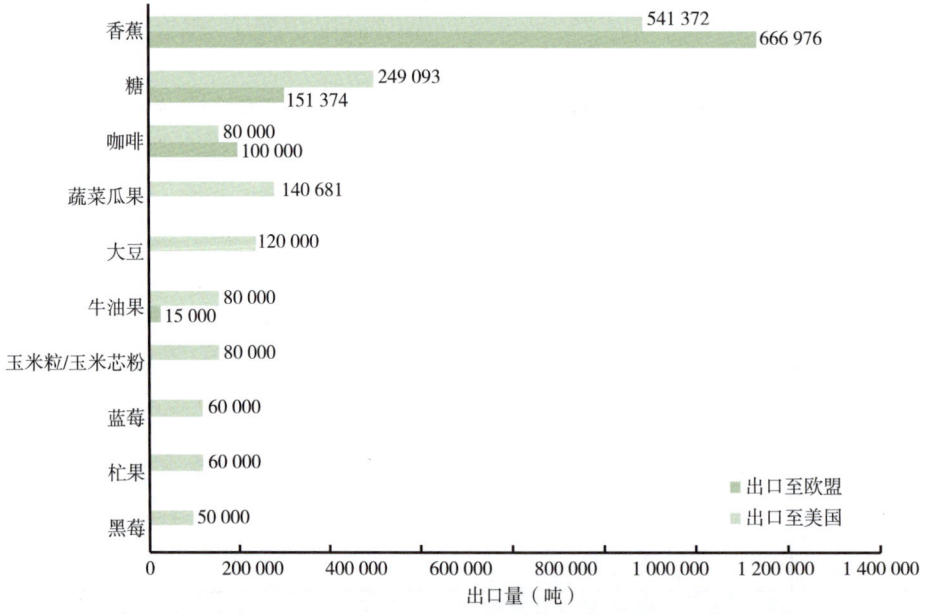

图8-5 2022年拉丁美洲和加勒比海地区出口至欧盟和美国的主要产品类别

（数据来源：GATS/USDA/TRACES/欧盟委员会调查）

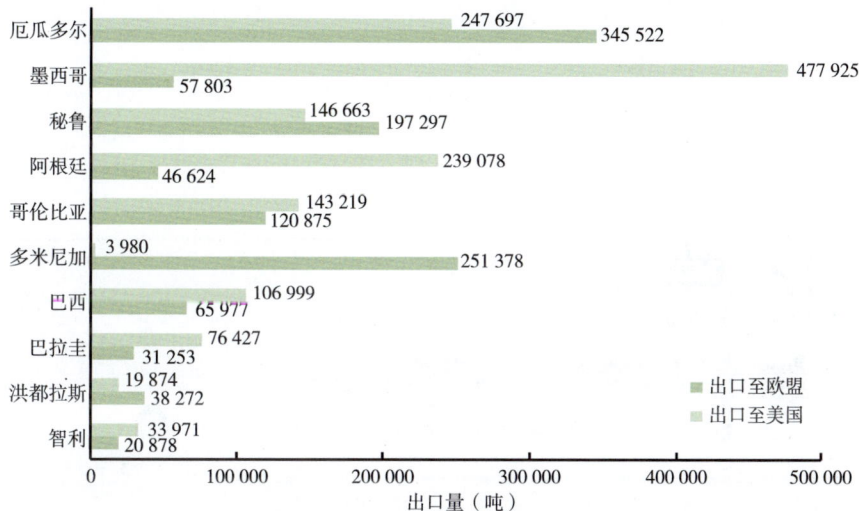

图8-6 2022年拉丁美洲和加勒比海地区对欧盟和美国的主要出口国家（地区）

（数据来源：GATS/USDA/TRACES/欧盟委员会调查）

9 北美洲有机农业现状

9.1 美国有机农业发展动态①

9.1.1 美国有机产业取得期盼已久的成就

2023年对美国有机行业而言是一个多事之年。这一年的头等大事是两场艰苦卓绝的历史性监管胜利，每场胜利都将加强有机标准，巩固消费者对有机产品的信任，并有助于继续推进有机行业的发展。同时，立法日程也很繁忙，关于新农业法案的辩论愈演愈烈，各种支持有机的法案也相继出台。此外，在支持有机农业的领导层的指导下，以及2022年宣布的"有机过渡倡议"的推动下，美国农业部实施或扩大了一系列有助于有机产业发展的倡议。

9.1.2 美国农业部加强对有机供应链的监管

有机系统中的欺诈行为无论发生在哪里，都会损害整个有机行业，影响消费者对

---

① 本部分作者为Maggie McNeil；翻译为正谷（北京）农业发展有限公司张友廷。

有机产品的信任。2023年1月18日，美国农业部宣布了一项广泛而全面的法规《加强有机执法》（SOE）条例，以调查和阻止有机欺诈行为，维护整个供应链的有机完整性。

这项历史性的新法规（长达282页）将对有机行业产生重大而深远的影响，也是自美国农业部创建国家有机计划（NOP）以来对有机法规作出的最大修改。该法规弥补了现行有机法规的不足，建立了一致的认证实践，以防止欺诈行为，提高有机产品的透明度和可追溯性。该新法规将影响所有经认证的经营机构和认证机构，以及许多目前尚未获得有机认证的有机供应链参与者。经营机构和认证方必须在2024年3月19日前遵守新要求，包括目前已获认证和未获认证的经营机构，都必须根据该法规的最终规则获得认证（如进口商、出口商、某些经销商和贸易商）。

该规则中最重要的一些具体内容如下。

要求供应链中更多的相关方获得认证：该规则明确规定，贸易商、进口商、未包装产品的仓库、分销商和经销商，或任何在零售店处理散装有机产品的人都需要获得有机认证。以密封、防篡改包装储存或销售给零售商的产品，以及运输者、报关行和零售商均可获得豁免。

要求进口证书：所有进口到美国的有机产品都需要有出口商认证机构签发的进口证书作为证明文件，该证书将被录入美国海关总署的商业贸易处理系统和国家有机计划（NOP）的有机完整性数据库。这将使在国际贸易中跟踪、监测有机产品，审核和执行有机规则变得更加有效率和效力。

供应链可追溯性和有机欺诈防范：新法规将要求每个获得认证的企业采取更严格的追溯和欺诈防范措施，这增加了所有利益相关者在发现和根除供应链中欺诈行为的责任。

其他方面：包括非零售容器的标签、现场检查、有机运营证书、认证的延续、向管理员提交文书的工作、人员培训和资格、认证活动的监督、接受外国一致性评估系统、合规和违规程序、调解、不良行动上诉程序、生产商团体运营、有机生产成分百分比的计算及技术更正等。

9.1.3 生产者团体诉讼

为解决供应链可追溯性和防止有机欺诈，SOE明确了"生产者团体"的定义，并制定了团体认证的具体资格标准。2023年11月，来自俄勒冈州的一位榛子种植者就生产者团体认证问题向美国农业部提起诉讼。生产者团体为小农户搭建了通往国际市场的桥梁，否则他们将被排除在国际市场之外。这种集体认证制度不仅能确保严格遵守有机标准，还能促进资源共享并提高加工设施的利用率。有机贸易协会将一如既往地支持生产者团体认证，阻止有机系统内的欺诈行为。

9.1.4 加强有机动物福利标准

美国农业部于2023年10月25日公布了最终的《有机畜禽标准》（OLPS）法规。该法规为有机畜禽的室外活动制定了明确的标准，包括最低室内和室外空间要求，并进一步明确了生活条件、医疗保健、运输和屠宰方法，以支持所有有机畜禽类的动物福利。最重要的是，该规则明确规定，有纱窗的封闭式门廊不能满足有机鸡对充足户外空间的要求。当前的有机家禽生产者最多有5年过渡时间来执行新法规。这标志着有机农场主、有机消费者以及有机动物取得了重大胜利。据美国国家农业统计局（NASS）估计，2021年美国有7 200万只动物处于有机管理之下。现在，这些动物将统一按照有机实践中一贯要求的高动物福利标准饲养。

新法规的制定历时近20年，反映了有机行业、有机贸易协会（OTA）和其他有机团体长期不懈地倡导。通往最终法规的道路漫长而崎岖。2010年，美国农业部发布了一项最终规定，为有机奶制品、有机牛的放牧和牧场制定了明确的标准，但家禽业却没有类似的明确规定。经过有机利益相关者、行业和政府专家约14年的审核和审查，美国农业部于2017年年初发布了《有机畜禽操作规范》（OLPP）最终法规，即《有机畜禽标准》的前身。然而，该最终法规的实施却遭到了拖延和阻挠，最终被撤回。

2017年秋季，OTA对美国农业部提起诉讼，指控其非法拖延该法规的实施，违反了《有机食品生产法》。在诉讼的推动下，以及有机行业和公众对强化动物福利标准的持续倡导下，政府于2022年8月提出了《有机畜禽标准》法规，并形成了最终法规。

户外空间一直是有机畜禽生产的核心原则，但美国农业部有关户外空间的有机法规并未得到持续执行，也未得到充分澄清，导致一些大型畜禽公司利用狭窄、封闭的门廊（通常是水泥地板）来代替真正的户外空间。其结果是，所有按照最高有机标准饲养牲畜的有机农场主都面临着不公平的竞争环境。制定明确、一致和可执行的标准，对于有机行业来说至关重要，这样才能保持消费者的信任，同时也能确保各种规模的农场和企业都能满足一系列最低要求，从而在市场上获得公平竞争的机会。

重要的是，除了具体的有机动物福利问题，成功倡导这一法规还能使美国农业部承担起维护国家有机计划（NOP）完整性的责任和义务。

9.1.5 新农业法案初具雏形

自1933年以来,一项具有里程碑意义的立法——《农业法案》,为美国农业和营养计划指明了方向。如今的《农业法案》规模庞大,与1933年的《农业法案》的第一部——《农业调整法》大相径庭。当时的《农业调整法》是由对所有美国人(尤其是美国农民)来说的两场经济灾难促成的:1929年股市崩盘后美国陷入的大萧条,以及始于1931年并持续了8年之久的沙尘暴,迫使约350万人离开了他们的农场。1933年,多达54页的《农业调整法》旨在通过向农民支付不种植部分土地的费用,并使他们能够以农作物为抵押向政府贷款,从而提高农业收入并鼓励保护环境。

1938年,美国国会规定立法者每5年更新一次《农业法案》,从而使该法律成为更加永久性的立法。美国国会并没有始终坚持5年一次的时间表,事实上,在撰写本书时,《2018年农业法案》看起来很可能会延长一年。但自第一部法案问世以来,相关部门已经制定了16部农业法案,且每一部的立法范围都在不断扩大。目前,该法案被认为是一个综合立法方案。这项近1 000页的法案规定并授权了农业和营养计划及政策,共有12个独立标题,包含近5万亿美元的支出,其中,约80%用于营养援助计划,约1 000亿美元用于农业计划。

随着《有机食品生产法案》被纳入《1990年农业法案》,有机食品成为《农业法案》的正式组成部分。一系列项目为有机食品和有机市场提供了支持。基础数据收集、有机农户风险管理、为美国农业部国家有机计划(NOP)提供资源等方面均体现了《农业法案》对美国有机农业的持续发展至关重要。

有机行业呼吁新的《农业法案》能够承认价值670亿美元的有机行业在当今美国农业中所发挥着不可或缺的作用。有机食品是美国增长最快的食品生产和加工类别之一,尽管有机食品行业实力雄厚、市场成功,但该行业仍面临着数个须由美国国会解决的核心挑战。

为了保持有机农业的增长并扩大其积极影响,下一个《农业法案》必须支持和促进有机农业的发展。为此,国会已经提出了以下几个法案。

《有机标准持续改进和责任法案》(CIAO):美国众议院提出的《有机标准持续改进和责任法案》(CIAO)为美国国家有机计划(NOP)建立了一个5年时间表,在重新启动进程前进行必要的规则制定,以确保标准具有时效性,符合当前科学和消费者的需求。该流程的第一步是要求提供有关NOP在5年周期内工作重点的信息。然后,NOP利用现有的建议或要求美国国家有机标准委员会(NOSB)提出新的建议,继续进行必要的更新,以反映这些优先事项,并参与传统的行政程序法过程。在监管程序结束和这些更新定稿前,循环往复。该流程允许利益相关方在多个阶段提出意见,并通过

NOSB，允许利益相关方有机会在过程中进行任何更新或提出新标准。有机贸易协会率先发起了近期最大的有机联盟以支持该法案。

《有机市场发展法案》（OMD）：《有机市场开发法案》（OMD）已提交美国参议院和众议院，该法案旨在通过资助和支持提高加工能力、市场开发活动、有针对性地采购设备和其他活动来增加国内有机产品的消费量，从而为新兴和有所开拓的有机市场提供杠杆投资。OMD下的赠款包括两种项目类型：①为期24个月的"仅限简化设备"项目，资助金额在10 000～100 000美元；②为期3年的"市场开发和加工能力扩展"项目，资助金额在100 000～300 000美元。OMD将通过商品信贷公司的资金，从2023年开始保持每年7 500万美元的供资基数，此外，OMD将允许授权为2024年及其后的每个财政年度追加拨款1 500万美元。

《加强有机农业研究法案》（SOAR）和《有机科学与研究投资法案》（OSRI）：众议院提出的《加强有机农业研究法案》（SOAR）将有机研究与推广计划额度从2024年的6 000万美元逐步增加到2028年的1亿美元。该法案将"有机过渡研究计划"（ORG）改为"向有机过渡研究计划"（RTOP），授权在2024—2026年拨款1 000万美元，在2027—2028年拨款2 000万美元。SOAR将有机生产和市场数据计划（ODI）的资金翻了一番，并指示美国农业部经济研究局对有机农业的经济影响进行全面评估。参议院的配套法案《有机农业研究倡议》（OSRI）还将设立一个新的"协调和扩大有机研究倡议"，对当前的有机食品和农业研究进行编目，并指导美国农业部开展更多的有机农业研究。

《有机机会法案》（OIO）：该法案已在美国众议院和参议院提出，对于高认证成本地区或属于社会弱势群体的生产者，将有机成本分担额提高到每千克1 500美元或更高。该法案包括为有机过渡、加工建设和技术援助提供资金。有机机会计划将在2024年和2025年获得5 000万美元的资助，在2026年获得8 000万美元的资助，在2027年和2028年获得1亿美元的资助。

《有机乳制品援助、投资和报告产量法案》（O DAIRY）：在美国参议院提出的《有机乳制品援助、投资和报告产量法案》（O DAIRY）将强制要求收集有关乳制品生产成本、饲料价格和牛奶价格的有机相关数据。该法案将把家畜、蜜蜂和农场饲养鱼类紧急援助计划（ELAP）的资助范围扩大到因有机饲料短缺和投入成本增加而年收入损失超过10%的有机乳制品农场。O DAIRY要求美国农业部制定一项新的有机乳制品安全网计划提案，并制订促进该行业投资的计划。

《农业韧性法案》（ARA）：该法案已提交至美国参议院和众议院，旨在通过全面改革，在2040年前实现美国农业温室气体净零排放。该法案为有机产品生产者提供了多项福利，包括公平获得环境质量激励计划（EQIP）的保护补贴，目前有机产品的保护补贴上限低于传统产品。美国农业改革法案将把有机成本分担提高到每个单元1 500美元，并在美国农业部的所有项目中鼓励有机实践。

《未来种子和品种法案》：在美国参议院提出的该法案中，美国农业部专门拨款7 500万美元用于育种（包括种植和养殖）研究，并设立了一名协调员，负责接收利益相关者的意见并协调各机构和育种者（包括小型有机育种者）之间的研究工作。该法案确保公众能够获得在赠款资助下开发的品种（包括种子、种禽和种畜等）。该法案将增加公众对适应地区特点、具有抗逆性的品种的使用。

《扩大农产品出口法案》：美国参议院和众议院提出的该法案将市场准入计划和国外市场开发合作者计划的年度资金增加了1倍。这两项计划帮助拥有美国本土产品的公司扩大在海外市场的影响力。这两项计划的资金分别自2004年和2006年开始一直停滞不前。

《美国农业部支出问责法案》：美国参议院提出的该法案限制了商品信贷公司（CCC）的支出权力。该法案是针对拜登政府依赖商品信贷公司（CCC）在未经国会具体批准的情况下通过"美国农业部推进优先事项"而提出的。2023年，"有机奶制品营销援助计划"的推出使有机产业受益于商品信贷公司的灵活性。

9.1.6　美国农业部为有机行业提供更多支持

2023年，美国农业部推出或扩大了多项有机农业支持计划，其中许多计划是由美国农业部历史性的"有机过渡计划"（OTI）促成的。该计划是美国农业部于2022年宣布的一项耗资3亿美元的计划，旨在通过技术过渡援助、直接农民援助和支持有机市场开发来促进有机农业的发展。

2023年1月，美国农业部正式宣布了新的"有机乳品营销援助计划"（ODMAP），以帮助中小型有机乳品企业。这些企业在经受了新冠疫情的考验后，又面临着全球贸易受到前所未有的冲击所带来的额外挑战。俄乌冲突爆发后，由于有机饲料供应量急剧下降，成本大幅攀升，有机奶农面临着灾难性的经济挑战。有机贸易协会及其成员带头在国会开展活动，提请美国农业部注意这一紧迫问题。2023年5月，美国农业部宣布在新计划下提供1.04亿美元的救济金。

美国农业部宣布，将通过其新的"有机市场开发补助金计划"（OMDG）发放高达7 500万美元的补助金。该计划旨在通过精准的市场开发帮助改善国内有机供应链，为气候智能型有机农户开辟通往市场的新途径。通过帮助扩大市场或开发新市场、建设加工和营销设施以及创造有机产品的新用途，该计划旨在增加美国生产的有机农产品的消费量。

2013年5月，美国农业部宣布将把有机认证成本分担计划恢复到75%的报销水平。有机认证成本分担计划对于吸引新的、年轻的农民从事有机农业至关重要。由于资金短缺，美国农业部此前曾将报销比例降至有机认证经营合格费用的50%，最高不超过500美元。美国农业部的行动将农民可获得的最高过渡补助提高到每年750美元（认证费的75%），以帮助农民支付有机认证的年度费用。为这一重要的长期项目提供更多资金，将有助于建立一个多样化、蓬勃发展的有机农业社区。

"有机过渡倡议"（OTI）继续为有机农业提供额外支持。作为该倡议的一部分，自然资源保护局专门拨款7 000万美元，用于在美国48个州实施新的有机实践标准下的保护性支付。临时的823号有机管理实践标准要求农民在其有机系统计划中采用一种新的实践。在该标准实施的第一年，共签订了120份合同，价值1 300万美元。该标准将于2024年再次推出，由一般环境质量激励计划（EQIP）资助。

"有机过渡倡议"（OTI）为美国农业部风险管理署（RMA）的"过渡有机种植者援助计划"（TOGA）拨款2 500万美元。TOGA向购买附加保险的有机农户和转换期农户提供保险费用援助。转型期作物可获得10%的保险费用补贴。种植有机谷物和饲料作物的农民每投保1英亩①可获得5美元的保费。使用"全农场收入计划"（WFRP）种植有机作物或转换期作物的农民可获得10%的保险费用补贴。

9.1.7　有机贸易协会在美国农业部有机合作计划中被授予领导角色

有机贸易协会于2023年6月被选为美国农业部"向有机过渡合作伙伴计划"的全国合作伙伴，该计划是美国农业部"有机过渡倡议"（OTI）的重要组成部分。长期以来，罗代尔研究所是公认的有机农业研究和技术专家，也是有机贸易协会在该项目的核心合作伙伴。作为该项目的牵头合作者，有机贸易协会负责管理和监督全国范围内的活动，这些活动支持有机产品的市场开发，促进有机产品生产商和供应商之间的匹配，并指导生产商如何有效地处理有机产品。

"向有机合作过渡计划"（TOPP）是OTI的重要组成部分，旨在促进有机农业的发展，为正在转换和现有的有机农民提供急需的技术援助，并为有机生产者建立新的市场并提供更好的收入来源。这是美国农业部有史以来对有机农业领域最大的一笔投资。

通过TOPP，美国农业部及其合作组织将在全美6个地区提供农民培训和教育。国家

---

①　1英亩≈0.405公顷，全书同。

级的TOPP协议将补充和配合这一地区性工作，提供以全国为重点的协调和服务。

有机贸易协会、罗代尔研究所和其他合作伙伴目前主要在3个领域优先开展工作：①在国家和地区层面提供技术援助并举办研讨会，内容涉及有机产品市场开发的各个方面，包括通过探讨市场趋势、营销和商业战略以及其他相关主题，对农民和经营者进行培训并增强他们的能力，帮助他们在有机市场上取得成功；②制定为有机生产者与消费者牵线的战略，包括组织买家与卖家面对面交流的活动、邀请买家参观产地的活动，为双方建立联系和关系网提供平台，并在线上信息交换中心和数据库中列出参与者名单，以便进行有针对性的搜索；③生产商转换培训及教育计划将提供全面的培训材料和教育资源，以支持生产者有效管理有机产品，包括使用标签、预防污染、储存、制订预防欺诈计划等。

9.1.8 美国农业部资助有机研究

政府对有机研究的资助对该行业的发展至关重要。《2018年农业法案》要求在2023年前将美国农业部"有机农业研究与推广计划"（OREI）研究项目的资金增至每年5 000万美元，为该计划提供了永久性资金。2023年9月，美国农业部为24个OREI项目和8个"有机过渡计划"（ORG）项目提供了总额超过5 000万美元的资助。ORG帮助现有的和正在转换的有机畜牧业和种植业生产者采用有机方式进行生产。

"有机农业研究与推广计划"（OREI）的拨款总额略高于4 300万美元。"有机农业研究与推广计划"支持范围广泛的研究项目，专注于解决影响有机种植者的最关键问题。有机中心是在有机贸易协会管理下运作的非营利性研究组织，它通过OREI获得了近90万美元的联邦基金，使有机中心能够在4个新的研究资助项目中开展合作。

有机中心参与的项目将解决当今有机农业面临的一系列重要而多样的挑战，包括如何确保有机生产系统中的食品安全、探索既能提高气候变化适应能力又能帮助防治害虫的有机耕作方法、在果园放牧牲畜的益处和挑战，以及如何扩大美国的有机棉生产。

2023年早期，美国农业部农业市场服务局宣布，通过"特种作物整笔拨款计划"（SCBGP）向55个州和地区发放7 290万美元。15个州的农业部门获得了其中18项奖励，包括资助特种作物营销、教育和研究，使有机作物受益。

9.1.9 尽管面临挑战，美国有机食品行业仍在向上发展

有机贸易协会每年都会发起一项美国有机产品零售业调查。为了尽可能全面地反

映主要由私营公司组成的有机产业的情况,该调查汇集了大量数据。数据包括但不限于销售点数据、专家访谈、年度报告数据和深入的直接调查数据。OTA调查被认为是对美国有机零售业最全面的考察。

美国有机食品市场在面临各种挑战的情况下依然保持增长:通胀压力收紧了消费者的钱包,新冠疫情和全球政治事件导致供应链中断,零售店里竞争性食品标签激增,有机食品生产商强烈感受到劳动力短缺。通货膨胀抬高了整个有机食品供应链的成本,也抬高了零售店的价格。因此,有机食品行业反映了整个食品行业的情况,即使某些类别的销售量增长率下滑,但有机食品总体的销售额仍在上升。

2022年,美国有机食品行业的销售额增长了4%,几乎是2021年增长速度的两倍。有机食品销售总额达到617亿美元,而有机非食品类产品的销售额接近60亿美元。有机认证食品目前占美国食品销售总额的6%。各类别有机产品的情况:①有机农产品的销量一直名列前茅,有机农产品的销售总额达220亿美元,占美国水果和蔬菜销售总额的15%;②有机饮料是第二大畅销的有机产品类别,2022年的销售额达90亿美元,同比增长4%;③有机咖啡作为销量最大的有机饮料,2022年销售额近23亿美元,较2021年增长近7%;④有机软饮料和功能饮料的销售额达到5.03亿美元,较2021年实现了近14%的强劲增长;⑤销量排名第三的有机产品是乳制品和鸡蛋,2022年销售额达79亿美元,较2021年增长了7%以上,目前,有机乳制品和鸡蛋占整个乳制品和鸡蛋市场的近8%,持续的需求和通货膨胀使该类别产品的销售额有所上升,有机酸奶的销售额达到15亿美元,增长了12%以上,有机鸡蛋的销售额约12亿美元,增长11%;⑥在有机非食品类产品中,有机床单和服装的销售额约占40%,销售额达24亿美元,增长2.5%;⑦有机保健品的销售额保持稳定,约为20亿美元,而有机个人护理产品的销售额达到12亿美元,增长了5%以上。

2008年,美国农业部进行了首次有机农业普查。美国农业部于2022年12月发布的最新有机普查结果显示,2019—2021年,美国经认证的有机农场数量达到17 445个,增加了5%,有机农地面积为490万英亩(198万公顷),减少了11%。有机作物用地达到360万英亩(146万公顷),增加了3%,而有机牧场面积为130万英亩(53万公顷),减少了36%。

加利福尼亚州的农场数量和农地面积均居美国各州之首,共有3 061个认证农场和813 710英亩(329 297公顷)有机农地,占美国有机农地总面积的17%。除加利福尼亚州外,只有3个州有机农场超过1 000个:威斯康星州(1 455个)、纽约州(1 407个)和宾夕法尼亚州(1 125个)。

9.1.10　全球对美国有机产品的需求持续增长

随着美国出口商每年向海外消费者推出新产品，全球对美国有机产品的需求持续增长。美国农业部的统计数据显示，2018—2022年，美国有机产品出口增长了近20%，其中2022年的出口额超过6.78亿美元。

加拿大和墨西哥仍然是美国有机产品的主要出口对象，而日本、中国台湾、韩国和阿联酋也是强劲的出口市场。在过去几年中，中国和越南也跻身十大出口目的地之列。

尽管取得了这些成功，但不断增长的国际有机贸易市场近期也面临重重挑战，包括全球有机等效协议的变化、英国脱欧、美国对印度政府反倾销调查的后果以及俄乌冲突均对美国出口商造成了一定影响。然而，超过半数的美国有机企业表示出口了部分产品，还有近15%的公司希望在不久的将来能够实现产品出口。

有机贸易协会（OTA）从美国农业部的"市场准入计划"（MAP）中获得了创纪录的100多万美元资助，用于2023年在全球推广美国有机产品。该资助较2022年增加了近10%，也是OTA有史以来获得的最大一笔MAP奖项。撰写本书时，美国农业部尚未公布2024年的MAP资金安排。

目前，OTA计划在2024年开展4项国际市场开发活动，首先是全球最大的有机产品交易会——纽伦堡国际有机产品博览会（BIOFACH），然后是横跨亚洲、欧洲和中东的贸易展和采购代表团。除了这些主要活动外，资金还将继续支持以加拿大、日本、韩国、环太平洋地区为重点的消费者推广活动，以及全球有机教育和推广活动。

此外，在2023年10月，美国农业部宣布了一个新的筹资机会，即投资13亿美元用于"区域农业促进计划"（RAPP），以加强亚洲和非洲的现有市场并开发新的市场机会。与美国农业部的"市场准入计划"一样，OTA也将在2024年申请这项新的资助计划，用于其目前的有机消费者和贸易促进工作。

9.2　加拿大有机农业发展动态①

9.2.1　加拿大有机农地面积有所增加，生产商数量有所减少

加拿大的有机市场持续扩张，保持了全球第五大消费需求国的地位。与多数其他地区一样，加拿大有机产业也受到了一些冲击。自2021年以来，加拿大经认证的生产

---

① 本部分作者为Tia Loftsgard；翻译为正谷（北京）农业发展有限公司张友廷。

商总数减少了3.84%（296家），到2022年年底，生产商总数为7 702家；不过，加工商增长了8%，从2021年的1 827家增至2022年的1 973家。生产商的数量略有下降，2022年，畜牧业生产商为777家，比2021年下降了0.9%，种植业生产商为6 069家，下降了0.5%。虽然加拿大的生产商有所减少，但2022年转换为有机种植的农地面积却有所增加。有机种植面积增加了23%，超过380万英亩（154万公顷）。

9.2.2 加拿大对有机产品的需求依然强劲

2022年，包括纺织品和宠物食品等所有其他非管制产品在内的有机产品销售总额增至102.6亿加元。2022年有机食品和饮料的销售总额高达79.43亿加元，较2021年增长约9.7%。非食品领域的增长与食品和饮料类似，增长率约9.7%。加拿大人作为消费者、农民、教育工作者、出口商、研究人员和制造商，在许多经济领域都致力于有机事业。人们普遍认识到，有机行业与环境保护、健康饮食选择及支持当地农民等方面紧密相关。就消费者而言，60%的加拿大人愿意为有机产品支付更高的价格，55%的加拿大人在购物或外出就餐时会选择有机食品。

健康意识的增强是推动有机食品需求的主要因素。2022年，食用有机食品的人比以往任何时候都多，其中23%的加拿大人购买有机食品比2021年更多。

有机农产品仍然是有机产品的基础，占总市场份额的6.2%。随着有机农产品在加拿大主流食品零售店更容易买到，越来越多的消费者开始进入有机食品消费环境。在包装和调理品类中，方便食品、冷藏食品和特殊饮食推动了增长，占总市场份额的2.9%。不过，有机肉类的市场份额仅为0.7%。

9.2.3 加拿大在全球有机市场中的地位

2022年数据显示，加拿大的有机产品出口额从2021年的4.17亿加元增至5.54亿加元。有机产品进口总额超过了2021年的9.35亿加元，比2021年增长了9%以上。

魁北克省出口了加拿大38%的有机产品，其中枫糖是出口额最高的产品。安大略省进口了加拿大近45%的有机产品，其次是不列颠哥伦比亚省，占29%；不过，这两个省都是有机产品的入境点，而不仅仅是消费地区。未经烘焙的咖啡生豆和香蕉在加拿大有机产品进口量和进口额中都名列前茅。有机等效协议继续为进口商和出口商提供顺畅的市场准入。2023年，加拿大与墨西哥和韩国签署了新的等效协议。加拿大还扩大了与日本的协议范围，将酒类纳入其中。

9.3 北美洲有机农业数据[①]

9.3.1 2022年，北美洲有约363万公顷的有机农地

2022年，北美洲有约363万公顷的有机农地（图9-1），占全球有机农地的近3.8%。北美洲只有两个国家报告了有机农地情况，美国的有机农地面积最大（2 060 741公顷），其次是加拿大（超过1 567 000公顷）（图9-2）。

图9-1 2000—2022年北美洲有机农地发展情况

（数据来源：2002—2024年FiBL-IFOAM-SOEL调查）

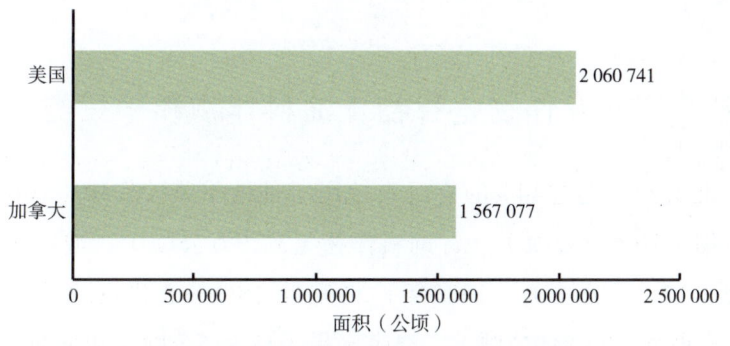

图9-2 2022年美国和加拿大有机农地面积

（数据来源：2024年USDA和COTA调查）

---

① 本部分作者为Jan Trávníček、Bernhard Schlatter和Helga Willer；翻译为正谷（北京）农业发展有限公司张友廷。

9.3.2 北美洲有机农地面积增加超过35万公顷

2022年,北美洲的有机农地面积较2021年增加了351 488公顷(增长10.7%)。美国的有机农地面积有所减少,加拿大则有所增加。2013—2022年,北美洲有机农地总面积增长了19.0%。

9.3.3 北美洲有机农地占比接近1%

2022年,北美洲有机农地面积占该地区农业用地总面积的0.8%,低于全球有机农地占比(2.0%)。美国的有机农地占比为0.5%,加拿大为2.7%(图9-3)。

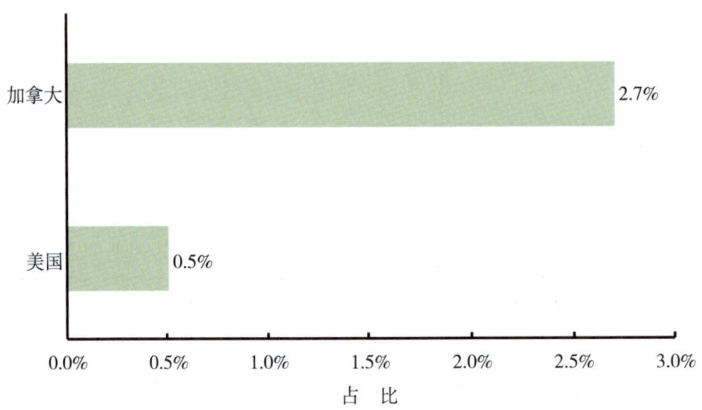

图9-3　2022年美国和加拿大有机农地占比

(数据来源:2024年USDA/COTA调查)

9.3.4 主要种植的农作物是谷物、油料作物和干豆类

2022年,北美洲有超过44%的有机农地用于种植季节性作物(160万公顷),主要作物包括谷物(70.6万公顷)、青饲料作物(37.9万公顷)、油料作物(19.5万公顷)和干豆类(15.2万公顷)。2022年,北美洲约8%的有机农地用于种植多年生作物,主要包括浆果类(23 819公顷)、温带水果(18 815公顷)和葡萄(18 535公顷)(图9-4)。

9 北美洲有机农业现状

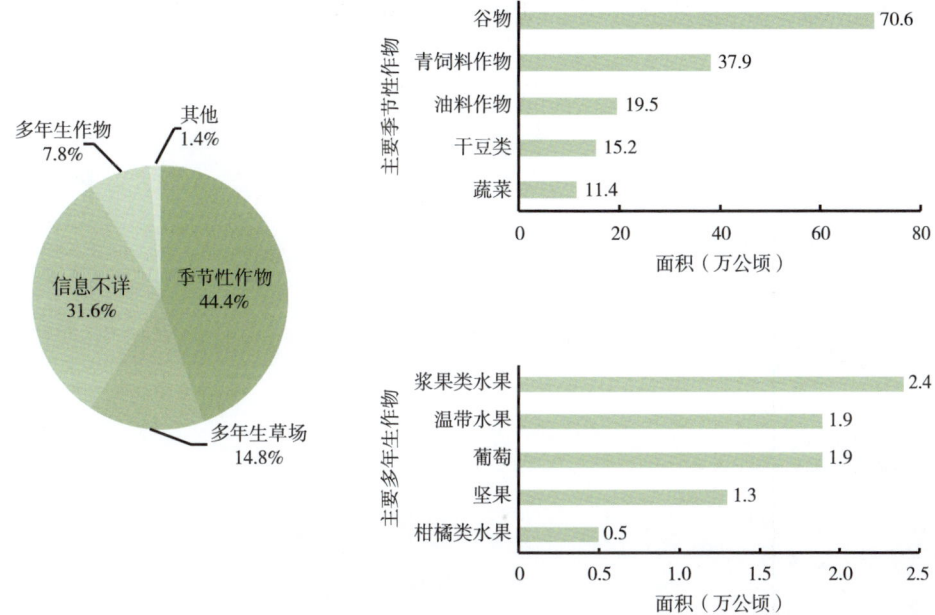

图9-4　2022年北美洲有机农地使用情况

（数据来源：2024年USDA/COTA调查）

9.3.5　有机生产者超过2.4万名

北美洲有23 948家有机生产商。美国共有17 445家有机生产商，加拿大共有6 503家有机生产商。

9.3.6　零售总额超过640亿欧元

2022年，北美洲有机产品零售总额达到644亿欧元。美国是全球最大的单一市场（其次是欧盟），其零售额为586亿欧元，加拿大的零售额为58亿欧元。

9.3.7　有机出口实现强劲增长

2014年以来，能够获取到美国的有机产品进出口数据。2018年以来，能够获取到该地区出口至欧盟的有机产品总量数据。

数据显示，2022年北美洲向欧盟和美国/加拿大出口了超过222 995吨有机产品，占这些国家或贸易区有机产品进口总量的4.6%。2018—2022年的5年间，北美洲有机产品出口量增长了近76%，增速远远快于同期全球对欧盟和美国9%的出口增长（图9-5和图9-6）。

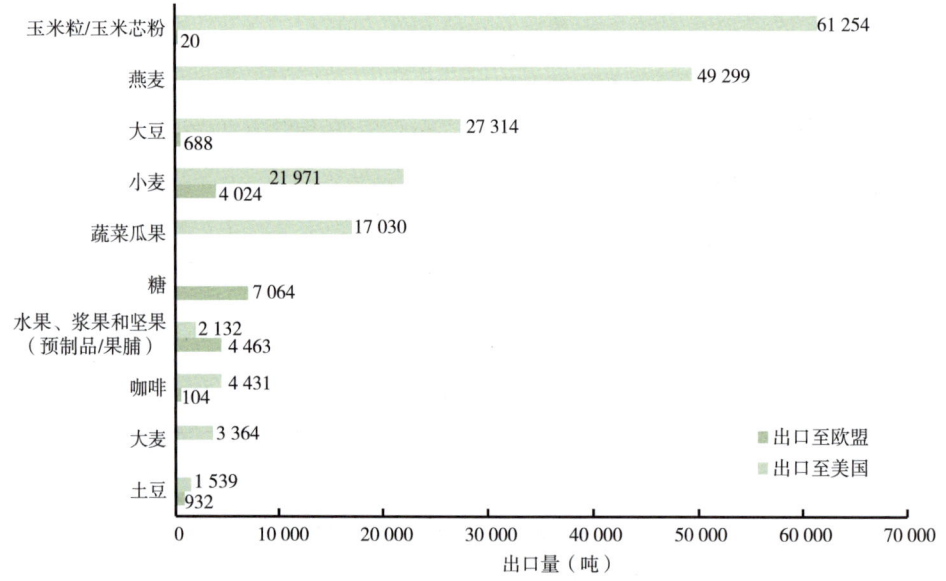

图9-5　2022年北美洲出口至欧盟和美国的主要产品类别

（数据来源：GATS/USDA/TRACES/欧盟委员会调查）

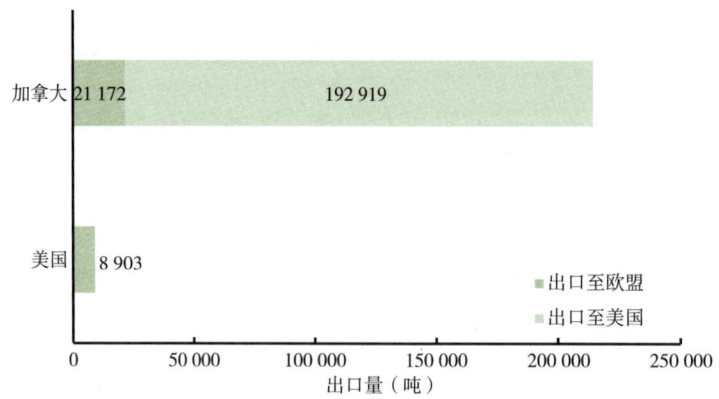

图9-6　2022年北美洲对欧盟和美国的主要出口国家（地区）

（数据来源：GATS/USDA/TRACES/欧盟委员会调查）

9.3.8　加拿大的主要出口对象是美国

2022年，加拿大是北美洲最大的有机产品出口国，出口量超过214 091吨，出口产品主要是谷物和大豆。加拿大向美国出口了近19.3万吨的有机产品，向欧盟出口了超过3万吨有机产品。美国对欧盟的出口量超过8 900吨。

9.3.9　谷物是最主要的出口产品

2022年，谷物（主要是玉米、燕麦和小麦）是北美洲最重要的有机产品出口类别，出口量近14.2万吨，占该地区有机产品出口的近64%；其次是油料作物（29 752吨）和新鲜蔬菜（17 031吨，主要是黄瓜、番茄和辣椒）。

10 大洋洲有机农业现状

10.1 澳大利亚有机农业发展动态[①]

2023年对澳大利亚有机农业而言硕果累累，在2022年年初澳大利亚东部遭遇灾难性洪灾后，种植条件恢复到了较为有利的状态。尽管在新冠疫情后，供应链及其他物流方面普遍面临挑战，但许多企业重新振作，充分利用国内和出口市场对有机产品的强劲需求实现盈利。

与全球更成熟的地区相比，澳大利亚的有机产业或许还处于起步阶段。但2023年初发布的一项综合研究显示，澳大利亚有潜力成为世界有机舞台上的重要一员。

10.1.1 澳大利亚的有机农地面积全球领先

2023年5月2日，《2023年澳大利亚有机市场报告》（以下简称《市场报告》）正式发布，该国四大认证机构（ACO认证有限公司、NASAA有机认证、南十字星认证和

---

① 本部分作者为Kane Frampton；翻译为正谷（北京）农业发展有限公司阴雪彤。

AUS-QUAL Pty Ltd.）[①]都为该研究提供了数据，这在同类出版物中尚属首次。相关机构的深度参与以及由经营者提交的一手数据确保《市场报告》对行业发展情况进行了可信的预测。《市场报告》中最值得关注的是，澳大利亚获得认证的有机农地面积占据全球领先地位。2022年，澳大利亚的有机农地面积超过5 300万公顷，较2020年（3 570万公顷）实现大幅增长，约占全球有机农地总面积的70%，凸显了澳大利亚有机产业持续增长的潜力。

《市场报告》显示，澳大利亚有机产业为澳大利亚经济直接贡献了8.51亿澳元[②]，如果考虑到更广泛的经济流动效应（产业间采购等），这一数字将上升到26亿澳元。截至2022年，该行业创造了超过2.2万个等同于全职的工作岗位，共有3 035家经认证的有机企业登记注册。自2018年以来，企业数量略有下降，这与农场企业整合的总体趋势保持一致。极端气候使小企业面临更加严峻的挑战，新冠疫情也可能是导致企业数量下降的原因之一。

尽管企业数量有所萎缩，但据《市场报告》预测，得益于强劲的消费情绪和稳健的零售环境，未来几年澳大利亚本土对有机产品的需求将大幅增长。出口前景同样乐观，预计在2021/2022年度至2026/2027年度，将每年增长29%。2022年，澳大利亚向全球36个国家出口了约2万吨有机产品，其中大部分销往美国（48%），其次是新加坡（19%）、瑞典和马来西亚（均为7%）。《市场报告》预测的强劲出口潜力是一个积极信号，尤其考虑到有机产业目前尚缺乏国内监管，这给市场准入带来了困难。

10.1.2　建立国内监管框架的努力旷日持久

正如本书往期所述，澳大利亚是全球仅有的几个关于在产品声明中使用"有机"一词没有国家标准的发达国家之一，这意味着该国本土市场没有强制要求经营者对其产品进行有机认证，只有出口产品才需要认证。

长期以来，这一监管框架的缺失一直是业界争议的焦点。自2019年以来，业界一直在正式游说政府颁布国内监管法规。2023年3月30日，澳大利亚农林渔业部部长、联邦参议员默里·瓦特投票反对制定强制性有机标准，使业界的努力功亏一篑。

作为反对颁布相关法规的理由，瓦特部长引用了两项独立的成本效益分析结果，并指出："尽管强制性国家标准能够为有机行业带来一系列潜在利益，但设计、监管和

---

① 《2023年澳大利亚有机市场报告》由澳大利亚有机有限公司发布，详细信息请查询www.austorganic.com。

② 根据欧洲中央银行的数据，2022年1澳元相当于0.6欧元。

执行此类性质的全经济范围监管计划的成本将非常高昂。"①

2023年3月，该决定引起了当地行业部门的强烈不满，许多人认为这将削弱行业信誉，使寻求有机产品出口机会的企业遭遇更多问题，因为这些企业在进入利润丰厚的市场时要面临烦琐的手续。关于成本的假设同样引起了争议，因为这些分析没有考虑到法规对出口市场的潜在货币刺激。

10.1.3　成立有机发展协会（ODG）

瓦特部长的决定刚刚尘埃落定，澳大利亚的主要行业机构就动员起来，众志成城，旨在未来与政府的讨论中代表行业行事。有机发展协会（ODG）于2023年8月7日正式宣布成立，包括以下11个行业机构②：ACO认证有限公司（ACO）、澳大利亚有机有限公司（AOL）、生物动力研究所（BDRI）、西澳大利亚生物动力有机认证（COBWA）、澳大利亚国家可持续农业协会（NASAA）、NASAA有机认证（NCO）、有机和再生投资合作社（ORICOOP）、澳大利亚有机消费者协会（OCAA）、有机食品链（OFC）、澳大利亚有机产业（OIA）、南十字星认证（SXC）。这份名单主要包括澳大利亚所有5家经批准的有机认证机构，以及来自有机产业的农业、零售和行业机构。在由行业参与者澳大利亚有机有限公司（AOL）和澳大利亚国家可持续农业协会（NASAA）提供资源的高级别秘书处的支持下，有机发展协会在2023年召开了多次内部讨论以及与议员讨论的会议。

为支持有机产业，澳大利亚联邦议会成立了一个友好小组，这表明政府与产业之间重新建立了联系。该小组由自由党议员亚伦·维奥利和工党议员丹·雷帕乔利共同成立，其宗旨是"为议员和参议员提供一个与澳大利亚有机生产商和供应链经营者会面的平台，共同探讨行业日益增长的经济效益、机遇和挑战"③。

该小组的首次会议于2023年9月7日在首都堪培拉的国会大厦庭院举行，同时还成功举办了一场有机烧烤活动。来自澳大利亚各地的有机经营者与重要政治人物齐聚一堂，其中包括农林渔业部部长及参议员默里·瓦特，他重申了支持有机行业并促进成果产出的承诺。这次合作活动广受好评，预计将于每年9月连续举办。

---

①　澳大利亚年农林渔业部部长默里·瓦特发布的《有机物监管成本大于收益》，更多信息请查询https://minister.agriculture.gov.au/Watt/media-releases/cost-of-organics-regulation-outweighs-benefits。

②　澳大利亚有机有限公司2023年发表了《历史性地形成了有机产业的联合声音》，更多信息请查询https://austorganic.com/historic-formation-of-united-voice-for-organic-industry/。

③　关于澳大利亚联邦议会友好小组（非国家）的更多信息可查询https://www.aph.gov.au/about_parliament/parliamentary_friendship。

10.1.4　澳大利亚有机产品与非有机产品的定价竞争力

澳大利亚与许多其他国家一样，经认证的有机产品往往比非有机产品价格更高，这在很大程度上是由于有机生产通常需要增加劳动力。相关部门对主要零售商Woolworths、Coles和Harris Farm Markets的部分有机产品（及其非有机同类产品）进行了全面的价格评审，从而对其溢价程度进行研究。

这项研究由独立市场调研公司Mobium Group于2022年6月首次开展，并在12个月后的2023年同月购买相同的商品，以评估价格变化。商品清单包括水果、蔬菜、日用品、乳制品、鸡蛋、饮料和肉类[①]。

研究发现，相较于非有机产品，有机产品的溢价程度有所下降，三家零售商的平均溢价从2022年的32%降至2023年的25%。非有机产品的价格在同期的12个月内上涨了9.3%，有机产品则上涨了4%。

考虑到价格是澳大利亚消费者购买有机产品的最大阻碍，此类研究或许会对全国潜在的有机消费者有所启发。

10.1.5　有机行业的其他发展

澳大利亚认证机构AUS-QUAL Pty Ltd于2023年7月31日自愿撤销了对有机和生物动力产品国家标准的认可，停止了有机认证活动[②]。

政策方面，澳大利亚有机产业对当前围绕拟议中的《印度洋—太平洋繁荣经济框架》（IPEF）进行的谈判十分关注，澳大利亚是该框架的创始国之一。业界期待着IPEF贸易支柱的农业部分能够在未来几个月内最终敲定。IPEF旨在"建立一个现代风格的贸易架构，能够涵盖现代贸易规则以及具体的区域项目和倡议"[③]。

澳大利亚气象局于2023年9月19日宣布：厄尔尼诺现象和印度洋正偶极子现象（IOD）均已出现[④]，可能会增加干旱和丛林火灾的风险，同时降低农作物产量，其影响或将延

---

① 更多信息请参阅澳大利亚有机连接2023年发布的行业研究报告《经认证的有机产品价格回顾》，详见https://issuu.com/australianorganic/docs/spring_2023/14。
② IOAS和AUS-QUAL Pty Ltd于2023年自愿退出ISO/IED 17065认证，详情可查询https://ioas.org/latest-news/aus-qual-pty-ltd-voluntary-withdraws-from-iso-iec-17065-accreditation/。
③ 关于《印度洋—太平洋经济框架》的更多信息请查询https://www.dfat.gov.au/trade/organisations/wto-g20-oecd-apec/indo-pacific-economic-framework。
④ 更多信息请参阅澳大利亚气象局2023发布的《气象局宣布厄尔尼诺现象和印度洋正偶极子现象》，请查询https://media.bom.gov.au/releases/1183/the-bureau-declares-el-nino-and-positive-indian-ocean-dipole-events/。

续至2024年。

长期以来，应对极端天气一直是干旱与洪水频发之地的农业经营者面临的重大挑战。截至本书撰写之时，这两个气候驱动因素对该国有机经营者造成的损害程度尚有待观察。2019—2020年澳大利亚"黑色夏季"林火季的灾难性后果仍历历在目，有机农业经营者正在准备应急行动计划，以防历史重演。

10.2　太平洋岛屿有机农业发展动态[①]

10.2.1　发展动态

"后疫情时代"为太平洋岛屿的有机农业带来了尚未实现的机遇。尽管面临全球经济挑战，该地区的旅游业仍维持了新冠疫情前的水平，在某些情况下甚至更高。同时，进口食品成本的增加以及人们对健康和保健的持续关注，为当地有机生产者进入本土市场创造了机会。然而，目前行业尚未形成规模，缺乏有组织的价值链去充分利用这些机会。

不过，各国政府正在采取行动以创造有利的政策环境，市场对有机认证的需求不断，区域和国家机构及发展伙伴仍将有机农业视为太平洋岛屿的发展工具之一。

法属波利尼西亚政府利用联合国粮食及农业组织（FAO）的生态农业绩效评价工具开展了2023年度农业普查。该工具提供了一个宝贵的数据集，从广泛的生产、生态和社会指标方面捕捉并区分有机和常规农场。这是全球首次在国家或地区范围使用这一工具。

妇女在农业和有机行业中的影响日益受到关注，地区有机农业最高机构成立了妇女分会，旨在提升妇女在有机和道德贸易运动中的影响力、领导力、参与度和贡献。该分会将通过协调、信息共享、网络建设和能力建设来实现这一目标，以促进平等，提高生计、健康、生态、公平和关爱、文化和传统，从而造福太平洋有机社区。

10.2.2　市场、贸易和认证

由于太平洋岛屿经有机认证的产品大多用于出口，新冠疫情使一些生产商转向本土市场，通过篮子（箱）计划、标签上未经核实的有机声明、发展参与式保障体系（PGS）、农贸市场上设立有机摊位和提升大众认知来扩大本土市场。零售和餐饮业的

[①] 本部分作者为Karen Mapusua；翻译为正谷（北京）农业发展有限公司阴雪彤。

价值链仍有待发展。

目前，该地区还没有收集当地有机市场数据的机制。不过，从PGS认证农场数量的增加以及有机价值链和市场机会的规模可以推断出市场增长情况。当地政府部门正在考虑参照渔业部门，以人工智能辅助收集农业数据。若能成功，有机行业将因此获益。

太平洋岛屿的PGS模式包括野生采集、"全岛"以及更加传统的种植者团体运营。太平洋岛屿非常尊重传统权威（酋长），在某些情况下，传统治理体系得到采纳，并为PGS提供支持。加工和增值业务也需要通过PGS流程进行认证，因此需要为包括加工在内的PGS计划提供大量技能培训，以应对更复杂的检查要求。

2022年，12个PGS计划获准使用有机Pasifika标志，另有5个PGS计划正在发展中。该地区本土和出口市场上经PGS认证的产品数量和种类不断增加，2022年，产品范围扩大到坚果、黄油和香蒜酱等高附加值产品。PGS的发展以及人们对有机产品价值的认识提升，也促进了农贸市场和供应协议的增加。萨摩亚、纽埃和库克群岛现在都有通过农贸市场销售的有机产品。所罗门群岛也有一家销售当地PGS有机产品的小型商店。

10.2.3　法律法规

法属新喀里多尼亚和法属波利尼西亚仍然是太平洋岛屿仅有的两个对有机产品进行管制的地区。太平洋岛屿的独立国家尚未通过有机法规。瓦努阿图政府批准了其第一项国家有机政策，帕劳和斐济政府目前也有政策草案等待当局正式批准。

10.2.4　政府和国际支持

作为区域政府间组织，太平洋共同体持续助力有机行业发展，并为太平洋有机和道德贸易共同体（POETCom）秘书处提供办公场所。POETCom仍然主要通过发展项目获得资金。

POETCom国家分支机构继续得到国际非政府组织和双边发展援助的帮助。在少数情况下，政府为有机认证费用提供财政支持，例如，萨摩亚和纽埃政府为本国种植者团体支付认证费用。

通过多方捐助"Kiwa倡议"资助的太平洋有机学习农场（OLFs）网络，发展伙伴对有机产品作为气候依赖性和生计发展解决方案的兴趣日益浓厚。"Kiwa倡议"旨在通过基于自然的解决方案，提高抵御气候变化的能力。该倡议计划建立和发展一系列有机学习农场，使其成为有机和生态农业生产方法的学习中心，以促进知识、种植材料和技能共享。有机学习农场将显著扩大可持续管理的农地面积,增加各岛屿的生物多样性。该项目是太平洋共同体和POETCom共同实施的。

另一个例子是欧盟在太平洋法属领地资助的PROTÉGÉ项目。PROTÉGÉ是"太平洋领土可持续生态系统管理区域项目"的缩写,其目标是通过保护水资源和生物多样性,加强关键部门的可持续性、气候变化适应性和自主性,并提高生态系统服务。生态农业和有机农业是该计划农业部分的基础。

10.2.5 展　望

随着发展伙伴对资助此类性质的计划越来越感兴趣,以有机应对气候变化的机会越来越多。随着全球进入后"疫情时代",机遇也随之而来。但要抓住绿色复苏的机遇,还需要规划和资源配置。随着旅游和餐饮业将有机和可持续发展作为太平洋岛屿品牌的一部分,当地有机市场有望继续扩大。

10.3　大洋洲有机农业数据①

10.3.1　大洋洲有5 319万公顷的有机农地,澳大利亚是全球有机农地面积最大的国家

2022年,大洋洲有5 319万公顷的有机农地,全球55.2%的有机农地位于大洋洲。2022年,澳大利亚是有机农地面积最大的国家(超过5 301.6万公顷),其次是新西兰(超过7.9万公顷)、萨摩亚(超过4.7万公顷)和巴布亚新几内亚(近2万公顷)。大洋洲99.7%的有机农地位于澳大利亚。

10.3.2　萨摩亚是大洋洲有机农地面积占比最高的国家

大洋洲的有机农地面积占该地区农地总面积的14.3%,远高于2022年全球有机农地占比(2.0%)。有机农地占比最高的国家是萨摩亚(16.7%),其次是澳大利亚(14.8%)和所罗门群岛(6.5%)。

---

① 本部分作者为Jan Trávníček、Bernhard Schlatter和Helga Willer;翻译为正谷(北京)农业发展有限公司阴雪彤。

10.3.3　大洋洲有机农地面积增加超过1 720.8万公顷

2022年，大洋洲的有机农地面积较2021年增加了超过1 720.8万公顷，增长47.8%，较2013年增长了207%，远高于全球有机农地增长速度，主要来源于澳大利亚有机农地面积的大幅增长。

10.3.4　大洋洲种植的主要作物为谷物

大洋洲近99%（超过5 254万公顷）的有机农地是多年生草场（牧区），主要位于澳大利亚，而关于季节性作物用地和多年生作物用地的使用情况则没有太多的信息。2022年只有一小部分的有机农地（51 406公顷）被用于种植季节性作物，主要是谷物（41 293公顷）。多年生作物面积约占大洋洲有机农地总面积的0.1%，主要作物包括葡萄（5 783公顷）、水果（4 567公顷）和咖啡（2 770公顷）。

10.3.5　大洋洲有24 466名有机生产者管理着5 319万公顷的土地

2022年，大洋洲有24 466名有机生产者，其中巴布亚新几内亚的生产者数量最多（18 984名），其次是萨摩亚（1 857名）和澳大利亚（1 635名）。全球只有0.5%的有机生产者位于大洋洲。相较于2021年，有机生产者数量增加了5 987名（增长32%）。大洋洲共有130家出口商和1 756家加工商。

10.3.6　澳大利亚和新西兰的有机零售额

2022年，澳大利亚和新西兰的有机零售总额超过15.1亿欧元。这两个国家年人均有机食品消费近49欧元。

10.3.7　大洋洲有机产品出口近3.4万吨

自2018年起，就可以获取大洋洲向欧盟出口有机产品的数据，出口至美国的数据早在2014年就已经可以获取。数据显示，2022年大洋洲出口到欧盟和美国的有机产品合计超过33 557吨，占其有机产品进口总量的0.7%。2018—2022年的5年间，大洋洲的有机出口量增长了近16%，远高于全球对欧盟和美国的有机产品出口量增长，后者在同期仅增长了9%。

10.3.8 新西兰是最大的出口国

2022年，大洋洲最大的有机出口国是新西兰（出口量超过29 400吨，超过46%为苹果，超过32%为猕猴桃），其次是巴布亚新几内亚（出口量近2 500吨，主要是咖啡）和澳大利亚（出口量为1 394吨）。

10.3.9 苹果和猕猴桃是最重要的出口产品

温带水果（主要为苹果）是最重要的出口产品品类，其出口量超过13 675吨，占大洋洲有机产品出口量的近2/5；其次是热带和亚热带水果，其出口量为9 472吨，主要为猕猴桃；随后是饮料（5 038吨），主要为葡萄酒和咖啡（2 498吨）。

10.3.10 相关数据图

关于大洋洲有机农业的更多信息，请参阅图10-1至图10-6。

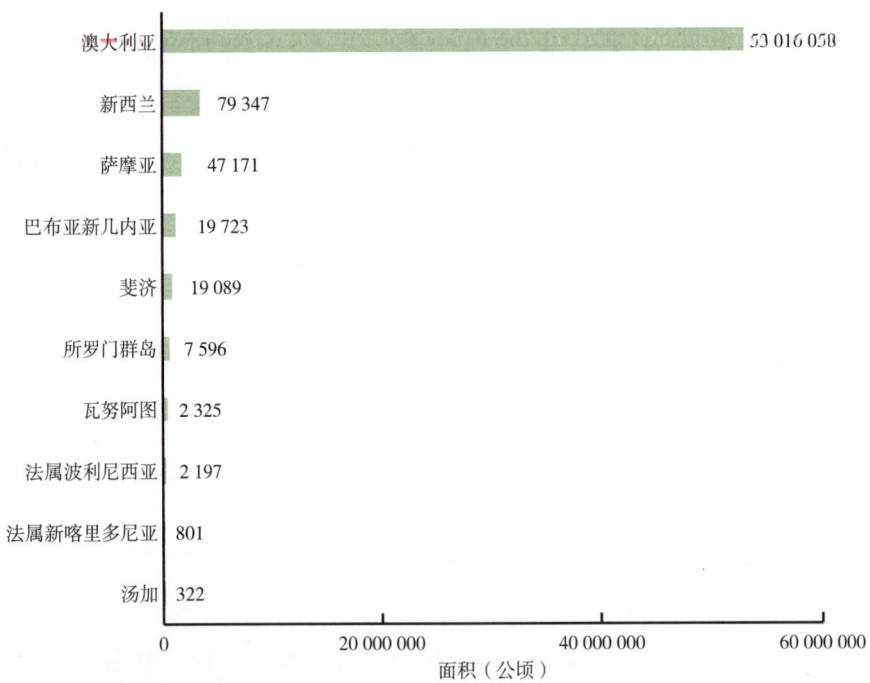

图10-1　2022年大洋洲有机农地面积位列前十的国家（地区）

（数据来源：2024年POETCom-FiBL调查）

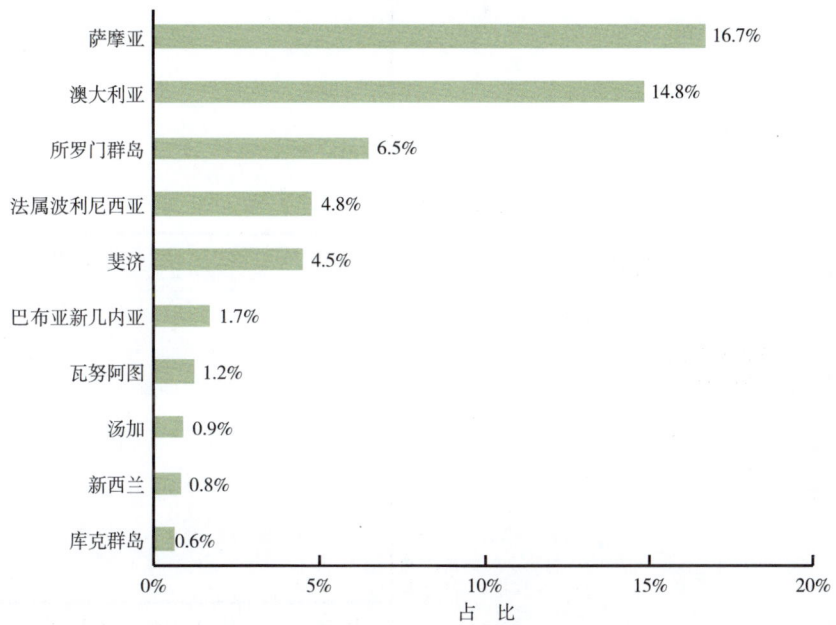

图10-2 2022年大洋洲有机农地占比位列前十的国家（地区）

（数据来源：2024年POETCom-FiBL调查）

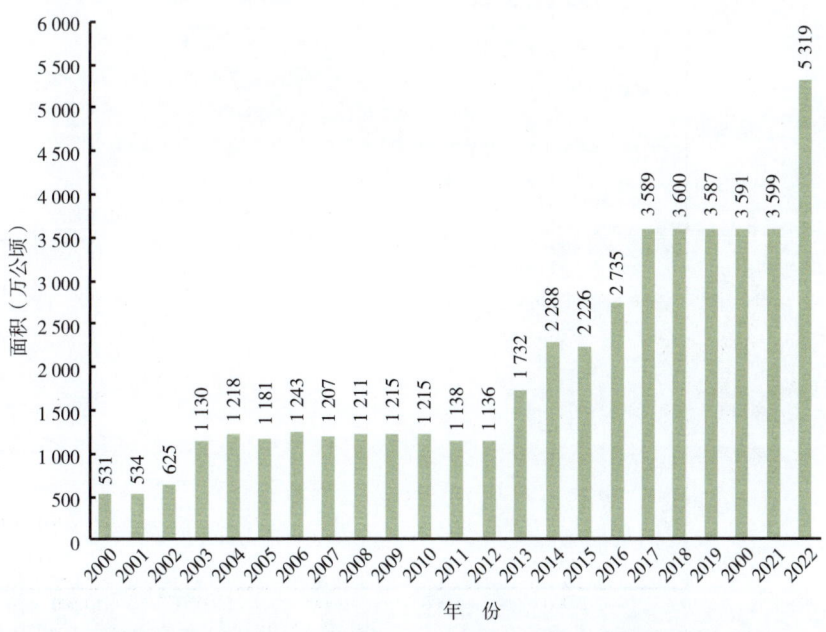

图10-3 2000—2022年大洋洲有机农地面积发展情况

（数据来源：2002—2024年POETCom-FiBL-IFOAM-SOEL调查）

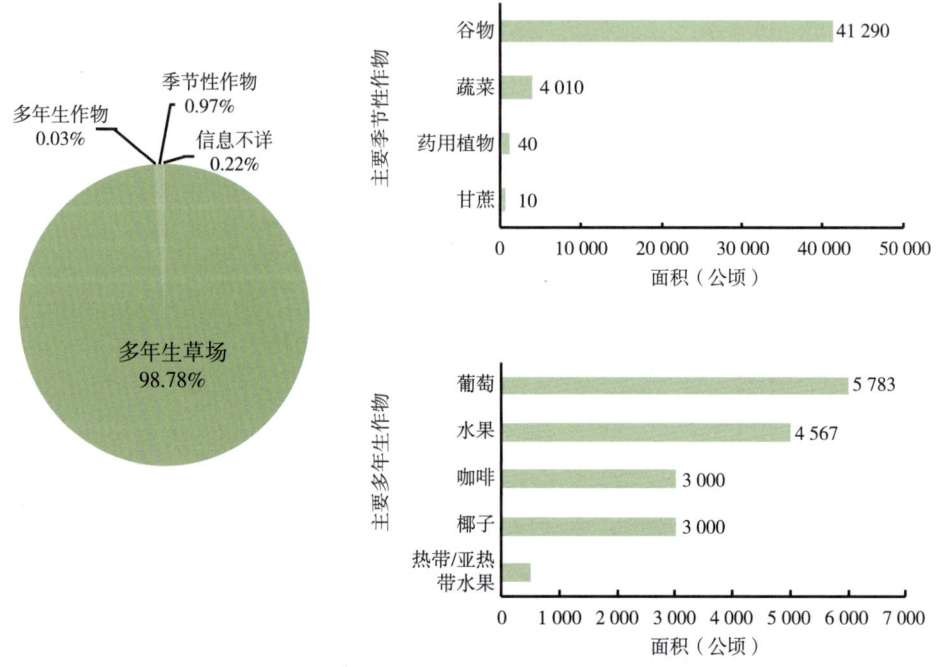

图10-4 2022年大洋洲有机农地使用情况

（数据来源：2024年POETCom-FiBL调查）

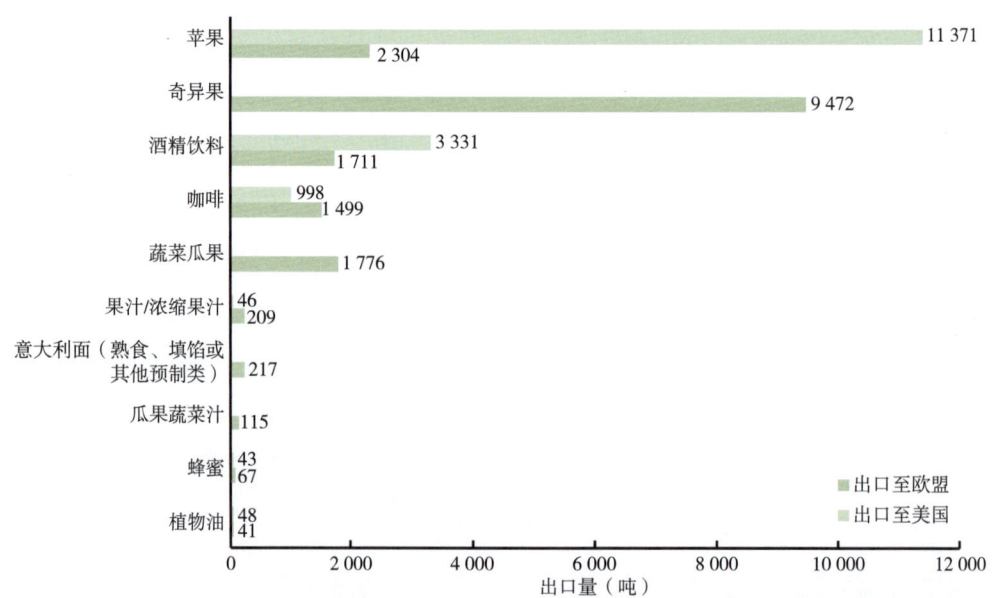

图10-5 2022年大洋洲出口至欧盟和美国的主要产品类别

（数据来源：GATS/USDA/TRACES/欧盟委员会调查）

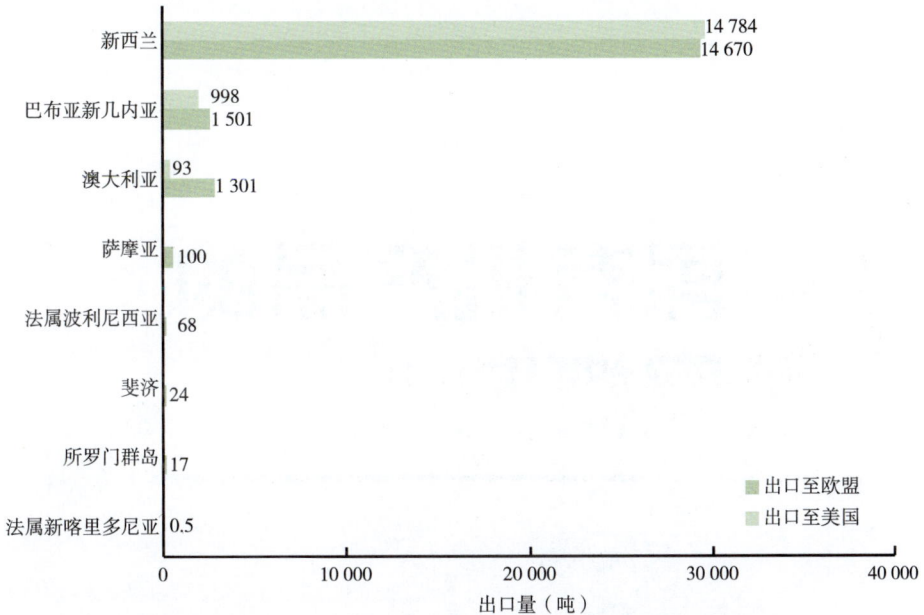

图10-6 2022年大洋洲对欧盟和美国的主要出口国家（地区）

（数据来源：GATS/USDA/TRACES/欧盟委员会调查）

11 中国有机产品的发展概况 ①

2006年9月，由国家认证认可监督管理委员会（以下简称认监委）开发的中国食品农产品认证信息系统正式运行。作为食品农产品认证信息采集、发布的平台，该信息系统运行以来得到了广泛关注，相关执法部门、境内外食品农产品采购商和获证企业都已将该信息系统作为主要的信息来源。中国主要是通过有机认证制度对有机生产企业进行管理和监督，由获得认监委批准的认证机构对生产企业进行有机产品认证，并将获得认证的有机产品信息上报到中国食品农产品认证信息系统。2022年共有86家认证机构依据相关国家标准《有机产品　生产、加工、标识与管理体系要求》（GB/T 19630—2019）、《有机产品认证管理办法》（国家质量监督检验检疫总局令第155号）和《有机产品认证实施规则》进行有机产品认证并发放证书，同时，将获证企业、有机产品证书及产品标志颁发等相关信息统一上报至认证信息系统，本部分内容中依据中国有机产品标准（以下简称中国标准）认证的数据均来自中国食品农产品认证信息系统。

---

① 本章节内容主要源自《中国有机产品认证与有机产业发展（2023）》，由乔玉辉、张友廷撰写。由于《2024年世界有机农业概况与趋势预测》英文原著中对中国有机农业部分介绍不够详尽，为方便读者比较、研究国内外有机行业概况，故增补了中国有机产品的发展情况。

11　中国有机产品的发展概况

11.1　有机产品认证

截至2022年12月31日，共有15 958家中国企业获得了中国标准的有机产品认证证书25 603张，比2021年增加了8.4%，其中境内15 676家企业获得了25 021张证书，境外282家企业获得了582张。2022年所有的有机证书中，种植类有机证书为16 649张，占全部有机证书的比例高达65.0%；紧随其后的是加工类有机证书，有6 213张，占比24.3%；畜禽类有机证书为1 027张，占比为4.0%（图11-1）。

图11-1　2015—2022年中国有机产品认证证书

11.2　有机生产者

过去一直没有对中国有机生产者人数的准确统计，《2024年世界有机农业概况趋势与预测》英文原著将认证企业数等同于生产者人数，不到20 000个。实际上仅仅按种植业来算，根据青饲料作物、谷物、豆类与油料、水果与坚果、蔬菜等不同类别的有机种植面积，以及相应的人工数量可以估算出大概有196万名生产者，再加上养殖以及加工环节的人数，中国的有机生产者人数预计在200万名左右。以有机农业与有机食品创造的产值计算，2022年有机产值2 315亿元（约344.2亿美元[①]），考虑到产品价格及预估产量等因素，产值虚高，笔者以2 000亿元估算（约297.3亿美元），2022年中国人均

---

① 2022年美元兑换人民币平均汇率为6.726 1。

GDP为1.27万美元，由此推算中国的有机生产者约为234.1万人，实际上农业与食品行业创造的人均产值要低于平均水平，因此，通过交叉验证以及综合估算，保守估计中国有机从业人数在200万左右，约占农业与食品行业从业人口的0.5%。

11.3 有机种植产品

截至2022年12月31日，中国境内按照中国有机产品标准进行生产的有机作物种植面积为420.6万公顷（不含野生采集），仅占农业用地的1.1%，占耕地面积的2.7%，比2021年增加了52.6%，作物的产量为2 143.4万吨，比2021年度增加了344.5万吨，增幅为19.2%（图11-2）。野生采集总生产面积为234.9万公顷，野生采集总产量为113.4万吨。

图11-2　2016—2022年中国有机作物种植面积及产量变化趋势

从面积来看，2022年，草及割草的生产面积最大，为149.9万公顷，占比37.4%，谷物位居第二，生产面积为145.9万公顷，占比36.4%，豆类、油料和薯类排在第三位，为51.2万公顷，占比12.8%（图11-3）。从产量来看，谷物，草及割草，以及豆类、油料和薯类分别为前三位。谷物的产量为1 342.1万吨，占比74.6%，草及割草的产量为229.8万吨，占比12.8%，豆类、油料和薯类产量为134.1万吨，占比7.5%。

除因在西藏自治区增加144.2万公顷羊草转换面积造成草及割草的转换面积较大，转换占比达到97.1%外，其余转换生产面积和产量均较小。总体上，转换生产面积占总有机作物生产面积的54.3%。

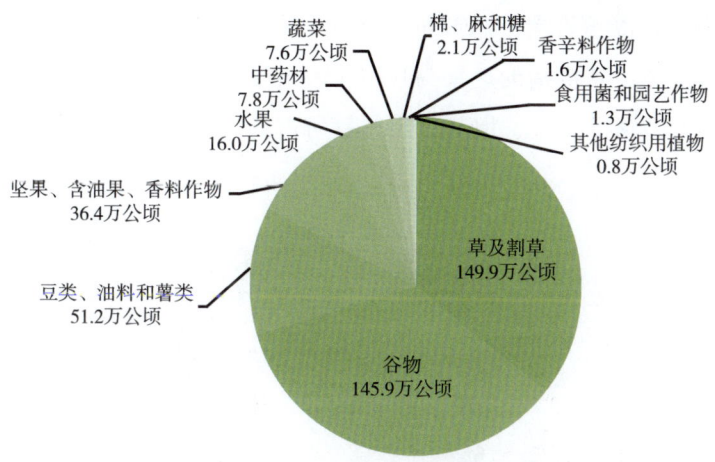

图11-3　2022年中国有机作物生产面积

2022年，排名前十位的省（区）有机作物生产总面积首次突破300万公顷，达到363.2万公顷，占全国总有机面积的86.4%。与2021年相比，2022年有机作物生产面积排名前十位的省（区）顺序发生了较大的变化，除贵州、四川的生产面积有所下降外，其余各省（区）的生产面积均有所增加，西藏自治区因为增加144.2万公顷羊草转换面积，直接上升成为第一名，除此之外，黑龙江2019—2022年连续4年均为中国有机作物生产面积名列前茅的省份。

11.4　有机动物产品

2022年有机畜禽整体证书发放量为991张（含转换期），比2021年增加17.0%。按畜禽产品范围统计，有机鸡发证数最多，为330张，其次是牛（308张）、羊（234张）、猪（114张）和其他动物（136张）（图11-4）。

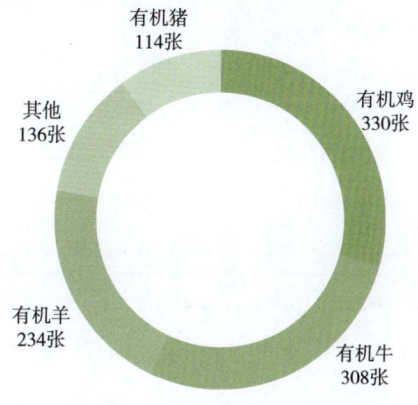

图11-4　2022年中国主要有机畜禽种类及证书发放数量

从产量上来看，养殖畜禽的总产量为85.4万吨，其中有机牛的产量为58.9万吨，有机羊的产量21.1万吨，有机猪的产量为1.9万吨，有机鸡的产量为0.3万吨。此外，还有马、驴、鸭和鹅等畜禽的生产，但其总生产量所占的比例较小（图11-5）。

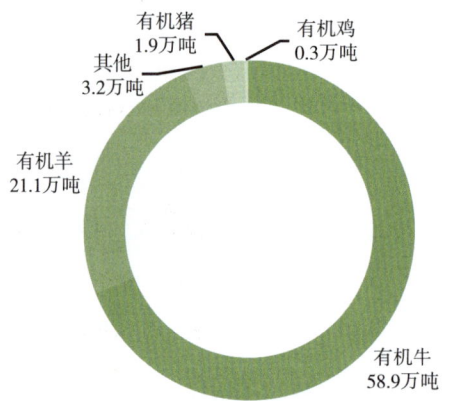

图11-5 2022年中国有机畜禽生产情况

在畜禽产品中，2022年的生产总量为198.6万吨，其中，有机牛乳是主要的畜禽产品，产量为180.8万吨，占有机畜禽产品总产量的91.0%，有机鸡蛋的产量为0.9万吨，占有机畜禽产品总产量的0.47%。

2022年，中国境内颁证数量排名前三位的省（区）是安徽（140张）、江西（119张）和内蒙古（110张），其颁证数量之和为369张，占总颁证数量37.2%，排名前十位的省份颁证数量之和为735张，占颁证总数的74.2%。其中，有机羊的养殖区域主要分布在中国西部地区，内蒙古自治区、青海和新疆维吾尔自治区有机羊养殖数量之和占比接近全国总量的90.0%，南方各省份的有机羊养殖数量普遍偏低。

2022年有机水产品总产量达43.8万吨，与2021相比减少11.7万吨，减少21.1%。其中，有机藻类的产量最高，达19.6万吨，占有机水产总产量的44.7%，其次为淡水鱼，产量为12.2万吨（27.8%）（图11-6）。

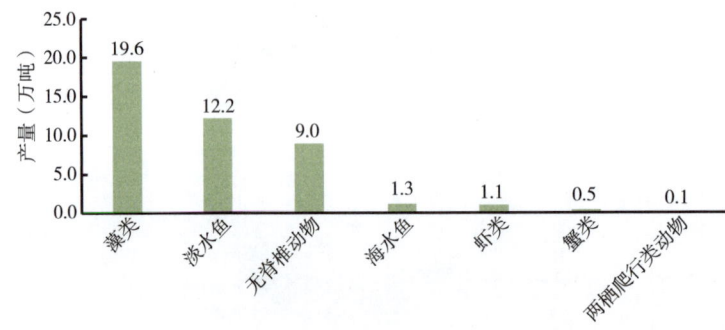

图11-6 2022年中国有机水产品生产状况

11.5　加工有机产品

2022年有机加工产品证书发放数为5 915张，获证企业数5 306家。与2021年相比，发证总数增加了135张，同比增长2.3%。与2021年相比，获证企业数增加302家，同比增长6.0%。

如图11-7所示，2022年有机加工产品中粮食加工品获证数量最多，为2 079张，占有机加工产品总颁证数量的32.5%，其次是茶叶及相关制品，1 615张，占比25.2%。颁证数量在100张以上的加工产品还有食用油、油脂及其制品，蔬菜制品，饮料，乳制品，肉及肉制品，酒类，罐头，以及水产制品等。2022年单一有机加工产品中，有机大米颁证数量最多，达到1 610张，占总颁证数量的30.9%，其次是绿茶，为1 003张，占比19.3%，颁证数量在150张以上的加工产品还有红茶、食用植物油、粮食加工品、白茶、紧压茶、谷物碾磨制品及干制食用菌。

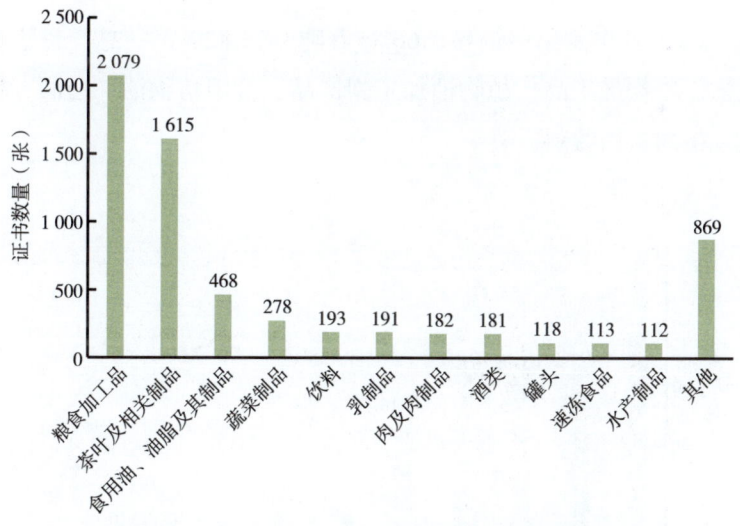

图11-7　2022年中国有机加工产品证书颁发数量

2022年有机加工产品总产量538.9万吨。与2021年相比，有机加工产品总产量仅增加0.14万吨。如图11-8所示，按照2019年版《有机产品认证目录》分类的30种有机加工产品中，粮食加工品的产量最高，达154.63万吨，占总产量的27.72%；其次为乳制品，达119.02万吨（占比21.34%）；占有机加工产品总产量10%以上的还有饲料，达89.62万吨（占比16.07%），以及食用油、油脂及其制品，达77.24万吨（占比13.85%）；此外，排名前十位的有机加工产品还有酒类、饮料、蔬菜制品、调味品、罐头、淀粉及淀粉制品。

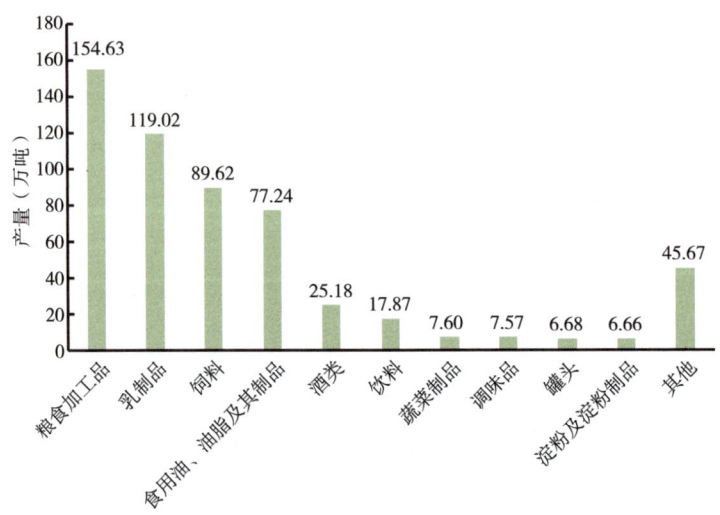

图11-8　2022年中国不同有机加工产品产量

如图11-9所示，2022年单一有机加工产品中，灭菌乳产量最高，达到102.83万吨，占总产量的24.33%；其次是单一饲料，66.85万吨（15.82%）；总产量达到10万吨以上的产品还有大米、谷物加工品、植物油加工副产品、食用植物油、白酒、精料混合料、通用小麦粉以及植物蛋白饮料。

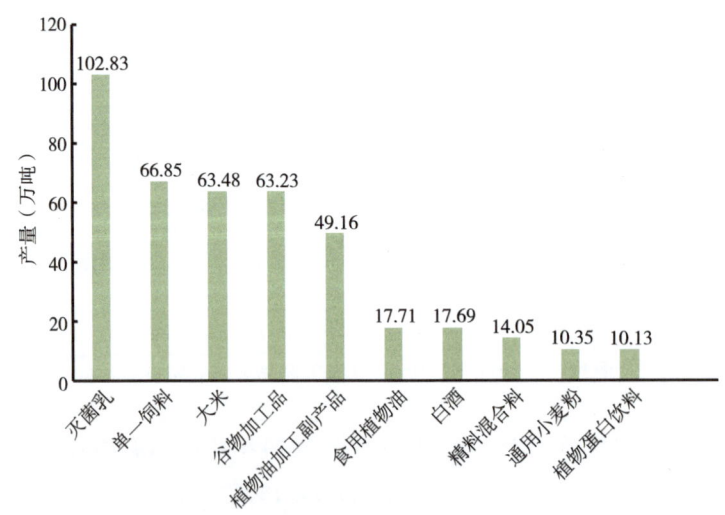

图11-9　2022年中国单一有机加工产品产量前十的产品

有机加工产品主要分布在东北、华北地区，位于前五位的省（区）分别是黑龙江、内蒙古自治区、辽宁、贵州和新疆维吾尔自治区，这5个省（区）的产量之和为370.7万吨，占总产量的68.8%。

11.6 境外按中国标准认证的情况

随着经济发展,中国市场对有机产品的需求量不断增加,越来越多的境外企业把他们生产的有机产品出口到中国,根据《有机产品认证管理办法》,进口到中国的有机产品需要取得中国标准的认证。

2017年有10家认证机构在境外开展中国标准认证,2018年后增加到14~15家,2022年增至16家,越来越多的境内认证机构在境外开展有机产品的中国标准认证业务。这些认证机构在境外的发证数量也逐年增加,认证的国家和地区数量总体呈现增加的趋势。2022年在境外实施中国标准有机认证涉及的国家和地区共有53个,相比于2020年的45个增加了17.8%(图11-10)。获证企业数由2013年的51家发展到282家,证书数量由101张发展到582张,认证企业和证书数量均变为了5倍多。2018—2022年的5年内有机证书和获证企业数量的增长率分别在42.0%和36.9%。这些数据充分表明境外生产符合中国标准的有机产品规模在不断扩大,也说明境外有机生产企业看好中国有机市场。

图11-10 2018—2022年境外认证中国标准有机产品的国家(地区)、证书及企业数量

2022年,中国有机产品境外认证总面积为85.9万公顷(含牧场面积),总产量为643.2万吨。按照产品种类来看,植物类产品认证面积为54.6万公顷,认证产量为295.7万吨(含野生采集植物),各类产品的认证面积详见图11-11;畜禽类认证面积(牧场面积)为31.3万公顷,认证产量为214.3万吨;加工类产品的认证产量为133.2万吨。

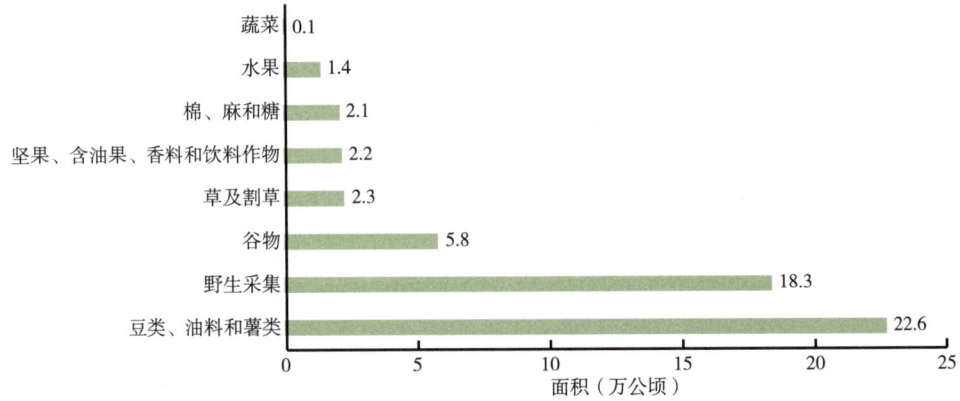

图11-11 2022年各类植物类产品按中国标准境外认证的面积

从区域上来看，欧洲获得中国标准有机产品证书数量和获证企业数量最多，2022年获证企业达到124家，占认证企业总数的44.0%，证书数量为275张；亚洲有62家获证企业，占比为22.0%，获证数量为133张；南美洲有38个获证企业，占比为13.4%，获证数量为53张；大洋洲有33个获证企业，占比为11.7%，获证数量为54张；北美洲有20个获证企业，占比为7.1%，获证数量为59张；非洲最少，仅有5个获证企业，占比为1.8%，获证数量为8张（图11-12）。从颁证数量来看，意大利有82张证书，位居第一，美国其次，有56张证书，丹麦第三，有35张证书，之后依次是法国（32张）、西班牙（31张）、新西兰（28张）、澳大利亚（24张）、中国香港（23张）、韩国（21张）、荷兰（20张），位列前十。

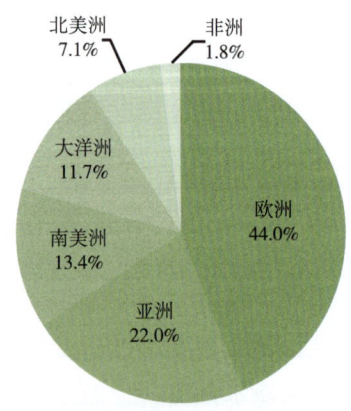

图11-12 2022年境外依据中国标准认证的有机企业在各大洲的分布

2022年开展境外有机产品认证的16家机构为43种产品总共发放了1.01亿枚有机标志，相较于2021年降低了7.6%，其中，排在前十位产品发放的标志总量为0.98亿枚，占总发放量的97%。核销的有机产品重量为3.67万吨，相较于2021年降低了17.5%，前十位产品的核销量为3.49万吨，占总核销量的94.8%。在43种产品中，灭菌乳的标志发放数量和核销量在第一位，分别占标志发放总量、核销总量的57.5%和45.7%，销售额位列第四，婴幼儿配方奶粉的核销量位列第二，销售额位列第一，在核销量居前十位的产品中，仅有果蔬汁（浆）类饮料和干制水产品的销售额没有进入前十位，主要原因是这两种产品的单价较低，详见表11-1。

表11-1　2022年境外中国标准有机产品标志发放数量、核销量和销售额前十位的产品

产品名称	标志量（万枚）	产品名称	核销量（吨）	产品名称	销售额（亿元）
灭菌乳	5 785	灭菌乳	16 748	婴幼儿配方乳粉	45.6
婴幼儿谷物辅助食品	1 975	婴幼儿配方乳粉	8 626	脱脂乳粉	6.9
婴幼儿配方奶粉	1 076	婴幼儿谷物辅助食品	3 256	调制乳粉	6.1
葡萄酒	158	食用植物油	1 321	灭菌乳	4.5
食用植物油	150	脱脂乳粉	1 297	葡萄酒	3.0
果蔬汁（浆）类饮料	145	葡萄酒	1 205	食用植物油	2.0
婴幼儿生制类谷物辅助食品	142	调制乳粉	1 144	婴幼儿谷物辅助食品	1.3
婴幼儿泥（糊）状罐装食品	142	果蔬汁（浆）类饮料	633	全脂乳粉	0.4
调制乳粉	136	猕猴桃	348	挂　面	0.4
饼　干	55	干制水产品	300	猕猴桃	0.3

11.7　中国按境外标准认证的情况

2022年，中国按照境外标准颁发的有机产品证书数量为3 634张，相较于2021年增加了101张（2.9%），认证企业数量为2 407家，相较于2021年减少了198家（7.6%），不同的境外标准认证颁发的证书数量见图11-13，按照欧盟标准颁发的证书数量最多，总计为1 744张，相较于2021年增加了3.7%，其次为美国标准（1 398张，较2021年增加7.7%）、日本标准（326张，较2021年增加2.8%）、加拿大标准（118张，较2021年无

变化）和其他标准（48张，较2021年减少62.5%）。认证企业情况与颁证情况类似，按照欧盟标准进行生产的企业最多，总计1 251家，相较于2021年减少了8.4%，其次为美国标准（866家，较2021年减少5.4%）、日本标准（188家，较2021年减少7.8%）、加拿大标准（77家，较2021年增加6.9%）和其他标准（25家，较2021年减少49.0%）。

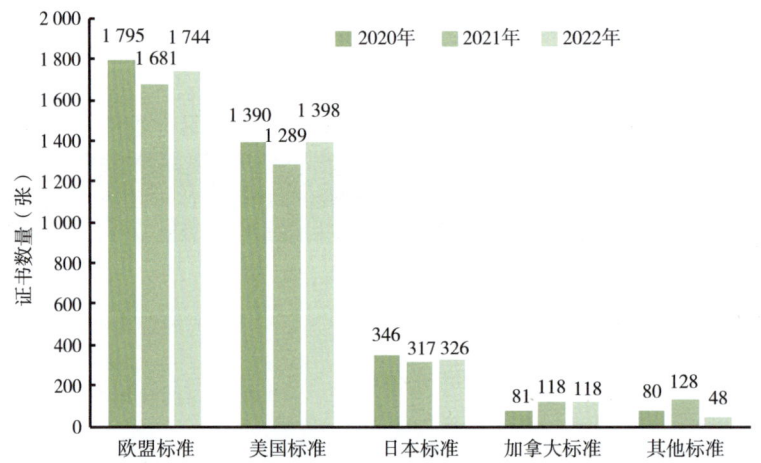

图11-13　2020—2022年中国按照境外标准认证颁发的证书数

2022年按照境外标准认证的植物类产品有豆类、油料和薯类，谷物，野生采集，蔬菜，坚果，含油果，香料（调香的植物）和饮料作物，中药材，水果，棉、麻和糖，草及割草，食用菌和园艺作物，香辛料作物等，认证总面积52.6万公顷（图11-14），其中，有机认证面积50.5万公顷（占比96.0%），转换认证面积2.1万公顷（占比4.0%），植物类产品的认证总产量为254.5万吨，其中，有机认证产量为254.2万吨（占比96.1%），转换认证产量为10.3万吨（3.9%），畜禽产品的认证量很少，只有2.3万吨。

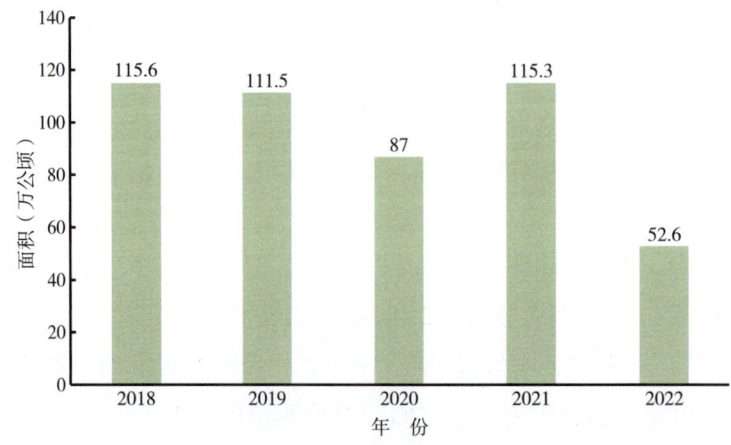

图11-14　2018—2022年按照境外标准认证的有机产品面积

如表11-2所示,在所有种植类有机产品中,种植面积最大的是豆类、油料和薯类,合计22.4万公顷,其次是谷物11.7万公顷,野生采集8.5万公顷,蔬菜3.4万公顷,坚果、含油果、香料(调香的植物)和饮料作物2.0万公顷,中药材1.4万公顷,水果0.7万公顷,棉、麻和糖0.2万公顷。有机产量与有机种植面积呈现不一样的状况,有机谷物产品产量位居第一,产量达95.2万吨,其次是豆类、油料和薯类66.4万吨,水果51.7万吨,蔬菜27.9万吨,坚果、含油果、香料(调香的植物)和饮料作物4.3万吨,中药材4.1万吨,草及割草1.9万吨,棉、麻和糖1.9万吨。总的植物类产品产量相较于2021年减少了63.8%,豆类、油料和薯类认证面积减少48.5%,产量减少57.9%,谷物认证面积相较于2021年减少55.8%,产量减少64.0%。

表11-2 2022年作物种植产品境外标准认证情况

产品	有机认证 面积(万公顷)	有机认证 产量(万吨)	转换期认证 面积(万公顷)	转换期认证 产量(万吨)	总计 面积(万公顷)	总计 产量(万吨)
豆类、油料和薯类	22.4	66.4	0.6	1.5	23.0	67.9
谷物	11.7	95.2	1.1	6.8	12.8	102.0
野生采集	8.5	0.7			8.5	0.7
蔬菜	3.4	27.9	0.1	1.7	3.5	29.6
坚果、含油果、香料(调香的植物)和饮料作物	2.0	4.3	0.1	0.1	2.1	4.4
中药材	1.4	4.1	0.03	0.1	1.4	4.2
水果	0.7	51.7	0.02	0.1	0.8	51.8
棉、麻和糖	0.2	1.9			0.2	1.9
草及割草	0.2	1.9	0.1		0.3	1.9
食用菌和园艺作物	0.02	0.1			0.02	0.1
香辛料作物	0.002	0.015			0.002	0.015
总计	50.5	254.2	2.1	10.3	52.6	264.5

11.8 产值与市场

2022年中国有机产品产值总计为2 315亿元,图11-15显示的是2018—2022年中国有机产品产值的变化趋势。可以看出，近5年中国有机产品产值一直在1 500亿元以上，且总体呈逐年上升趋势，2020年中国有机产品产值最高。与2020年相比，2021年和2022年均有下滑，这与新冠疫情对经济环境造成的影响有关。

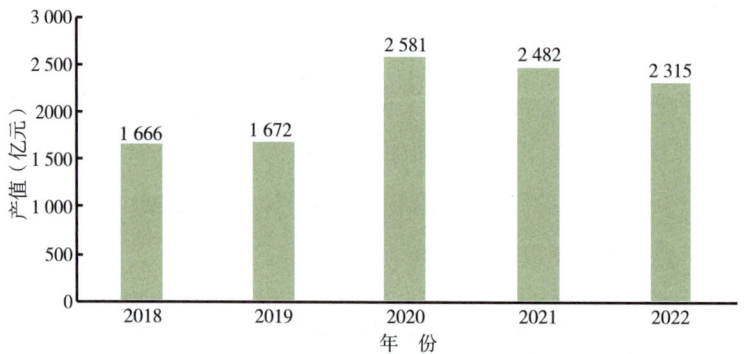

图11-15　2018—2022年中国有机产品产值变化趋势

2022年，中国各类有机产品产值中，有机加工类产品的产值最高，为1 234亿元，占有机产品总产值的53.3%，加工产品中白酒产值最高，达644亿元，占加工产品产值的52.2%；其次是畜禽类产品，产值为249亿元，占比为10.8%；谷物类产值为232亿元，占比为10.0%。前三类有机产品的产值占总有机产品产值的74.0%。水果与坚果产值为207亿元，占比8.9%。其余有机产品的产值均在200亿元以下，占比皆不足5%。

2012年中国建立了"一品一码"的17位有机码管理制度。获证产品的最小销售包装上必须使用有机码。企业在申请有机标志和有机码时必须详细写明其将销售的产品名称及产量，并通过认证机构上报到中国食品农产品认证信息系统。

图11-16为2018—2022年中国有机标志备案情况，总体来看中国有机产品标志备案数量呈现逐年增加的趋势，2022年，中国境内有机产品标志备案数量为37.4亿枚，相比2021年增加了3.9亿枚，增幅为11.6%。

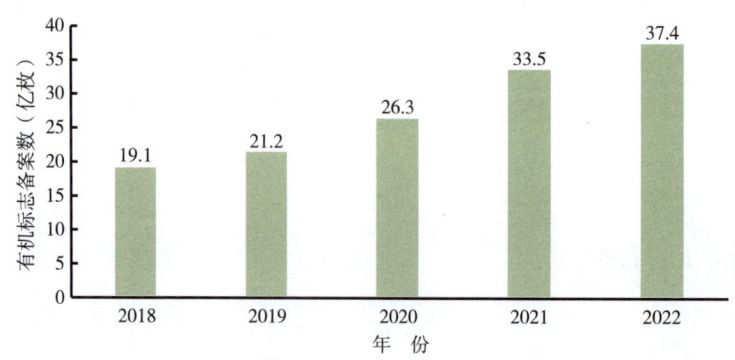

图11-16　2018—2022年中国有机标志备案情况

同往年类似，在2022年备案的有机产品标志中，灭菌乳的有机标志备案数量最多，为27.6亿枚，占总有机标志备案数的73.7%，相比2021年增加了3.1亿枚，增幅12.7%。其中，内蒙古自治区的灭菌乳有机标志备案数量为25亿枚，占灭菌乳有机标志备案总数的90.9%。其次是巴氏杀菌乳，有机标志备案数量为0.94亿枚，相比2021年减少了0.16亿枚。白酒的有机标志备案数量为0.74亿枚，位列第三，其中，贵州和四川的白酒有机标志备案数量分别为0.43亿枚和0.27亿枚，共计占白酒有机标志备案总数的94.3%。巴氏杀菌乳、调制乳、发酵乳有机标志备案数量合计为1.45亿枚，加上灭菌乳27.6亿枚，液体乳共计备案有机标志29.05亿枚，占有机标志备案总数的77.6%，再加上0.38亿枚的婴幼儿配方乳粉有机标志备案数量，乳制品占有机标志备案总数的78.6%。上述数据说明中国有机乳制品在有机市场上是绝对主力。谷物加工品、大米、保藏蔬菜和酿造酱油的有机标志备案数量为3 000万～5 000万枚。另外，植物蛋白饮料和食用植物油的有机标志备案数量也在2 000万枚以上（图11-17）。

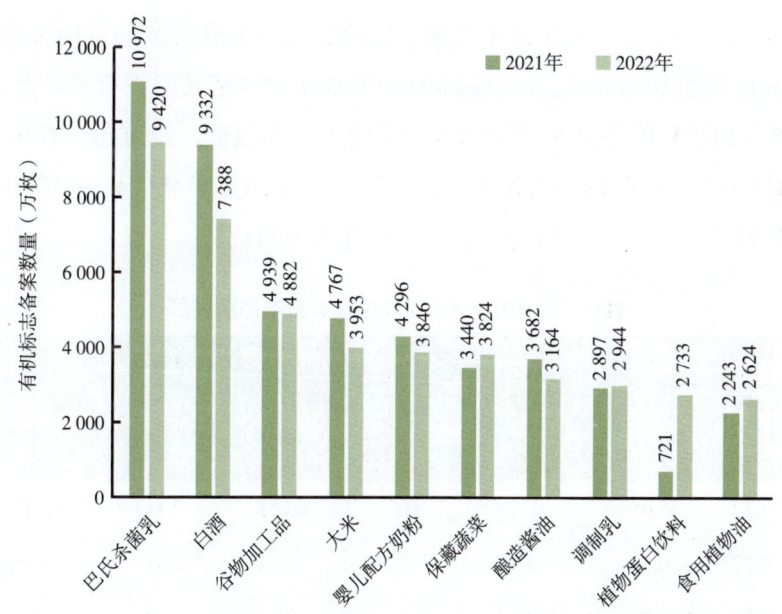

图11-17　2021—2022年除灭菌乳外中国有机标志备案数量前十位的有机产品

图11-18为2018—2022年中国有机产品销售额情况，可以看出，2022年中国国内生产的有机产品销售额为805亿元，较2021年减少了58亿元，相比2018年，2022年中国有机产品销售额增加了174亿元，年均增幅达5.5%，中国有机产品生产、加工及市场总体稳步发展。

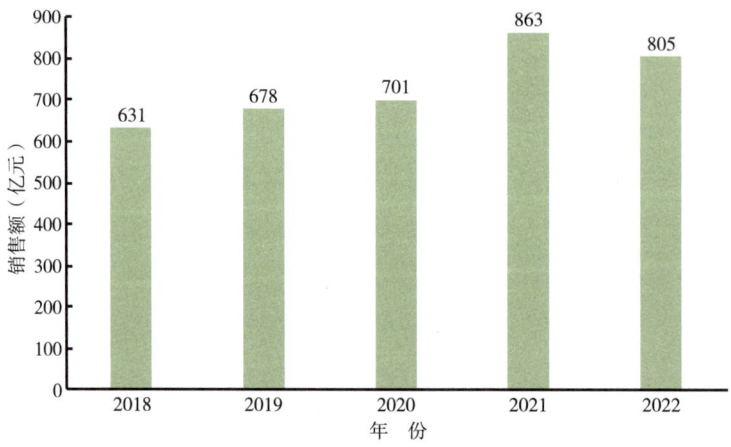

图11-18 2018—2022年中国有机产品销售额

2022年，植物类产品销售额为46.37亿元，较2021年减少了16.78亿元，占有机产品总销售额的5.76%（表11-3），2019—2022年该占比都没有超过8%。2022年畜禽类产品销售额为5.16亿元，较2021年增加了2.52亿元，占有机产品总销售额的0.64%。2022年水产品的销售额为1.5亿元，较2021年增加了0.04亿元，占有机产品总销售额的0.19%。2019—2022年的畜禽类产品和水产品的占比都很低，没有超过有机产品总销售额的1%。2022年加工产品的销售额为752.23亿元，较2021年减少43.98亿元，占有机产品总销售额的93.41%，加工产品的销售额一直都占绝对优势。

表11-3 2019—2022年中国有机产品销售额

产品类别	2019年 销售额（亿元）	占比（%）	2020年 销售额（亿元）	占比（%）	2021年 销售额（亿元）	占比（%）	2022年 销售额（亿元）	占比（%）
植物	34.27	5.05	46.76	6.67	63.15	7.31	46.37	5.76
畜禽	4.72	0.70	4.92	0.70	2.64	0.31	5.16	0.64
水产	5.50	0.81	3.57	0.51	1.46	0.17	1.50	0.19
加工	633.73	93.44	646.15	92.12	796.21	92.21	752.23	93.41
总计	678.21	100.00	701.40	100.00	863.47	100.00	805.27	100.00

2022年中国有机加工产品的销售额为752亿元，图11-19为2021—2022年中国销售额大于1亿元的各类有机加工产品。其中，乳制品的销售额最高，为231.23亿元，占有机加工产品总销售额的30.74%，相比2021年增加了20.17亿元，增幅达10%；其次是酒

类，销售额为159.68亿元，占比21.23%，相比2021年降低了41.64亿元；排在第三位的是婴幼儿食品，销售额为120.15亿元，占比15.97%，相比2021年降低了3.19亿元；粮食加工品的销售额排在第四位，为79.44亿元，占比10.56%，相比2021年降低了1.46亿元。以上四类加工品的销售额共计590.50亿元，占2022年中国有机加工产品总销售额的78.5%。2022年食用油的销售额为23.86亿元，相比2021年降低了36.59亿元；蔬菜制品的销售额为22.29亿元，相比2021年增加了18.74亿元；方便食品的销售额为6.99亿元，相比2021年降低了11.16亿元。其他有机加工品的销售额同2021年相差不大，2022年薯类及膨化食品、糕点及饼干、可可及焙烤咖啡产品、淀粉及淀粉制品、蛋制品的销售额均不足1亿元。

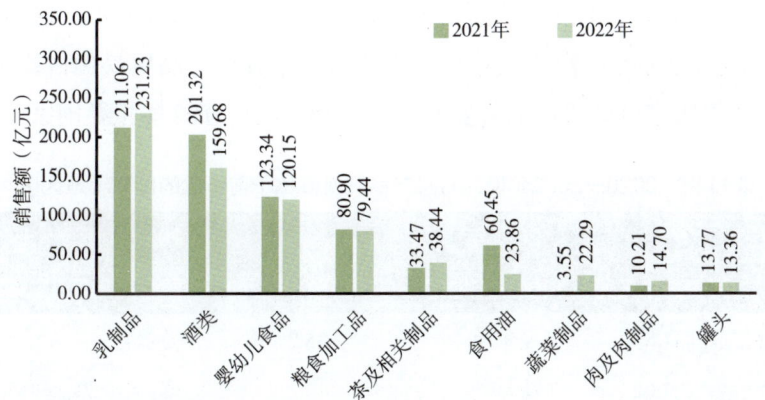

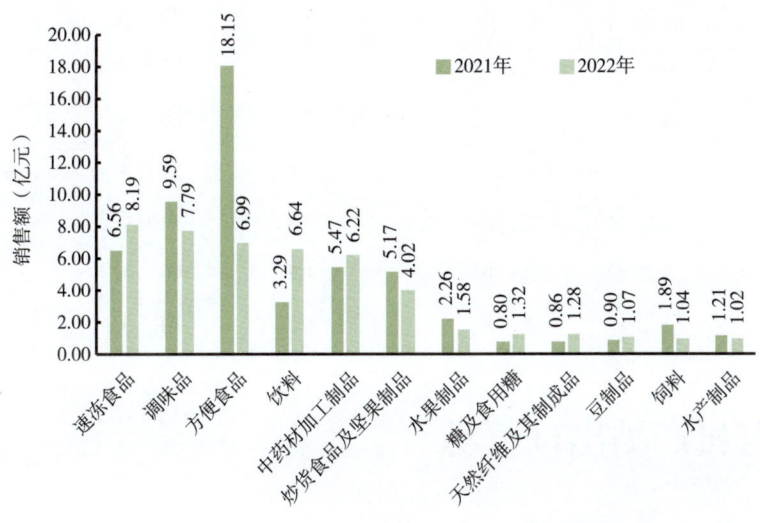

图11-19 2021—2022年中国销售额大于1亿元的各类有机加工产品

11.9 有机产品进口情况

境外认证并按照中国标准生产的有机产品进口到中国作为有机产品销售，也需要在最小销售包装上加施有机产品标志，2022年开展境外有机产品认证的15家机构共为43种产品发放了1.01亿枚有机标志，核销的有机产品重量为3.67万吨，相较于2021年降低了17.5%。境外认证的有机产品的总销售额为72.28亿元，相较于2021年减少了18.4%，前十位产品的销售额为70.5亿元，占总销售额的97.5%，详情见前文表11-1。

2022年，进口有机产品贸易额为72.3亿元，表11-4列出了2020—2022年中国有机产品进口贸易额前十位的国家（地区）。2020—2022年有机产品标志的有机产品贸易额在逐年降低，从2020年的103.3亿元，降低到2022年的72.3亿元，这与有机产品类型、新冠疫情影响等都有一定的关系，前十位的国家有机产品贸易额占比也从75.9%增加到93%左右，说明进口有机产品的贸易额还是相对集中在这些主要国家（地区）。

表11-4 2020—2022年境外有机产品贸易额位于前十位的国家（地区）

2020年		2021年		2022年	
国家（地区）	销售额（亿元）	国家（地区）	销售额（亿元）	国家（地区）	销售额（亿元）
爱尔兰	41.5	爱尔兰	35.2	爱尔兰	28.5
奥地利	7.0	荷兰	19.5	荷兰	11.2
丹麦	7.0	丹麦	7.1	丹麦	7.8
新西兰	5.0	芬兰	5.3	芬兰	7.2
荷兰	4.3	新西兰	3.6	新西兰	3.8
美国	4.6	法国	3.3	法国	2.4
新加坡	3.3	意大利	2.4	意大利	2.2
法国	2.3	美国	1.9	中国香港	1.9
韩国	2.2	韩国	1.9	韩国	1.4
澳大利亚	1.2	新加坡	1.5	瑞士	1.3

11.10 有机产品出口贸易

如图11-20和图11-21所示，2022年中国有机产品出口总贸易量为37.37万吨，总贸易额为6.72亿美元。2022年有机产品出口以加工产品为主，加工出口贸易量为31.36万吨，初级农产品的贸易量为6.01万吨。中国出口到欧洲的有机产品贸易量和贸易额占比分别为58.16%和54.96%，出口到北美洲的有机产品贸易量和贸易额占比分别为23.10%和32.32%，出口到亚洲的有机产品贸易量和贸易额占比分别为15.52%和6.85%，出口到大洋洲的有机产品贸易量和贸易额占比分别为2.76%和5.51%，出口到南美洲的有机产品贸易量和贸易额占比分别为0.45%和0.32%，出口到非洲的有机产品贸易量和贸易额占比分别为0.01%和0.04%，2022年中国向南美洲和非洲出口的有机产品全部为加工产品。

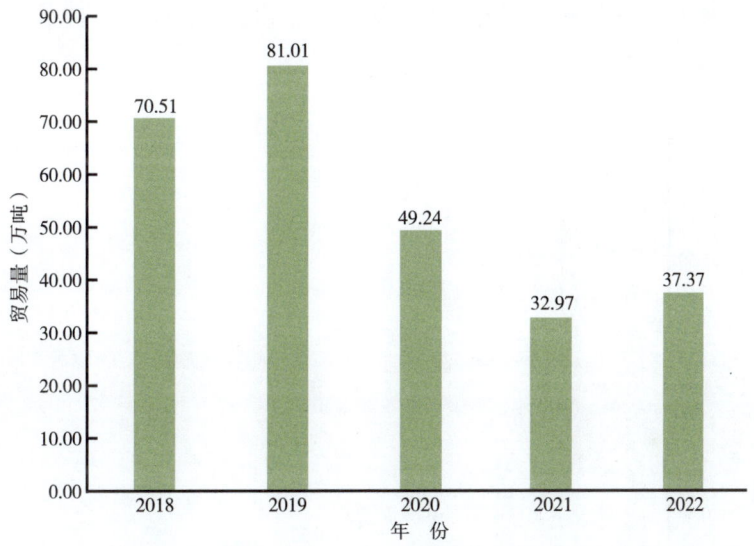

图11-20　2018—2022年中国有机产品出口贸易量

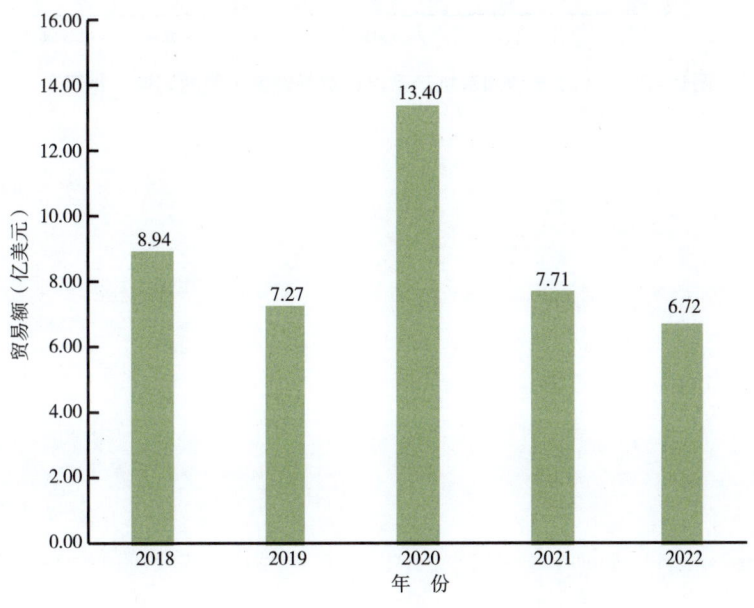

图11-21　2018—2022年中国有机产品出口贸易额

图11-22列出了2022年中国有机产品出口贸易额前十位的国家（地区）。可以看出，2022年荷兰是中国出口贸易额最大的国家，贸易额达到1.73亿美元，占中国有机产品出口贸易额的25.74%；排在第二位的国家是美国，贸易额为1.67亿美元，占比24.85%；其次是德国（贸易额0.78亿美元，占比11.61%）、加拿大（贸易额0.49亿美元，占比7.29%）、英国（贸易额0.35亿美元，占比5.21%）、澳大利亚（贸易额0.33亿美元，占比4.91%）、法国（贸易额0.29亿美元，占比4.32%）、西班牙（贸易额0.15亿美元，占比2.23%）、意大利（贸易额0.14亿美元，占比2.08%）、日本（贸易额0.13亿美元，占1.93%）。

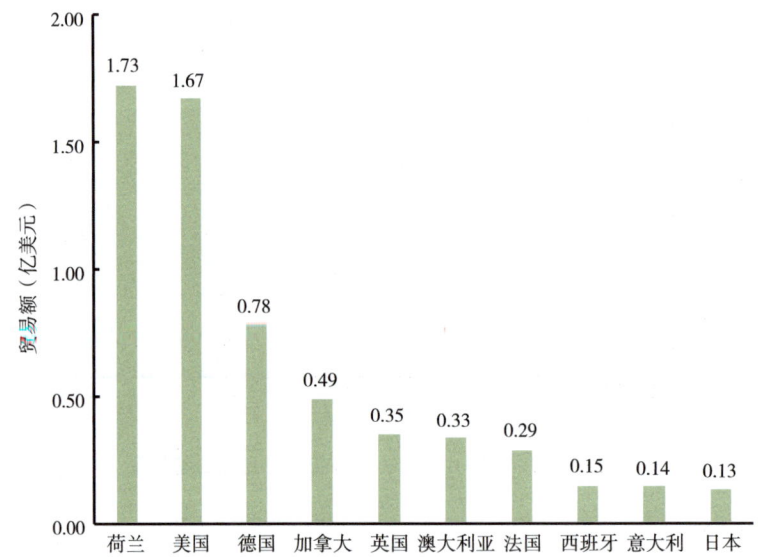

图11-22　2022年中国有机产品出口贸易额前十位的国家（地区）

Cavell

瑰夏咖啡

正谷Cavell瑰夏咖啡种植园，位于哥伦比亚海拔1 600米以上的热带丛林深处，不远处就是圣玛尔塔雪山。通往咖啡园的路陡峭、狭窄，骡子是唯一的代步工具。

一盒正谷Cavell瑰夏咖啡的碳排放总量为 2 257.1克
- 原材料 515.5克
- 包装 60.5克
- 原料运输 1 465.3克
- 产品生产 213.3克
- 产品运输 2.3克
- 产品配送 0.2克

碳中和评价 CARBON NEUTRAL EVALUATION

哥伦比亚瑰夏咖啡
用爱和热情　开启每一天

- ✓ 1 600米以上高海拔咖啡种植园
- ✓ 可持续生产方式，利用真菌防治病害
- ✓ 保护鸟类与野生动物，产地已发现192种鸟类
- ✓ 帮助咖啡农户提升产品品质，保障其权益

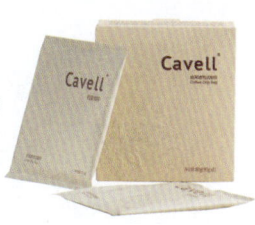

扫码购买

Cavell瑰夏咖啡
连接多样的自然

正谷味道礼盒
源于多样的自然

正谷味道礼盒将正谷Ouroland有机奶酪、正谷100%伊比利亚火腿、正谷Cavell海盐黑巧克力与正谷Cavell瑰夏咖啡或Ubean瑰夏咖啡豆组合并一同呈上，分享来自全球优势产区的自然美味。践行负责任的生产与消费，坚持环境友好理念，我们同您分享这一份专属的正谷味道礼盒，品味美好生活，共同建立自然向好、可持续的当下与未来。

正谷味道礼盒，Tasting Organic and Beyond!

呈上自然美味
表达美好情感

关注正谷微信